| 第11卷 |

中国税务律师评论

中华全国律师协会财税法专业委员会◎编

CHINA TAX LAWYERS REVIEW

法律出版社 | LAW PRESS
北京

图书在版编目（CIP）数据

中国税务律师评论. 第11卷 / 中华全国律师协会财税法专业委员会编. -- 北京 : 法律出版社, 2024.

ISBN 978-7-5197-9699-0

Ⅰ. D922.220.4-53;F812.423-53

中国国家版本馆CIP数据核字第2024A7L275号

中国税务律师评论(第11卷)
ZHONGGUO SHUIWU LÜSHI PINGLUN(DI-11 JUAN)

中华全国律师协会财税法专业委员会 编

策划编辑 林 蕊 周 洁
责任编辑 林 蕊 周 洁
装帧设计 贾丹丹

出版发行 法律出版社
编辑统筹 司法实务出版分社
责任校对 晁明慧
责任印制 胡晓雅
经　　销 新华书店

开本 710毫米×1000毫米 1/16
印张 15.25　**字数** 226千
版本 2024年12月第1版
印次 2024年12月第1次印刷
印刷 唐山玺诚印务有限公司

地址:北京市丰台区莲花池西里7号(100073)
网址:www.lawpress.com.cn
投稿邮箱:info@lawpress.com.cn
举报盗版邮箱:jbwq@lawpress.com.cn

销售电话:010-83938349
客服电话:010-83938350
咨询电话:010-63939796

书号:ISBN 978-7-5197-9699-0
定价:68.00元

凡购买本社图书,如有印装错误,我社负责退换。电话:010-83938349

《中国税务律师评论》(第11卷)

编辑委员会

序　言

Preface

党的二十大报告提出，坚持全面依法治国，到 2035 年“基本建成法治国家、法治政府、法治社会”。随着我国税收法治建设不断深入，税收立法进程有序推进，税制改革不断深化，税收征管迈向“以数治税”新时代。在税收法治建设稳步开展的背景下，各种新业态、新模式不断涌现，税法服务市场面临更大的挑战，只有大力发展涉税专业服务，聚力推进涉税服务创新和升级，才能适应新时代税法服务的需求。与此同时，随着国家税务总局、公安部、最高人民法院、最高人民检察院、中国人民银行、海关总署、国家市场监督管理总局、国家外汇管理局八部门联合打击涉税违法犯罪工作机制建立，税收征管形势也正经历深刻的变化。在此过程中，各类市场主体面临的税务法律风险呈行业性、周期性爆发，对税法专业服务的需求更大、提出的专业性要求更高。在新时代财税改革的大背景以及市场需求的推动下，我国涉税专业服务市场正面临深刻转型、升级。

税务律师作为复合型高级涉税专业服务人员，在这场转型、升级中面临机遇与挑战。在许多发达国家，税务律师作为法律服务行业的一项专业化分支，在诉讼和非诉领域都扮演十分活跃的角色，为企业提供税法咨询、税务规划、税务争议解决等涉税法律服务。而在我国，税务律师开辟了律师行业中一个较新的业务领域，在执业律师规模、专业水准、服务能力等方面明显滞后于社会经济的发展。近年来,随着市场对税务法律服务需求的加大,一些大型律师事务所纷纷成立了专业的税务部门,同时,专业化的税务律师事务所也实现了业务的跨越式发展。随着近几年税法实务的深刻变化,不同行业对涉税服务的差异化需求逐步凸显,税务律师不应止步于“税法专家”,其只有同时深入行业,成为某一甚至某几个领域的“行业专家”,才能更加贴合细分市场的需求。现阶段,中国税务律师可以在税收立法、税收执法、纳税人权益救济、行业税收制度改革等方面发挥更加重要的作用。

第一,协助纳税人综合考虑每一笔交易的经济实质和税法适用标准,向纳税人指明纳税义务和涉税风险,在降低纳税人涉税风险及税务成本、维护纳税人合法权益的同时增强纳税人的税法遵从意识。

第二,在税收征管过程中与税务机关积极沟通、协调,帮助税务机关明确商业行为中的经济实质并剖析税收协定、法律、行政法规、规范性文件的各项规定及其内部层级关系。

第三,在立法层面上为国家法律法规的制定、税收规范性文件的出台提供合理建议,就税收法规不明确的地方向有权机关发出呼吁,请求有权机关对类似问题作出明确的解释或说明。

第四,对于特定行业存在的不合理税收制度,协同企业、行业协会向有权机关建言献策,请求有权机关对相关税收政策进行修改,在办理特定行业企业涉税案件时体察行业现实困境。

《中国税务律师评论》至今已出版10卷,反映了税务律师业务领域遇到的部分典型问题和实务操作中的成功经验与有益借鉴,不仅有近年来我国重大涉税案件的集中展示,从不同的角度反映中国税法领域的热点、难点问题,更是中国财税体制改革、税收法治建设推进的大时代下有志之士不懈努力的一个缩影。衷心希望本书能激励更多的优秀学子、青年律师投身税法服务领域,继续探索中国税收法治建设中的重大课题和前沿问题,聚力推进涉税专业服务创新与升级,适应税收治理现代化和法治化的新形势,更好地承担起中国税务律师的历史使命,维护纳税人合法权益,更好地服务现代国家治理和法治中国建设,进一步促进依法纳税。

最后,《中国税务律师评论》(第11卷)的出版得到了中国注册税务师协会、部分省市税务机关及学术研究机构等诸多单位领导和业界同人的关心和支持,在此一并表示衷心的感谢!

是为序。

中华全国律师协会财税法专业委员会

2024年7月于北京

目　录

Contents

某公司实物奖励个人所得税争议案例评析

刘　建　谢宸枫*

一、前言

2018年8月31日,第十三届全国人民代表大会常务委员会第五次会议表决通过了《关于修改〈中华人民共和国个人所得税法〉的决定》,《个人所得税法》迎来了第七次修正,初步建立了综合和分类所得相结合的个人所得税制,标志着我国个人所得税实践进入新纪元。随着经济社会发展,交易形式不断演变,自然人取得收入的形式日益多元化。目前,我们已知的收入形式就有货币形式、实物形式、积分形式、虚拟资产形式等。揭开收入形式的“神秘面纱”,准确界定这些收入的性质,依法强化税收监管,对于平衡不同所得税负,更好地发挥个人所得税的收入分配调节作用,让改革发展成果更多更公平地惠及全体人民至关重要。然而,在《个人所得税法》相对原则性的规定下,自然人取得收入的形式、性质的多元,容易导致纳税人与税务机关在是否属于征税对象、何时取得、何种税目、如何扣缴、责任划分等方面发生争议,这需要税务机关及其工作人员进一步培养法治思维能力,提升依法治税的技能水平。

二、案情简介

2019年10月,甲科技公司召开股东大会,与会股东经研究一致决定:因公司董事长张某对甲科技公司取得位于A市核心区域某地块作出突出贡献,奖励

* 刘建,就职于国家税务总局四川省税务局;谢宸枫,就职于国家税务总局四川省税务局。

其一套价值700万元的房产。2020年3月,张某在A市某区选取一套价值690万元的房产,与房地产开发企业签订购房合同,随后甲科技公司将该笔购房款中的400万元直接转账支付给房地产开发企业,而将其余290万元转账给第三方,由第三方支付给房地产开发企业。后因张某与甲科技公司发生经济纠纷,甲科技公司向法院提出“冻结该房产过户”的申请,法院裁定同意并要求不动产登记部门协助执行。

2022年2月,甲科技公司所在地市税务局M稽查局决定对甲科技公司开展税务检查。检查期间,张某向甲科技公司出具《放弃奖励声明》,放弃甲科技公司给予的奖励;同时,张某还与甲科技公司签订《债权债务抵偿协议》,协议约定,张某将其拥有的对乙科技研究公司的债权,转让给甲科技公司,用于偿还甲科技公司向房地产开发企业支付的购房款690万元。(下文将检查期间发生的这些事情称为“新发生的案件事实”。)直到税务检查结束,所购房产仍被房产所在地不动产登记部门冻结,张某未能办理过户登记以取得不动产所有权。

M稽查局认定,张某作为甲科技公司的董事长,与公司构成任职、受雇关系,甲科技公司对张某的奖励,是向房地产开发企业支付的购房款,应认定为工资薪金所得。甲科技公司应于向房地产开发企业支付购房款时,按工资薪金所得代扣代缴个人所得税,但甲科技公司未依法履行代扣代缴义务。综合考虑甲科技公司在检查过程中,具有积极配合税务机关的法定情形,M稽查局拟根据《税收征收管理法》第69条、《行政处罚法》第32条之规定,对其应扣未扣张某的个人所得税税款,处以1倍的罚款。

2022年4月,因拟处罚金额符合当地重大税务案件处罚标准,M稽查局按照《重大税务案件审理办法》有关规定,将案件提请A市税务局重大税务案件审理委员会审理。经审理,A市税务局重大税务案件审理委员会作出《重大税务案件审理意见书》,同意M稽查局的拟处罚意见。2022年5月,M稽查局向甲科技公司送达《税务行政处罚事项告知书》。甲科技公司随即提出申请,要求举行税务行政处罚听证。M稽查局受理甲科技公司的听证申请后,作出《税务行政处罚听证通知书》,向甲科技公司告知听证时间、地点等事项。2022年6月,因疫情封控原因,甲科技公司申请延期听证,M稽查局再次作出《税务事项通知书》,决定将听证延期至2022年6月底举行。2022年6月底,M稽查局如期举行听证。2022 年 7 月，M 稽查局将案件再次提交 A 市税务局重大税务案件审理委员会审理。同月，A 市税务局重大税务案件审理委员会作出《重大税务案件审理意见书》，维持 M 稽查局原《重大税务案件审理意见书》的处罚意见。2022 年 8 月，M 稽查局作出《税务行政处罚决定书》，并于当日直接送达甲科技公司。甲科技公司不服处罚决定，于 2022 年 9 月向 A 市税务局的上一级税务机关 W 省税务局申请行政复议。

三、争议焦点及各方观点

（一）甲科技公司给予张某奖励，其性质是货币性奖励、实物性奖励还是其他经济利益

本案中，甲科技公司与 A 市税务局的争议焦点之一，是甲科技公司给予张某的奖励，是货币性质的奖励还是实物性质的奖励，或者是其他经济利益。这一性质界定，直接关系 A 市税务局认定甲科技公司向房地产开发企业转账支付购房款时，是否应履行对张某个人所得税代扣代缴义务。对此，各方观点如下所述。

甲科技公司认为，2019 年 10 月公司股东大会明确议定，给予张某一套价值 700 万元的房产奖励。根据《民法典》第 214 条的规定，不动产物权的设立、变更、转让和消灭，依照法律规定应当登记的，自记载于不动产登记簿时发生效力。M 稽查局检查结束时，该房产仍处于不动产登记部门冻结下，张某尚未取得该房产的不动产所有权。因此，甲科技公司给予张某的房产奖励尚未完成，其不存在应扣未扣张某个人所得税的违法行为。

M 稽查局及 A 市税务局认为，甲科技公司根据股东会决议，在张某签订购房合同后转款给某房地产开发公司，实质是发放现金奖励，表现为“企业出资购买房屋”，并且甲科技公司在账务上列支了为张某购买房屋的费用。因此，2020 年 3 月甲科技公司将该笔购房款通过直接转账、间接转账支付给房地产开发企业时，奖励即已经完成，甲科技公司应当代扣代缴张某的个人所得税但未代扣代缴，构成违法。

针对 M 稽查局第一轮的意见，甲科技公司认为，《个人所得税法实施条例》第 8 条“个人所得的形式，包括现金、实物、有价证券和其他形式的经济利益”的

规定表明,税法认可实物奖励形式的存在,税务机关不能因为取得这些实物需要支付现金,就认定实物奖励变化为现金奖励。

针对甲科技公司第一轮的意见,M稽查局及A市税务局认为,甲科技公司根据股东大会决议,已在张某签订购房合同后转账支付690万元给房地产开发公司。尽管张某尚未获得房产的不动产所有权,但其已获得向房地产开发企业主张交付、过户房屋的权利,即根据商品房销售合同取得了合同债权,属于其他经济利益。尽管该权利最终能否实现尚无定论,但不论能否实现,张某主张权利的对象已不再是甲科技公司,而是房地产开发企业。因此,甲科技公司对张某的奖励已经完成,应履行代扣代缴义务,张某也应按规定缴纳个人所得税,故税务机关根据《税收征收管理法》第69条的规定,给予甲科技公司行政处罚成立。

针对M稽查局及A市税务局第二轮的意见,甲科技公司认为,根据财政部、国家税务总局《关于企业为个人购买房屋或其他财产征收个人所得税问题的批复》(财税〔2008〕83号)的规定,对企业出资购买房屋及其他财产,将所有权登记为投资者个人、投资者家庭成员或企业其他人员的,依法计征个人所得税。本案中,甲科技公司根据股东大会决定,向房地产开发企业支付690万元购买房屋,与《关于企业为个人购买房屋或其他财产征收个人所得税问题的批复》规定的出资购买房屋的情形一致,但将所有权登记为投资者个人、投资者家庭成员或企业其他人员尚未完成,故暂不能对张某征收个人所得税,甲科技公司亦不应当于转账支付购房款时履行代扣代缴义务。

针对甲科技公司第二轮的意见,M稽查局及A市税务局认为,《关于企业为个人购买房屋或其他财产征收个人所得税问题的批复》明确了将所有权登记为投资者个人、投资者家庭成员或企业其他人员的,应依法计征个人所得税,甲科技公司出资购买房屋的情形,与《关于企业为个人购买房屋或其他财产征收个人所得税问题的批复》的情形不完全一致。此外,针对企业出资购买房屋,未将所有权登记为投资者个人、投资者家庭成员或企业其他人员的情况,《关于企业为个人购买房屋或其他财产征收个人所得税问题的批复》并未明确所有权登记完成是计征个人所得税的必要条件。本案中,张某与房地产开发企业签订商品房销售合同,甲科技公司将购房款转账支付给房地产开发企业,形成了可向房地产开发企业主张房产的债权,张某已取得其他经济利益,应该按照《个人所得税法》缴纳个人所得税,故甲科技公司应代扣代缴个人所得税,其主张不成立。

甲科技公司给予奖励的对象张某认为,一是甲科技公司对其奖励的是房产,但该套房产仍处于过户冻结状态,其未取得该房产的不动产所有权,其仍可以向甲科技公司主张奖励,奖励仍未完成;二是甲科技公司将 690 万元购房款转账支付给房地产开发企业,张某个人对 690 万元购房款没有支配权,与职工在劳动合同关系下每月取得的工资薪金明显不同,税务机关认定该奖励为货币性奖励,明显不合理,故针对该项奖励,截至 M 稽查局作出处罚决定之日,未到缴纳个人所得税的纳税时间,不存在甲科技公司应扣未扣个人所得税的问题。

(二)甲科技公司与张某是否构成任职、受雇关系

本案中,甲科技公司与 M 稽查局及 A 市税务局的争议焦点之二,是甲科技公司给予张某的奖励,是否属于“工资、薪金所得”,核心问题是甲科技公司与张某是否构成任职、受雇关系。对此,各方观点如下所述。

甲科技公司认为,张某是该公司的董事长,但其担任董事长是公司股东大会任命的而非公司任命的,未与公司构成任职关系,并且张某未与公司签订劳动合同,因此不属于公司员工,不构成受雇关系。

M 稽查局及 A 市税务局认为,张某作为甲科技公司董事长,与甲科技公司构成任职关系,其从甲科技公司取得所得,应当按照“工资、薪金所得”品目计征个人所得税。

针对 M 稽查局及 A 市税务局第一轮的意见,甲科技公司认为,无论是甲科技公司还是张某,其自认的均是董事长,根据国家税务总局《关于印发〈征收个人所得税若干问题的规定〉的通知》(国税发〔1994〕89 号)第 8 条、国家税务总局《关于明确个人所得税若干政策执行问题的通知》(国税发〔2009〕121 号)第 2 条的规定,张某未在甲科技公司任职、受雇,因此其取得股东大会决议的奖励属于董事费收入,应按照“劳务报酬”而非“工资、薪金所得”征收个人所得税。

针对甲科技公司第一轮的意见,M 稽查局及 A 市税务局认为,甲科技公司在立案检查中,已经出具《任职情况说明》,证实张某自 2017 年 10 月起担任甲科技公司董事长,目前仍在职。此外,甲科技公司已经在多次诉讼主张中自书

承认张某在该公司担任董事长职务,张某也曾在个人民事诉讼的答辩中,自认是甲科技公司的董事长,足以证明张某与甲科技公司构成任职、受雇关系,应当根据《个人所得税法》的规定,对甲科技公司给予张某的奖励,按照“工资、薪金所得”征收个人所得税。

甲科技公司给予奖励的对象张某认为,其第一身份是股东,基于出资关系由甲科技公司股东大会选举为董事,并被任命为董事长,并非因为劳动关系而任职或者受雇成为甲科技公司董事长,因此其取得所得不属于“工资、薪金所得”。

(三)新发生的案件事实是否影响税务行政处罚成立

本案中,甲科技公司与A市税务局的争议焦点之三,是在M稽查局检查过程中,张某向甲科技公司出具声明,放弃甲科技公司给予的奖励,以及张某与甲科技公司签订《债权债务抵偿协议》,将其拥有的对乙科技研究公司的债权,转让给甲科技公司,用于偿还甲科技公司向房地产开发企业支付的购房款690万元,这些事实是否影响税务行政处罚成立。对此,各方观点如下所述。

甲科技公司认为,张某出具《放弃奖励声明》和甲科技公司出具《关于张某放弃××房产声明的确认函》,表明股东大会决定给予张某的奖励已无法完成,公司已确认《放弃奖励声明》为张某本人真实意愿表示,该奖励事项已经变更,M稽查局及A市税务局应综合新发生的案件事实进行考虑后作出处理,不应仅认定某一时点即给予甲科技公司税务行政处罚。

M稽查局及A市税务局认为,M稽查局向甲科技公司送达税务检查通知书后,张某才出具《放弃奖励声明》和签订《债权债务抵偿协议》,随后甲科技公司出具了《关于张某放弃××房产声明的确认函》,但这些证据均属于企业的内部材料;关于张某与乙科技研究公司相关债权是否存在,《放弃奖励声明》是否为张某的真实意思表示,因张某与甲科技公司具有高度关联性,要取证证明相关证据无效具有较大难度。

针对M稽查局及A市税务局第一轮的意见,甲科技公司认为,虽然公司内部股东之间存在纠纷无法形成合议,但甲科技公司已根据张某《放弃奖励声明》和《债权债务抵偿协议》进行公司账务处理,并调整相应往来科目,形成对乙科技研究公司的债权,相关债权债务抵销真实可信。

针对甲科技公司第一轮的意见,M 稽查局及 A 市税务局认为,在张某与房地产开发企业签订商品房销售合同、甲科技公司向房地产开发企业转账支付690 万元购房款时,张某即取得索取房产的合同债权,甲科技公司未代扣代缴个人所得税的违法行为即已成立,与新发生的放弃实物奖励,属于两个独立的事件,不应当纳入税务行政处罚的考虑范围。

甲科技公司给予奖励的对象张某认为,即使认定张某已取得货币性奖励,但其在检查期间已签署《放弃奖励声明》,并与甲科技公司就 690 万元购房款签订《债权债务抵偿协议》,所得已经抵销,其未从甲科技公司取得所得。因此,截至稽查局作出处罚决定之日,税务机关认定的其从甲科技公司取得的"所得"已经失去,其已经不再负有缴纳个人所得税的义务,甲科技公司也就不再负有代扣代缴义务。

四、案件分析

个人所得税与每一个自然人的切身利益密切相关;从理性经济人角度来说,纠纷与自身实质权益关联越紧密,当事人通过复议、诉讼等方式维权的自我意愿就越高。加上随着社会整体法治意识提高,社会公众权益维护意识逐步增强,自然人个人所得税引发的争议也将越来越多。个人与单位、个人与个人之间的经济行为构成了最普遍的经济关系;随着社会经济形式持续多元发展,这种经济关系牵涉的法律部门越来越多,经济关系的法律属性越来越复杂,税务部门作为重要的经济部门和执法部门,落实"税收法定原则"面临的挑战越来越大。具体到本案来讲,笔者就前述争议焦点做以下分析。

(一)关于奖励性质

首先,假定认可 M 稽查局及 A 市税务局的意见,认为甲科技公司给予张某的奖励是货币性奖励,则张某与房地产开发企业签订商品房销售合同购房后,甲科技公司将 690 万元购房款转账支付给房地产开发企业,张某据此取得对房地产开发企业主张房产交付、过户的债权即属奖励完成。从这一逻辑看,在 M 稽查局及 A 市税务局的认定下,张某取得债权即属于取得《个人所得税法》规定的所得,但根据《个人所得税法实施条例》第8条的规定,该债权不属于现金、实物、有价证券,只能认定为其他形式的经济利益。然而,对债权是否应在自然人取得时就立即征税,本身就存在一定的争议。站在所得认定角度看,在现行《个人所得税法》有关规定中,除经营所得外,大部分所得都体现了收付实现制原则,即纳税人不但要有纳税的义务,更要有负税的能力。比如,某公司因经营出现困难,一直拖欠职工工资,职工有向该公司追偿工资的债权,如果对这个债权进行征税,显然将会破坏《个人所得税法》承担的调节收入分配、实现社会公平正义的职能。这样的立法意图也体现在很多财税文件中。实践中,有税务机关对自然人借款,按照人民法院判决确定的远低于合同约定的利息征收个人所得税,也是基于自然人负税能力的考虑。

其次,假定进一步认可M稽查局及A市税务局的意见,认定甲科技公司将690万元购房款转账支付给房地产开发企业后,张某取得向房地产开发企业主张房产交付、过户的债权属于《个人所得税法实施条例》第8条规定的其他形式的经济利益,那么这一所得性质的认定,与甲科技公司和张某之间约定的实物奖励便出现了不一致。对经济行为按民商法约定的性质征税是学界普遍的认识,除非税法有特别规定,税务机关的征税行为不应对经济行为的性质有所改变,否则将会出现大量的民法上的经济行为和行政法上经济行为不一致的案件,这将有损法律的稳定性和权利主体对法律的稳定预期,不利于保护民事交易主体的合法权利,也不利于提升行政机关的行政效率。

再次,假定认可甲科技公司意见认定该项奖励属于实物奖励,并且不动产所有权已登记到张某名下,在实践中,对于此种不动产实物奖励,赠与方如何履行代扣代缴义务也存在一定争议。代扣代缴是依照《个人所得税法》《税收征收管理法》等规定负有代扣代缴义务的单位和个人,从纳税人取得的收入中扣取应纳税款并向税务机关解缴的一种征税方式。甲科技公司奖励一套价值690万元的房产给张某,如果甲科技公司不另行承担产生的个人所得税,那么甲公司该如何代扣代缴这套房产的个人所得税呢?如果张某有从甲科技公司按月取得收入,甲科技公司大概也只能在张某产生纳税义务的当月,从应按月发放给张某的收入中扣取税款;如果张某未从甲科技公司取得任何收入或当月的收入不够缴纳个人所得税,扣缴义务人将面临无法代扣代缴的境地。对于这种情况，实践中甲科技公司大概率会让张某将应负担的个人所得税税款交给甲科技公司申报或由其自行向税务局申报，以防范未及时申报纳税的风险。

最后，《个人所得税法》及《个人所得税法实施条例》明确个人取得收入的形式包括实物，但未对其他形式的经济利益进行明确。税务机关仅是《个人所得税法》的执法部门，要从法理上认定甲科技公司对张某的奖励属于其他形式的经济利益而非实物存在障碍，即税务机关无法否定该奖励为实物奖励，这也是税务机关在依据《个人所得税法》执法的过程中面临的困境。

因此，将甲科技公司给予张某的奖励，确定为实物奖励更为适当，但因该房产的物权还没有登记，张某未取得该房产的所有权，故张某尚不负有纳税义务，甲科技公司也没有代扣代缴个人所得税的义务。

（二）关于任职、受雇关系

税务机关适用“工资、薪金所得”品目认定甲科技公司负有代扣代缴义务，征收张某的个人所得税，应当根据《个人所得税法实施条例》第 8 条的规定，证明甲科技公司与张某有“任职”或“受雇”关系。

首先，《个人所得税法实施条例》第 6 条第 1 款第 1 项规定：“工资、薪金所得，是指个人因任职或者受雇取得的工资、薪金、奖金、年终加薪、劳动分红、津贴、补贴以及与任职或者受雇有关的其他所得。”张某从甲科技公司基于“任职”或者“受雇”取得所得，甲科技公司才应当按照“工资、薪金所得”代扣代缴个人所得税。

其次，根据《公司法》有关规定，公司依据章程规定及股东会决议聘任董事行使法定职权，董事同意任职并依法开展委托事项，公司与董事之间形成委任关系，从双方法律行为的角度看实为委托合同关系。张某是甲科技公司董事长，其本质上依然是董事身份，属于委托合同关系，不必然构成税法上的“任职”或“受雇”关系。并且根据国家税务总局《关于印发〈征收个人所得税若干问题的规定〉的通知》（国税发〔1994〕89 号）第 8 条、国家税务总局《关于明确个人所得税若干政策执行问题的通知》（国税发〔2009〕121 号）第 2 条的规定，如不能认定甲科技公司与张某构成“任职”“受雇”关系，当张某从甲科技公司取得收入时，甲科技公司应当按照“劳务报酬”而非“工资、薪金所得”代扣代缴个人所得税。

最后,目前税法规定上仅国家税务总局《关于离退休人员再任职界定问题的批复》(国税函〔2006〕526号)和《关于个人所得税有关问题的公告》(国家税务总局公告2011年第27号)第2条对认定“退休人员再任职”有相关规定。参照国家税务总局《关于离退休人员再任职界定问题的批复》、《关于个人所得税有关问题的公告》第2条的规定和孙某祥与吉林麦达斯轻合金有限公司劳动争议案[(2020)最高法民再50号],甲科技公司设有总经理一职且非张某担任,张某仅任甲科技公司董事长,未有其他证据证明其负责甲科技公司主要经营管理事务,不足以认定甲科技公司与张某构成“任职”或“受雇”关系。

因此,该案中即使张某已经取得甲科技公司给予的奖励,认定甲科技公司未按照“工资、薪金所得”代扣代缴张某的个人所得税也不能成立。

(三)关于新发生的案件事实

首先,《行政处罚法》第5条第2款规定:“设定和实施行政处罚必须以事实为依据,与违法行为的事实、性质、情节以及社会危害程度相当。”《税收征收管理法》第69条规定:“扣缴义务人应扣未扣、应收而不收税款的,由税务机关向纳税人追缴税款,对扣缴义务人处应扣未扣、应收未收税款百分之五十以上三倍以下的罚款。”税务机关对甲科技公司处以罚款,应以向纳税人追缴的税款为计算基数。本案在M稽查局检查进场后、作出处罚决定前已发生以“放弃奖励、转让债权”抵销购房款这一新的案件事实,新发生的案件事实如被证实,将直接导致税务机关无须向张某追缴个人所得税。

其次,M稽查局及A市税务局认定甲科技公司给予张某的所得是货币性质的奖励,即货币资金,但货币资金并非特定物,张某以“放弃奖励、转让债权”抵销690万元购房款这一新发生的案件事实,是对非特定物的后续处理,如不纳入行政处罚的考量范围,将出现纳税义务消灭但扣缴义务尚存的矛盾。

最后,从案件实际结果来看,在假定以“放弃奖励、转让债权”抵销购房款这一新发生的案件事实真实的情况下,如果M稽查局及A市税务局不将这一事实作为处罚考量因素,要求张某按照“工资、薪金所得”缴纳个人所得税,张某实际上已归还690万元购房款,但仍要向甲科技公司支付补扣补缴的个人所得税款,造成了实质上的不公平。

因此,本案中即使张某已经取得甲科技公司给予的奖励,认定甲科技公司未按照“工资、薪金所得”代扣代缴张某的个人所得税,给予税务行政处罚也不能成立。

滞纳金性质之争在企业破产债权确认中的适用案例评析

郭维真　管　皓*

一、前言

税收法治的实现程度与税法的完善程度通常被认为呈正相关;税法无论在理论还是实践方面对税收法治实现的影响,既依赖于税法体系自身的完备,也依赖于其在以宪法为核心的国家法律秩序下的功能实现。后者从学科研究的角度上以"领域法学"的理论提出为代表,在立法论和法解释论的角度上则是不同法律部门之间的协调与冲突解决。

在《行政强制法》通过之前,滞纳金的表述散见于不同领域的法律文件中,既有民事领域,如《水路货物运输合同实施细则》中关于迟交金额的滞纳金的规定[1];也有体现在具有强烈国家调控色彩的相关领域,如《水法》[2]《社会保险法》[3]《水土保持法》[4]以及税收相关法律,而不同领域的滞纳金标准也不一而足。

在税法领域,最初的滞纳金也散见于不同的单行税法中,1992年《税收征收管理法》颁布后,统一的税收滞纳金制度初步确立。现行的滞纳金制度及其标

---

* 郭维真,中央财经大学法学院副教授;管皓,中央财经大学法学院财税法学研究生。

〔1〕《水路货物运输合同实施细则》于2022年失效。该细则第26条第3项规定,托运人或收货人未及时付清运输费用及其他应付的费用,应按规定按日向承运人支付迟交金额的滞纳金。

〔2〕《水法》第70条。

〔3〕《社会保险法》第86条。

〔4〕《水土保持法》第57条。

准规定在2001年修订后的《税收征收管理法》中。2012年《行政强制法》施行，该法对于滞纳金的规定和《税收征收管理法》有所不同，如何适用两法引发争议；前述争议也未曾因2015年《税收征收管理法修订草案（征求意见稿）》引入"利息"制度而有定论。

近年来，实务界滞纳金涉税争议，特别是围绕滞纳金的性质产生的法律适用问题在执法和司法层面的分歧频出。2024年2月27日，人民法院案例库正式上线并向社会开放，首发13件与破产有关的纠纷裁判要旨，其中国家税务总局南京市江宁区税务局（以下简称江宁区税务局）诉南京润盛建设集团第四工程有限公司（以下简称润盛四公司）破产债权确认纠纷案从破产债权范围的角度申明了"税务机关加收的税款滞纳金不得超过税款数额"。那么这是否意味着税收滞纳金的性质业已明确，在适用《税收征收管理法》还是《行政强制法》的问题上也不再有争议？本文将基于该案从法理、制度和法律解释的角度对税法领域的滞纳金问题做进一步研究和明确。

二、案情简介

2015年12月14日，南京市江宁区人民法院作出（2015）江宁商破字第17号民事裁定，裁定受理江苏鸿盛投资有限公司对润盛四公司提出的破产清算申请，并指定江苏博事达律师事务所担任润盛四公司的破产管理人。

2022年7月25日，润盛四公司管理人向江宁区税务局出具《情况说明》1份，载明：润盛四公司2009年度存在因账册未找到而难以查账征收的情况。后江宁区税务局对润盛四公司2009年企业所得税进行核定。

2022年8月11日，江宁区税务局向润盛四公司申报债权，载明：债权总额690,909.24元，其中税款343,479.61元，滞纳金347,429.63元；缴款期限为2010年5月31日至破产受理日，共经过2023天，按日0.5‰计算滞纳金为347,429.63元。2022年8月31日，润盛四公司管理人作出《债权申报初审函》，认为税款滞纳金不能超过税款金额本身，最终确认债权总额为686,959.22元，其中税款本金343,479.61元，滞纳金343,479.61元，滞纳金列入普通债权参与分配。对于超出部分3950.02元，管理人不予确认。

随后，江宁区税务局诉至法院，主张管理人对超税款本金部分的滞纳金不予确认为破产债权违反法律规定;认为确认税款滞纳金的数额不能以《行政强制法》为依据,而应依据《税收征收管理法》作出认定。请求判决确认江宁区税务局对润盛四公司所欠税款对应的滞纳金3950.02元享有破产债权。

对此,被告润盛四公司则认为,《行政强制法》是一部规范所有行政机关实施行政强制行为的法律,税务机关的行政强制行为应属于行政强制法调整范围。《税收征收管理法》与《行政强制法》既是特别法与一般法关系,也是新法与旧法的关系。仅从特别法优于一般法来理解《行政强制法》与《税收征收管理法》的关系,并以此为依据确认滞纳金只能适用《税收征收管理法》是不全面的。《行政强制法》第45条第2款规定加处罚款或者滞纳金不得超出金钱给付义务的数额,这是法律强制性规定,并且对滞纳金上限加以限制更有利于国家及时征收税款。综上,请求依法驳回江宁区税务局的诉讼请求。

一审法院确认江宁区税务局对润盛四公司所欠税款超出本金限额部分的滞纳金3950.02元享有破产债权。润盛四公司不服一审判决,提起上诉。江苏省南京市中级人民法院于2023年7月25日作出(2023)苏01民终6513号民事判决:撤销一审判决并驳回江宁区税务局的全部诉讼请求。

二审法院在判决中明确了税务机关为依法强制纳税人履行缴纳税款义务而加收滞纳金,符合《行政强制法》第45条规定的适用条件,属于税务机关实施行政强制执行的方式,应当符合《行政强制法》关于滞纳金的数额不得超出金钱给付义务数额的规定。

该案虽然并非指导性案例,但作为入库案例被发布。在"人民法院案例库建设工作新闻发布会答记者问"中,最高人民法院研究室主任周加海明确表示,入库案例必须在司法理念、法律适用、裁判尺度、工作方法等方面具有典型性、指导性,能够为类案办理提供权威参考。那么该案判决结果至少在税务机关的破产债权确认中可以作为权威参考。

三、法理评析

(一)税收债权及其范围

1. 税收债权及附带给付的法律界定

税收之债作为税法学理论的基础,税务机关作为国家的代表享有对纳税人的税收债权，在我国经过20余年的发展，已在理论上达成共识。虽然税法特别是税种法并未明确税收之债，但基本税收制度即课税要素的规定勾勒了税收之债的要素。同时1999年《合同法》实施后不久，《税收征收管理法》即在2001年修订时明确了合同之债的保全制度在税收征管中的适用，[1]开启了税收征管法律规范体系对税收之债的引入。不难看出，税收之债在我国已经从学理探讨向规则适用发展。

由于我国目前的法律法规中未明确规定"税收债权"，对于税收债权的界定更多只能从学理层面去探讨。

从税收债务关系的完整体系出发，在理论的层面，存在税收债权、责任请求权、税收附带给付请求权、退税请求权以及溢缴税款返还请求权等。其中税收债权源自税种法关于税收构成要件的规定，其产生基础为税收实体法；责任请求权、税收附带给付请求权等均从属于税收债权，更多来自税收程序法即征管法的规定。上述基于不同类型请求权的性质的划分，从外观上以实体法和程序法进行区分，呈现泾渭分明的理论框架。

就法律适用而言，税收实体法创设税收债权，纳税人不履行相应债务时，税款本身体现为税收债权的量的折射；而征管法设定的其他义务，如滞纳金等则体现为税收附带给付请求权的量的折射。这种从质到量确定税收债权的逻辑是通顺的，符合二元论视角下对税收公法之债属性的解析，也符合附带给付概念在征管法上与税款相并列的立法表达。

然而，作为一种独立的债权，税收之债理论不仅确认了纳税人的纳税义务于法定课税要件事实成立时发生，与税收法定主义要求的法律保留异曲同工，同时也赋予了税务机关采取民事债权的一般保障手段以实现税收债权的权利，甚至在某些条件下具有更加优越的地位。由此可见，作为一种债权，税收债权的范围不仅直接影响纳税人与国家（税务机关）的税收利益，还间接对纳税人的其他债权人产生影响。而这一点在实践中也得到了证明。尤其当《税收征收管

---

〔1〕 2001年《税收征收管理法》第50条第1款规定："欠缴税款的纳税人因怠于行使到期债权，或者放弃到期债权，或者无偿转让财产，或者以明显不合理的低价转让财产而受让人知道该情形，对国家税收造成损害的，税务机关可以依照合同法第七十三条、第七十四条的规定行使代位权、撤销权。"

理法》明确规定了税收优先权[1],而当纳税人的财产不足以清偿全部债务时,税收债权的范围直接关系纳税人其他债权人的民事债权的实现。虽然法律法规不曾规定“税收债权”,但法律性文件中的税收债权却并不少见,而且基本出自企业破产裁判文书或相关文件,不过《企业破产法》也未曾有税收债权的概念,而只是有“债务人所欠税款”的表述。

当税收债权与民事债权并存且存在彼此竞争的顺位关系时,税收债权的范围是否限于税款?税款之外、从属于税收债权的其他请求权所表现出来的诸多给付类型中,具有民商事属性而非行政属性的给付是否应当纳入税收债权的范围?这些是现实的问题,也证明税收之债理论有进一步精细化的需要。

在从属于税收债权的请求权中,税收附带给付请求权备受关注。税收的附带给付,是指在税收债务关系里,根据特殊的情况,附带于税收所负担的金钱给付债务,以滞纳金、利息等为常见类型。《德国租税通则》第3条第4项列举殆报金、利息、滞纳金、怠金及费用为“税收附带给付”。《日本国税通则法》第60条规定了延滞税、利息税、加算税及过怠税等。而附带给付在我国现行税收征管法律中主要表现为滞纳金。

以德日为例,我们不难发现,诸多不同类型的附带给付虽然对税收债权来说均具有从属性,但在公法、私法属性的判断上却不能简单划一。例如,利息是一种使用金钱资本的对价,而不以纳税人的过错为前提,即只要其未在规定缴纳期限内纳税,即可适用利息制度。虽然滞纳金的适用场合也是纳税人未在规定缴纳期限内纳税,某种意义上也具有“迟延利息”的性质,但其以纳税人存在过错或责任为前提。

由此可见,对于税收债权的范围,不可简单地将其公法之债属性切割为“公法”和“债”,并借用程序法和实体法作区隔;而应考察其公、私法交融并相互影响的一面,从而在定性和定量上达成理论与制度的周延。

2. 民法视角下的税收债权分析框架

如前所述,税收债权更多是一个学理概念,而其制度表达或(在税法层面)

---

[1] 《税收征收管理法》第45条第1款规定:“税务机关征收税款,税收优先于无担保债权,法律另有规定的除外;纳税人欠缴的税款发生在纳税人以其财产设定抵押、质押或者纳税人的财产被留置之前的,税收应当先于抵押权、质权、留置权执行。”

缺失或(在民商法层面)含糊。一方面税收债权亟须明晰内含以与民事债权比较;另一方面需探究能否在税收附带给付中区分出具有鲜明的公法或私法属性的不同类型,从而确定可以与民事债权相比较的对象。

所谓债权,“系将债务人的给付归属于债权人,债权人因而得向债务人请求给付,受领债务人的给付。易言之,债权之本质的内容,乃有效地受领债务人的给付,债权人得向债务人请求给付,则是债权的作用或权能”[1]。在此概念下,债权被具象化为给付这一内容。

此外,在民法上,不同类型的债具有不同的产生基础,债权“是因合同、侵权行为、无因管理、不当得利以及法律的其他规定,权利人请求特定义务人为或者不为一定行为的权利”[2]。由此可见,债是合同、侵权、不当得利的上位概念,但这三者实为不同层次的概念:合同产生原生义务,而侵权和不当得利是对世权受侵害产生的次生义务,是侵害原生义务后才发生的法律关系。

即便在合同中,也不能认为只存在单一类型的请求权。合同的原生义务由合同双方约定而产生,如出卖人之交付;而次生义务则为“原给付义务于履行过程中,因特定事由而生的义务”。[3] 因此在债权的实现中,虽有原生义务和次生义务之分,但并不做刻意的理论区分;换言之,给付的具体内容同时包含了原生义务和次生义务所设定的内容。例如,《民法典》第561条规定,债务人在履行主债务外还应当支付利息和实现债权的有关费用。又如,《民法典》第389条关于担保物权的担保范围的规定,包括主债权及其利息、违约金、损害赔偿金、保管担保财产和实现担保物权的费用。

税收之债作为一种法定之债,债权债务关系的层次超越了单一的债的形式。在税收债权债务关系中,在“原生—次生义务”的框架下,借由霍菲尔德分

---

〔1〕 王泽鉴:《债法原理——基本理论 债之发生、契约、无因管理》(第3版增订本),2012年自版发行,第41-42页。

〔2〕 《民法典》第118条第2款。

〔3〕 《民法典》第577条规定:“当事人一方不履行合同义务或者履行合同义务不符合约定的,应当承担继续履行、采取补救措施或者赔偿损失等违约责任。”此处明确区分了义务和责任。

析框架[1][2]中的“请求权—义务”这组关系,法律关系最初产生的“请求权—义务”是原生请求权与原生义务,原生义务遭违反而产生的为次生“请求权—义务”。换言之,税收法律关系下,税收债权属于原生请求权,而税收附带给付请求权则是因原生义务遭违反而产生的,即次生请求权。

而税收法律关系中的原生请求权从何而来?分析税法可见,税收原生义务虽由法律规定创设,但仅限满足税收构成要件的特定人负有此义务。原生义务就是纳税义务,次生义务就是税收责任,即违反纳税义务的法律后果。税收法律关系的多层次性包含了原生义务和次生义务,这不应影响税收债权的范围及其实现。然而“税收债权”的概念过于宽泛,当其与其他请求权并列时,会模糊主债权和其他请求权的关系,从而在适用上产生困扰。换言之,搞清楚抽象的税收债权和税收债权实现时的量化之间是否有必要区分对待,以及如何区分对待,是解决目前税法领域内理论与制度适用的错位的基础。

法学虽是经验之学,却也是技艺之学,而区分作为一种艺术,可以带来分歧的解决、带来适用的准确,税收债权的法律适用的推进也正是从概念体系的精细化区分入手的。

3. 破产程序中的税收债权以及附带给付请求权

在理论上,税收债权在税种法层面主要以抽象化和概念化呈现,在纳税人遵从税法的条件下,税收债权确认的核心为税收构成要件。而因纳税人不遵从税法而产生的税收附带给付请求权,则是根据税收债务关系而产生的财产法上的请求权。无论是中国,还是其他国家和地区都未将此类附带给付的立法权赋予税务机关,因此在解释上,此类给付义务也应当满足税收构成要件实现的条件,进而在性质上也应当被认为属于一种法定的税收债务关系,换言之也应当遵循税收法定主义。

作为请求权,附带给付请求权与税收债权并列。搞清楚此类附带给付是否属于税收债权的范畴,或者说在税收债权实现时,相关给付能否与税收债权具有同等的优先地位,或与税收债权一般无差别地适用代位权、撤销权等,对于实

[1] 霍菲尔德归纳出的四组“相伴的法律关系”:请求权(claim)—义务(duty);自由(privilege)—无请求权(no-right);权力(power)—责任(liability);豁免(immunity)—无能力(disability)。

[2] 参见张永健:《债的概念:解构与重构》,载《中外法学》2023年第1期。

务中民商事交易的安全和可预期性具有重要的意义。

在具体操作层面，税收优先权的程序法依据主要散见于破产法的相关规定，破产程序中对税收债权范围的关注聚焦于破产债权中税收债权的具体范围，以及税款优先受偿权的实现。而执行程序中，税收优先权往往很难得到法院的支持。虽然国家税务总局《关于人民法院强制执行被执行人财产有关税收问题的复函》（国税函〔2005〕869 号）明确规定，“鉴于人民法院实际控制纳税人因强制执行活动而被拍卖、变卖财产的收入，根据《中华人民共和国税收征收管理法》第五条的规定，人民法院应当协助税务机关依法优先从该收入中征收税款”，但该规范性文件对于法院的约束力微乎其微，法院拒绝的理由也相当充分，如“民事执行方面的法律以及司法解释没有关于税收优先权可在执行程序中参加案款分配并优先实现的规定”〔1〕。因此，虽有优先权制度，但需要识别税收债权范围的主要在破产场合，即被执行人进入破产清算程序后，对被执行人查封财产进行破产分配时的税款优先受偿权。

根据《企业破产法》的规定，人民法院受理破产申请后，税务机关应当就人民法院受理破产申请前债务人欠缴的税款向管理人进行申报，并按照《企业破产法》的有关规定进行后续处理。在具体操作层面，政策层面的主要依据为最高人民法院《关于税务机关就破产企业欠缴税款产生的滞纳金提起的债权确认之诉应否受理问题的批复》（法释〔2012〕9 号）和国家税务总局《关于税收征管若干事项的公告》（国家税务总局公告 2019 年第 48 号）。

第一，关于债权申报的内容。税务机关在人民法院公告的债权申报期限内，向管理人申报企业所欠税款（含教育费附加、地方教育附加）、滞纳金及罚款。因特别纳税调整产生的利息，也应一并申报。〔2〕虽然公告没有明确使用税收债权的表述，但国家税务总局在《关于〈国家税务总局关于税收征管若干事项的公告〉的解读》中，以及各地人民法院、税务机关在细化相关规则时，将税收债权的范围明确为税款（含附加费）及滞纳金、罚款以及因特别纳税调整产生的

---

〔1〕 北京市高级人民法院执行裁定书，（2017）京执复 65 号。

〔2〕 国家税务总局《关于税收征管若干事项的公告》第 4 条。

利息。[1]

从理论上看,滞纳金属于税收附带给付,而罚款作为行政处罚之一种,并不能认为属于税收附带给付。而在破产适用的规则层面,根据最高人民法院《关于审理企业破产案件若干问题的规定》(法释〔2002〕23号)第61条,行政、司法机关对破产企业的罚款、罚金以及其他有关费用不属于破产债权,税务机关虽一并申报罚款,但仅是履行该条第2款规定的对于不属于破产债权的权利登记。

换言之,从现有规定来看,税收债权在适用中,突破了理论中的税收债权的概念界定,即将税收债权等同于税收请求权。在破产法的视角下,税收债权也成为一个具有子集多元化的概念。

第二,关于税收债权金额的计算。根据国家税务总局《关于税收征管若干事项的公告》,企业所欠税款、滞纳金、罚款,以及因特别纳税调整产生的利息,以人民法院裁定受理破产申请之日为截止日计算确定。由于所欠税款和罚款的金额是确定的,滞纳金和因特别纳税调整产生的利息只计算至受理破产申请之日。

第三,关于税收债权在破产债权中的顺位。破产法明确了破产人所欠税款优先于普通破产债权。对于破产企业欠缴税款产生的滞纳金,最高人民法院《关于税务机关就破产企业欠缴税款产生的滞纳金提起的债权确认之诉应否受理问题的批复》明确了滞纳金属于破产债权,与其他普通债权处于同等地位,按照比例进行分配受偿。而国家税务总局《关于税收征管若干事项的公告》进一步明确了税款之外申报的滞纳金、因特别纳税调整产生的利息按照普通破产债权申报,从另一个角度回应了欠缴税款优先于普通破产债权的认识。

第四,关于未明确规定的债权顺位。最高人民法院印发的《全国法院破产审判工作会议纪要》(法〔2018〕53号)第28条重申了破产债权的清偿原则和顺序。对于法律没有明确规定清偿顺序的债权,人民法院可以按照人身损害赔偿债权优先于财产性债权、私法债权优先于公法债权、补偿性债权优先于惩罚性

---

〔1〕 例如,重庆市高级人民法院、国家税务总局重庆市税务局《关于企业破产程序涉税问题处理的实施意见》(渝高法〔2020〕24号)。

债权的原则合理确定清偿顺序。

由此可见,在民事破产领域审视税收债权何以构成破产债权,并不区分原生义务或次生义务,但应限于税收债权债务关系,而非税收权力关系。而原生义务和次生义务的区别带来的则是债权实现的优先劣后的差异。无论是私法债权优先于公法债权,还是补偿性债权优先于惩罚性债权,就税法视域而言,现行规范性文件中关于顺位的相关规则也体现了前述原则,税收债权相较于税收附带给付请求权是税收债权债务关系的核心,具有优先顺位;而滞纳金惩罚性色彩多于补偿性色彩,仅为普通债权。

而作为普通破产债权的滞纳金,因其金额计算是根据逾期期限,虽计算截至人民法院受理破产申请之日,但金额是否以税款本金为限,在破产程序中也关系其他普通债权人的债权实现。此外,破产程序对于滞纳金金额的认定,决定了在税收行政程序中关于滞纳金的行政处理决定,以及税务行政诉讼中前述决定的合法性判断。

(二)税收滞纳金的法律性质

1. 作为税收附带给付的税收滞纳金

如前所述,税收滞纳金在理论上属于税收附带给付,为税收债权债务关系的重要内容。

目前我国税收法律体系中的税收附带给付主要有滞纳金和因特别纳税调整产生的利息。前者规定于《税收征收管理法》中,后者规定于两部所得税法中。虽然同为税收附带给付,但二者在以下方面存在显著的差异。

第一,是否考察税收债务人的主观因素。税收滞纳金的加收虽源于纳税人超过规定期限而未能足额缴纳税款这一事实,但并非所有的税款滞纳都应缴纳滞纳金,无论是《税收征收管理法》的相关规定还是最高人民法院通过案例说理,一般认为滞纳金以税收债务人存在过错为前提。而所得税法上的利息制度〔1〕则无对税收债务人主观因素的考察。

第二,关于计算比率。滞纳金以法律规定为基准,利息的计算更多体现了

〔1〕《企业所得税法》第48条、《个人所得税法》第8条。

市场标准。特别纳税调整加收利息的利息率虽区分企业纳税人与个人纳税人，但均以中国人民银行人民币贷款基准利率为计算基准，只是对于企业纳税人另外加5个百分点计算。[1] 其中符合条件的企业纳税人只按照基准利率计算。[2]

2. 税收滞纳金制度的历史沿革

相较于当前利息制度只出现在特定的税种法中，[3]税收滞纳金在制度层面则经历了由税种法发展至征管法的立法历程，国内税和关税则发生了由标准各异到逐渐统一的融合（见图1）。

由图1不难看出，我国税收领域的滞纳金历史水平在0.5‰~5‰。其相差十倍的加收率设置，很难说5‰的水平不具有惩罚的性质，[4]不过0.5‰的水平是否具有惩罚的性质则需要视市场利率水平方可做判断。结合我国主要行政性征收的滞纳金水平（见表1），现行税收滞纳金的加收率水平属于较低的水平。

---

[1] 《企业所得税法实施条例》第122条、《个人所得税法实施条例》第23条。

[2] 根据国家税务总局《关于完善关联申报和同期资料管理有关事项的公告》（国家税务总局公告2016年第42号）的规定，企业依照有关规定进行关联申报、提供同期资料及有关资料的，税务机关实施特别纳税调查补征税款时，可以依据《企业所得税法实施条例》第122条的规定，按照税款所属纳税年度中国人民银行公布的与补税期间同期的人民币贷款基准利率加收利息。依据《特别纳税调查调整及相互协商程序管理办法》第45条的规定，企业自行调整补税且主动提供同期资料等有关资料，或者按照有关规定不需要准备同期资料但根据税务机关要求提供其他相关资料的，其自行调整补税按照基准利率加收利息。

[3] 对于利息制度是否会像滞纳金制度从税种法发展至征管法，进而实现统一，《税收征收管理法修订草案（征求意见稿）》作出了肯定的回答，代表了一种可能的趋势。

[4] 有学者认为，加收率明显高于银行贷款利率的，加收滞纳金在更大程度上带有惩罚的性质。若认为加收滞纳金不属于行政处罚，那么对纳税人因计算错误等失误而少缴税款和对纳税人因偷税而少缴税款这两种情况的处理将会令人难以理解。参见赖向明、吴芳：《加收滞纳金是否属行政处罚》，载《涉外税务》1998年第11期。

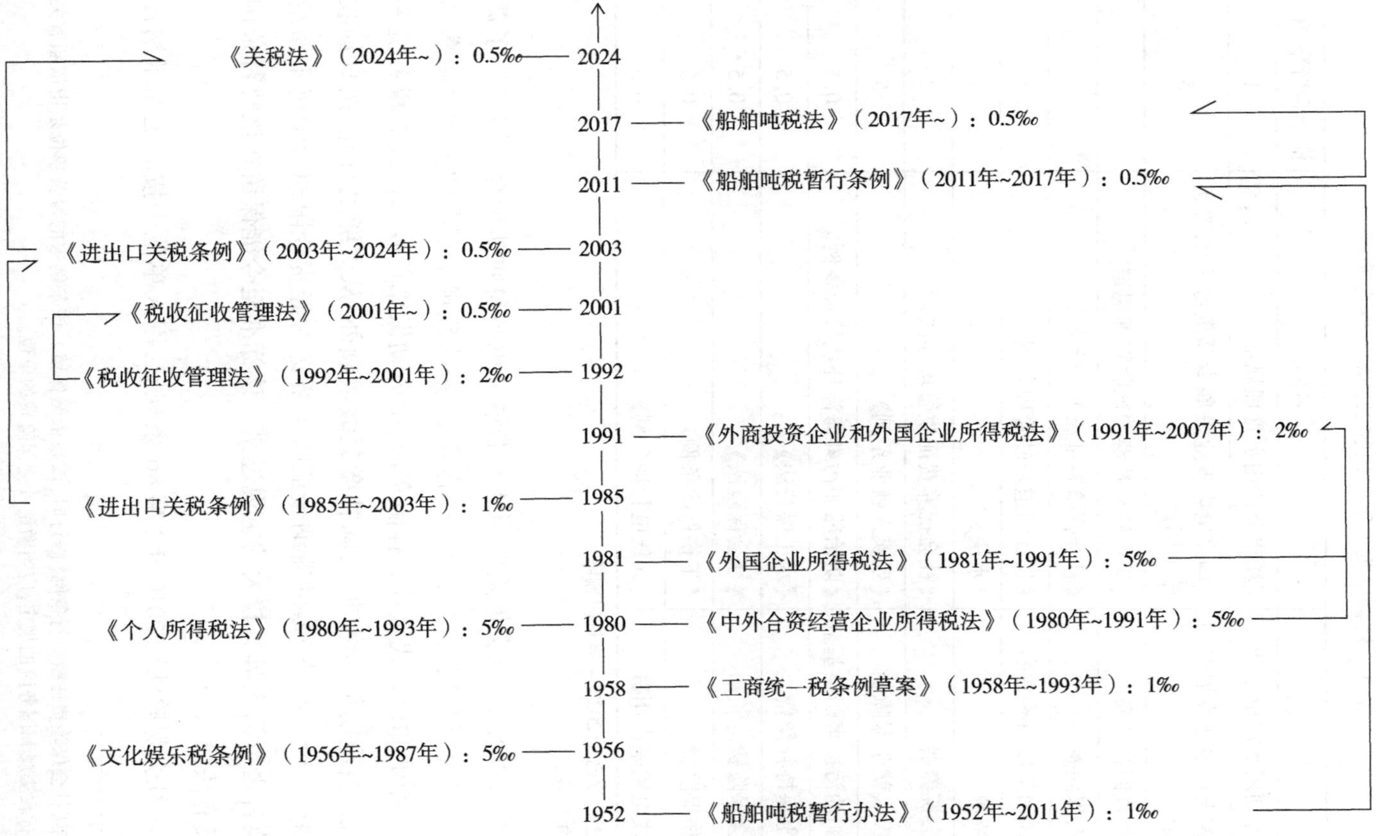

注：图左右两侧的箭头表示法律法规的更迭，中间的箭头表示文件发布年份。

图 1　税法关于滞纳金征收比例的立法嬗变

表1　法律法规设定的税收以外的滞纳金费率

年份	项目	名称	滞纳金费率/‰
1988	超计划用水加价水费	《城市节约用水管理规定》	1
1991	国家电影事业发展专项资金	《国家电影事业发展专项资金上缴的实施细则》	5
1994	矿产资源补偿费	《矿产资源补偿费征收管理规定》	2
1999	社会保险费	《社会保险费征缴暂行条例》	2
2001	~~长江河道砂石资源费~~	《长江河道采砂管理条例》①	3
2002	水资源费	《水法》	2
2002	~~社会抚养费~~	《社会抚养费征收管理办法》②	2
2007	残疾人就业保障金	《残疾人就业条例》	5
2009	船舶油污损害赔偿基金	《防治船舶污染海洋环境管理条例》	0.5
2010	水土保持补偿费	《水土保持法》	0.5
2010	社会保险费	《社会保险法》	0.5
2010	工伤保险费	《工伤保险条例》	0.5
2016	无线电频率占用费	《无线电管理条例》	0.5

①滞纳金条款已于2023年修订时删除。

②2021年失效。

从表1可以看出,社会保险费领域的滞纳金也与税收滞纳金一般经历了调低的过程。《社会保险费征缴暂行条例》第13条明确规定了滞纳金,即"缴费单位未按规定缴纳和代扣代缴社会保险费的,由劳动保障行政部门或者税务机关责令限期缴纳;逾期仍不缴纳的,除补缴欠缴数额外,从欠缴之日起,按日加收2‰的滞纳金"[1]。此处2‰的滞纳金征收主要针对经责令限期缴纳仍不缴纳的情形,换言之行为人具有较大的主观过错。该标准至今能保留在该暂行条例中,依然具有法律效力。

随后,《社会保险法》(2010年)第86条规定,用人单位未按时足额缴纳社

〔1〕 2019年《社会保险费征缴暂行条例》修订时,该条依然保留。该条例中的缴费单位是指依照有关法律、行政法规和国务院的规定,应当缴纳社会保险费的单位。

会保险费的，由社会保险费征收机构责令限期缴纳或者补足，并自欠缴之日起，按日加收0.5‰的滞纳金；逾期仍不缴纳的，由有关行政部门处欠缴数额1倍以上3倍以下的罚款。此处不再区分责令限期缴纳后是否缴纳，仅针对欠缴的一般情形。

从法律适用的角度，《社会保险法》优先适用，虽然《社会保险费征缴暂行条例》未删除该条款，但实践中2‰也已不再适用。结合税收滞纳金的制度变迁，其他法律法规的滞纳金水平也基本保持在0.5‰的水平，因此其与市场利率水平的比较不能成为其性质的证明标准。

3. 税收滞纳金性质：形式标准与实质标准

关于滞纳金的性质，学理上可将其界定为一种税收附带给付，无论从税收附带给付的外延，还是从前述破产程序中的申报的税收债权的内容来看，税收滞纳金的性质既可以从理论角度予以直接界定，也可以通过对比类似的项目进行间接的论证。

滞纳金因征收以逾期天数为基准计算，而常常被拿来与利息进行比较。加上我国税收征管法律制度中并未规定纳税人欠缴税款附有利息缴纳义务，因此尤其当税收滞纳金加收率降至民间借贷的利率水平时，税收滞纳金无疑具有了利息的特质。但能否认为其为利息呢？

首先，税收滞纳金的征收以纳税人滞纳税款为前提，在形式上是纳税人不当占有国家税款而应缴付的时间孳息。然而与民事领域的利息的无过错责任相比，滞纳金的基础是纳税人滞纳税款这一种税收违法行为，在事实要件存在的同时，也必须满足行为人存在主观过错的条件。

其次，学术界对于纳税人避税行为是否属于税收违法行为有不同观点：有学者认为从税收法定原则出发，在法律没有明确规定时，避税行为应当是合法的；[1] 有学者认为，避税行为因违反税法宗旨而具有违法性；[2] 也有学者采用了脱法行为的概念，认为避税具有中间性，利用税法漏洞进行税负规避，虽不违反法律规定但违反立法意旨。[3] 虽然大家对于避税行为的违法性看似观点不

〔1〕 参见陈少英、谢徽：《避税行为非法性质疑》，载《现代财经（天津财经大学学报）》2006年第10期。

〔2〕 参见张守文：《税法学》，法律出版社2011年版，第126－127页。

〔3〕 参见刘剑文、丁一：《避税之法理新探（上）》，载《涉外税务》2003年第8期。

一,即便认为具有违法性也是从宏观层面而非规则层面予以分析,但是在税收征管赖以遵循的规则层面,难以推断出对避税行为可以适用滞纳金制度。而这也契合了相较于滞纳金无差别地适用于各个税种,利息制度仅适用于所得税领域中因特别纳税调整产生的应当补征的税款。作为一种与滞纳金并存的制度,利息的存在从另一个角度否定了税收滞纳金利息的性质。[1]

最后,在破产程序中税收债权保障的视角下,无论是因特别纳税调整产生的利息还是滞纳金,如前所述,均属于普通破产债权,基于逾期天数计算的利息与滞纳金均存在超过税款本金的可能性。由于利息率的市场化,超过本金的利息与民事债权可能带来的金钱给付负担并无本质区别。[2] 基于法律规定的滞纳金,即便是0.5‰的加收率,目前仍高于4倍LPR,不过即便将来低于4倍LPR,也不掩盖税法公法属性的内核,这使得私域经济中平等民事主体的市场游戏规则在此场景下并不适用。

(三)税收滞纳金的法律适用

1.税收滞纳金适用的司法实践

本研究以“滞纳金”“税款滞纳金”“税收滞纳金”三个关键词为检索关键词,为保证样本数据准确性和匹配度,经过筛选,在中国裁判文书网、全国法院裁判文书库、北大法宝、威科先行等平台获得有效参考裁判文书32例,其中行政判决书19例、占比59%,民事判决书13例、占比41%。

通过进一步对滞纳金是否可以超过本金部分的裁判理由进行梳理(见表2),可见法院判决支持滞纳金可以超过本金的有11例,占比34%;法院判决不支持滞纳金可以超过本金的有21例,占比66%。

---

〔1〕 2014年财政部在《关于“优化税收征管支持经济发展”建议的答复》中将《税收征收管理法》中的滞纳金界定为利息,这种界定缺乏理论论证之基础,同时忽视了与因特别纳税调整产生的利息的关系。

〔2〕 从税收公平的角度也可以认为,利息的收取实际上是谋求有避税行为的纳税人与遵从税法的纳税人之间的负担公平。

表2 关于滞纳金是否可以超过本金部分的裁判理由总结

类别	裁判理由
不支持“滞纳金可以超过本金”	1.滞纳金是行政机关对不按期限履行金钱给付义务而给予当事人经济制裁的制度，属行政强制执行措施，具有惩罚性。加收滞纳金系纳税人未在法律规定期限内完税的一种处罚举措，系行政强制执行的一种方式。[《行政强制法》第12条规定：“行政强制执行的方式：(一)加处罚款或者滞纳金……”] 2.《行政强制法》第45条规定：“行政机关依法作出金钱给付义务的行政决定，当事人逾期不履行的，行政机关可以依法加处罚款或者滞纳金。加处罚款或者滞纳金的标准应当告知当事人。加处罚款或者滞纳金的数额不得超出金钱给付义务的数额。” 3.对于税务机关实施的属于行政强制性质的行为，除法律明确规定有例外情形外，亦应当遵守《行政强制法》的规定。 4.对滞纳金远远超过税款，税务机关亦有一定的责任(催缴责任)，根据纳税主体和税务机关的过错程度，参照适用《行政强制法》第45条的规定。
支持“滞纳金可以超过本金”	1.自2001年5月1日起施行的《税收征收管理法》第32条规定，纳税人未按照规定期限缴纳税款的，扣缴义务人未按照规定期限解缴税款的，税务机关除责令限期缴纳外，从滞纳税款之日起，按日加收滞纳税款万分之五的滞纳金。2013年、2015年第十二届全国人民代表大会常务委员会两次对该法进行修正，均未涉及该条规定。而《行政强制法》于2012年立法生效。 2.特别法优于一般法。《税收征收管理法》和《行政强制法》均由全国人民代表大会常务委员会制定并颁布实施，处于同一位阶。就税收事项而言，《税收征收管理法》是规定税收征管事项的单行法律，是特别法；《行政强制法》是关于行政强制措施和强制执行方面的一般法。因此，当《税收征收管理法》与《行政强制法》就税收征管行为在法律适用上发生冲突时，特别法优于一般法。《税收征收管理法》是税收征管领域的特别法，其实施细则为行政法规。税务机关依据上述规定对纳税主体作出强制执行决定，扣缴滞纳金数额超过税款数额，并不违反法律规定。 3.滞纳金是针对纳税人未按期缴纳税款的行为给予经济制裁的一种措施，目的是督促当事人尽快缴纳税款，不带有处罚性质，因此无须适用税务行政处罚的听证程序，故被告就原告逾期未缴纳税款的行为加收滞纳金符合法律规定。

认定滞纳金不可以超过本金的判决，主要适用法律为《行政强制法》第45条，同时，将滞纳金定性为《行政强制法》第12条规定的行政强制执行的方式之一，认可税务机关征收滞纳金的行为为处罚行为，是行政强制执行的一种。也

有部分法院认为对于税款滞纳金在征收率仅为0.5‰的情况下仍然超过了税款本金,税务机关对此也应当承担催缴不及时的责任,基于过错程度,应参照适用《行政强制法》第45条。

而认定滞纳金可以超过本金的判决,主要理由集中在2012年《行政强制法》生效后,2013年和2015年两次对《税收征收管理法》的修改都没有涉及滞纳金的上限问题,这表明立法者对于两种滞纳金定性的区别。同时,《税收征收管理法》作为税收领域的特别法,根据特别法优于一般法的原则,其应当优于《行政强制法》适用。最后,就税收滞纳金而言,其作用并非惩罚性质,而是催缴性质,因此不符合《行政强制法》的相关规定。

2.《行政强制法》审视下的税收滞纳金

根据《行政强制法》第45条,其一,"行政机关可以依法加处罚款或者滞纳金";由此可见,滞纳金具有一定的自由裁量权。其二,滞纳金适用的条件为"行政机关依法作出金钱给付义务的行政决定,当事人逾期不履行",即滞纳金的基础依据为行政决定,是逾期不履行该金钱给付义务而产生的,换言之,滞纳金执行有设置前置程序。基于上述事实,滞纳金金额也是自法律文书载明日期届满起按日计算。

反观《税收征收管理法》中的滞纳金,一则未明确性质;二则加收滞纳金的执法文书主要有限期缴纳税款通知书、税务处理决定书,附随于税款的征收,滞纳金的计算自纳税人未按期纳税即欠缴税款之日起,与纳税人收到通知后是否在限期内缴纳无关。因此滞纳金的加收并非税务机关自由裁量权的行使,而是税收债权债务关系的内容之一。

此外,《行政强制法》规定了相对人采取补救措施属于滞纳金的减免情形。而《税收征收管理法》的减免空间有限。

由此可见,上述两部法律规定的滞纳金概念不同,基础法律依据不同,适用领域和适用程序均不同,因此法律适用不同也属正常。

3.法秩序统一视角下税收滞纳金条款的司法适用

法秩序统一性原理是处理法域间关系的基本原则。德国学者倾向于将其理解为逻辑上的统一性,即针对同一行为各法域的举止规范之间不应既允许又禁止。[1] 日本学者着重于从目的论上理解该原理，试图以不同方式调和法秩序的统一性与违法性判断的相对性。[2] 虽然众多学者从刑民交叉角度理解法秩序统一性，但行民交叉领域也依然存在对法秩序统一的考量和判断。

本文认为，虽然民法、税法、行政法保护的法益各有不同，但法律依然成为多样性的价值主体或多样化价值体系间相互合作、形成合力的一种力量。就法律体系的整体而言，即便当今时代价值主体、价值观和价值体系多元化，各种社会活动和制度运行的准则、尺度和道德评价存在标准不一，但人们仍存在共同的基本价值需求，比如，对人的价值和尊严的渴求，对平等而公正的裁判的希望，对自由与秩序的兼顾和对人们的共同预期实现的期待等。法秩序统一的形式是规则的不冲突，当实质多元化价值主体汇聚在一起时，其可确保价值个体的独立性和自主性，进而达到多元化价值体系、价值观和价值主体的共存与和谐发展。

目的论下的法秩序统一如何实现？抽象的正义、道德共识都将通过法律的体系化而实现。在领域法学的视角下，一方面，以问题为中心的研究进路使得研究的评价具有了客观且可衡量的特质；另一方面，由于问题的集中性和问题内部体系的异质性，特别是公法与私法交叉的部分，应从法律技术的角度思考该问题在政治国家与市民社会场域下折射的不同。

税收债权债务关系体现了学者们试图在税法领域融合公法与私法的理论探索。然而，理论上概念的泾渭分明与实践制度中概念不加区分的使用，既是从"有法可依"的法治初级阶段向"科学立法"高阶发展的必经之路，也是应然与实然之间模糊地带中法治的一种折中。理论中的税收债权与制度规则中的税收债权的差异即可归因于此。

滞纳金，作为特定的法律术语，尤其是当其不再用于描绘平等主体之间的责任承担时，不再是私法专属领域的命题；无论是进入税法领域，还是进入社会法等诸多领域，其都具有强烈的行政管理的色彩。此时征收机关依据行政职权，根据法律规定加收滞纳金。由于欠缴的款项具有公法之债的特征，在征收

---

〔1〕 Vgl. Engisch, Einführung in das juristische Denken, 12. Aufl. 2018, S. 225.

〔2〕 参见［日］松宫孝明：《刑法总论讲义》（第4版补正版），钱叶六译、王昭武审校，中国人民大学出版社2013年版，第107－108页。

环节的行政权力关系下,应该适用行政法的规制原则,而非准用民法中的利息制度。

此外,在税法的适用中,由于相关规则欠缺或存有漏洞,法律解释方法或标准成为司法裁判的核心和关键。在税法解释实践中,大家时常面临"对国库有利"还是"对纳税人有利"的两难选择。这也是税务行政诉讼中裁判者经常面临的拷问。有学者指出,解释机关更须遵循债之解释的普适性原理。当遇有税法不明或课税事实不明等情况且存有两种以上的理解时,应该秉持"不利解释规则",做有利于规则接受者的解释,即奉行税法解释上的纳税人主义立场。[1]而该规则适用于民事诉讼也体现了对其他债权人的平等保护,正是税法对民事交易尊重的具体体现。换言之,此类解释规则作为解决问题的手段,在维护一般正义和保护一般公共利益的价值追求上,能够得到普遍认同和促进法律调整目标的实现,使得全体社会成员能共存于观念共同体社会之中。

四、结论与启示

就本文开篇讨论的案例而言,从民事诉讼的角度来看,南京市中级人民法院的判决仅仅表明了在破产程序中对于普通破产债权的范围的认定,即从债权的角度,滞纳金基于法律规定而征收,但其超过本数的部分已经超越了债权债务关系的范畴,因此基于对其他普通债权人平等保护的理念,不予认定。对于在行政法层面的滞纳金是否超过本金,该判决难以替代行政诉讼判决。

然而,在行政诉讼领域采用一样的观点审查税收滞纳金的范围,虽有《行政强制法》适用条件不满足的形式瑕疵、税收滞纳金加收率实质负担与利息相似等,但从法秩序统一的视角看,只有采取同一的认定,才不会导致法的安定性和统一性遭到破坏。

2024年4月26日《关税法》通过,不但重塑了关税体系,原先自成一体的关税征管体系也将被打破,逐步与其他税种并轨。这意味着作为征管制度的重要环节,滞纳金也应当在关税和境内税层面保持一致。从《关税法》关于滞纳金的

---

〔1〕 参见叶金育:《税法解释中纳税人主义的证立——一个债法的分析框架》,载《江西财经大学学报》2017年第4期。

规定来看,不同情形下,海关加收滞纳金的起算标准也有不同,起算之日具体有:法定纳税期限、海关规定的期限、(需补缴税款的)缴纳税款或者货物放行之日、应缴纳税款之日。[1] 这种区分虽然沿袭《进出口关税条例》相关规定,但法律用语的表述已经有了很大的区别,不再使用滞纳税款,而突出了滞纳金给付义务的行政属性;换言之,这是一种与行政强制法内在精神的一致。

最后需要讨论的是,特别纳税调整之外的场合下,滞纳金与利息在理论上可否同时征收的问题。如前所述,滞纳金在计算方式上相当于私法债务关系的迟延利息,[2] 其又因标准和设定方式成为一种督促纳税人按时纳税的手段,也被认为具有一定的行政执行罚性质。换言之,滞纳金内嵌了不履行税收债务从而变相使用国家税款的对价收取和公法的调整手段。如果税务机关在公权力强制性保障之外,试图通过征收利息的方式行使债权人权利,这种行为固然有其合法性所在,但以公权力为保障的滞纳金本身即包含了资金占用的成本,再另行依私法债权方式征收利息,这种过度保障很明显违背了比例原则。

---

〔1〕《关税法》第43条、第45条、第46条、第48条。
〔2〕 参见陈清秀:《税法总论》(第12版增修本),台北,元照出版有限公司2022年版,第420页。

“以数治税”背景下企业如何构建供应商管理内控体系

——以虚开发票、偷税、骗取出口退税案件为例

王敏志　金雨露　潘予知*

一、引言

近期,因上游异常凭证认定导致企业涉嫌虚开发票、偷税、骗取出口退税行政处罚的案件频发,该类异常凭证问题通常衍生出“变名开票”“转换收入性质”“平台经济虚开发票”等其他涉税问题。从这些案件的处理以及税企争议焦点来看,其多是围绕“虚开发票”和“偷税”竞合处理与“编造虚假依据”之间的关联定性、“违法行为”和“主观过错”的博弈、“接受虚开发票一方”的维权路径以及民、行、刑衔接和交叉定性等展开的。这既对纳税确定性、谦抑性和综合性等税收法定评价提出挑战,也对企业围绕现行征管改革持续注重强化供应商管理措施、完善企业涉税内控管理等提出迫切要求。

供应商管理涉税内控体系的建设尤为重要。一方面,随着我国开始迈向“以数治税”时代,“金税四期”工程不断推进、大数据治税技术不断深化、“数电票”以及“税收规则嵌入纳税人系统”项目不断推广使用,原本易被忽略的企业涉税内控制供应商管理体系亟须从业务、财务到法务的流程化改造;另一方面,最高人民法院、最高人民检察院涉税犯罪司法解释已将“虚列支出”“虚抵进

* 王敏志,就职于浙江云和律师事务所;金雨露,就职于浙江云和律师事务所;潘予知,就职于浙江六和律师事务所。

项”列为重点打击的涉税违法犯罪行为，税务机关更是通过“走逃（失控）管理”“异常凭证管理”等抵扣凭证管理等倒逼企业开展风险预警。可见，在现有的征管与法律法规体系背景下，作为企业结算凭证、入账凭证、抵扣凭证以及审计证据的“发票”已被时代赋予新的使命。

为防范虚开发票、偷税、骗取出口退税等涉税风险，企业应顺应“以数治税”监管要求，建立健全财税法律风险识别体系、风险管理矩阵以及内控管理体系，包括但不限于加强资金管理与风险控制、强化发票管理与风险预警、开展供应商管理与系统评估等，促使财税管理由经验驱动向数字驱动、由事后处置向事前和事中预防延伸，才能走向高质量发展。

二、类案介绍：因上游异常凭证问题导致税务稽查案例分析

（一）类案简介

案例一：A 公司从事大宗商品交易，因上游外省供应商 B 提供的增值税专用发票存在涉嫌虚开的情况，A 公司所在地主管税务机关的稽查局基于 B 地稽查局送达的《已证实虚开通知单》要求 A 公司做进项税额转出，并不予列支对应企业所得税税前扣除金额。后经 A 公司陈述申辩，A 公司所在地主管税务机关的稽查局以“非善非恶”定性 A 公司应转出增值税进项税额、加处滞纳金，但未作出行政处罚和企业所得税处理。

案例二：因 C 公司上游外省供应商 D 公司被其所在地税务机关确认为“走逃”（下落不明），C 公司从 D 公司取得的增值税专用发票被认定为异常，C 公司所在地主管税务机关要求其做进项税额转出申报（对应异常凭证管理要求为“暂转出”）。C 公司进行申报但未将税款解缴入库，故产生滞纳金。嗣后 D 公司“走逃”信息被解除，C 公司应主管税务机关的通知进行更正申报，并就前述已申报未缴税的对应税款做退（抵）税处理，但前述产生的滞纳金无法做“误征退税”处理，C 公司基于此提起行政复议（后获得部分退税并和解结案，其中未获得退税的系城建税附加等）。

案例三：因 E 公司上游外省供应商 F 公司提供的增值税专用发票已经涉嫌虚开增值税专用发票犯罪，为认罪认罚所需，人民检察院在审查起诉阶段退侦时就 E 公司对应增值税进项税额做“罚没”处理，后 E 公司所在地税务机关基

于行刑衔接要求对其作出虚开定性并根据《发票管理办法》和税务处理决定一并加收滞纳金进行行政处罚。E公司面临"双重补税",故其向上级税务机关提起行政复议(后全额退税、滞纳金并和解结案)。

案例四:G公司因上游外地供应商H公司提供的增值税专用发票和对应业务无法做出口退税,首次退税下户实地核查,未取得函调"无异议"结论,被认定不予退税。G公司就业务真实性与主管税务机关进行多次沟通,最终G公司取得的发票未被定性虚开,而其因"单证不齐"被处以罚款。

案例五:I公司主要从事建设工程业务,应属地建管办有关农民工实付工资等行业要求,I公司另行设立J劳务公司向I公司开具劳务发票若干。后其被举报,税务机关立案后发现J劳务公司的实际负责人同时是I公司的项目经理,税务机关认为以上劳务支出/收入对应增值税专用发票为"虚开",一方面I公司不得列支,另一方面J劳务公司还应因虚开发票接受行政处罚、进行个税补征等。

案例六:K银行作为债权人以以物抵债的方式获得债务人L公司的标的资产。在处理抵债资产的税负承担问题过程中,K银行只有人民法院的抵债裁定确认资产入账核销,债务人L公司因陷入欠税危机而被主管税务机关停供发票,K银行无法获得抵扣凭证,遭受损失。

案例七:M公司出于少缴员工个税的目的,"允许"员工以"外购"发票或"公私无法明确划分"的消费类发票报销领取部分工资,M公司所在地主管税务机关对其作出虚开发票认定,拟移送公安机关。

案例八:N公司出于"关联交易"计提费用的合理性需要,"允许"员工另设"合伙企业"并以"合伙企业"的名义向N公司的其他关联交易下游贸易商开具增值税专用发票,发票品名为咨询服务等,后被税务机关定性为虚开发票,经陈述申辩后定性为"编造虚假计税依据"结案。

案例九:O公司作为鞋业制品制造公司从第三方P公司处取得增值税专用发票,但P公司实际上只是开票主体,实际出货由P公司的关联业务合作方Q公司经办;因Q公司提供不了专票,Q公司将收款"退还"给了O公司;O公司主管税务机关认为,该"退款"构成资金回流且以上"三流"不一致问题已经证据确凿而闭环,应作为虚开案件定性并最终按偷税进行行政处罚。

案例十:R 公司的实际控制人 S 为从 R 公司领取暂借款(分红)。由于开票公司 T 公司本身也和 R 公司有长期业务合作,并有待结算的工程款等,所以 R 公司以"预借发票"名义从 T 公司取得增值税专用发票,后审计发现该疑点,S 公司退款给 T 公司,但发票仍以"预借"名义未冲红,现被税务机关认定为在行为发生时已构成虚开发票行为。

(二)焦点问题

前述案例不同程度地反映如下问题。

1. 风险识别体系亟待建立

企业作为受票方,面对来自供应商的异常凭证时,首先应当确认该凭证是否已用于在前面环节缴纳增值税销项税,避免因"未造成国家税款损失"等抗辩事由不成立,涉刑事法律风险;其次,应确保该销项税额对应业务真实,以及其开票不以虚开、骗税为主要目的,必要时可结合物流、仓储、物流辅助(如装卸、分拣)、交付凭证(如海关抽检)、验收(如第三方 QC 检验)乃至货款部分的涉诉信息等予以佐证留痕;最后,除前述内容外,还应注重费用列支公允性以及凭证来源合法性等多维度复核。以上递进关系可用于建立供应商风险预警的风控识别等,在此不赘述。

2. 税企分歧化解亟待确定性方案

如前述案例所示,税务处理决定、税务处罚决定对涉嫌异常凭证的管理往往造成下游企业受票单位被认定构成虚开发票、偷税、骗税的结果,以及造成纳税主体受到行政处罚、被移送公安机关等一系列风险,还包括停供发票、降低纳税信用等级、限制出入境等其他资格、行为处罚等。但我们也注意到以上处理处罚定性仍有较大的弹性空间。更有甚者,已出现税务机关不当引用最高人民法院、最高人民检察院涉税犯罪司法解释的规定用于税收执法实务的案例。以上具有不确定性的处理方式加深了税企矛盾。

3. 相关涉税风险不仅仅局限于发票本身

相关涉税风险至少还包括发票所载信息对应交付凭证问题、发票用于税前扣除的入账凭证问题、发票错误用于抵税的财务舞弊问题、发票无法取得时增值税链条断裂的征管瑕疵问题、发票和物权转移时点错配导致的滞纳金问题、发票提前开具可能导致的虚开定性问题、发票错误适用税率问题或差额开票导致的业务定性存疑问题等。

结合前述案例以及供应商管理体系之涉税内控管理要点,企业有必要从单一的合同管理、供应商分类分级管理以及资金管理中提炼涉税内控管理的要点;企业所在的相关行业、产业也要建立起上下游风控管理制度,避免行业内劣币驱逐良币问题陡增。

三、原因分析:“以数治税”征管模式对企业财税管理的挑战

产生上述问题的主要原因需要从“以数治税”的征管改革说起。从手工填列并开具发票、中介机构或税务机关代开发票到一般纳税人或小规模纳税人自开票、增值税发票系统升级、数电发票管理等,我国“以票控税”相关征管措施正向着更深层次的“以数治税”方向发展。2021年3月中共中央办公厅、国务院办公厅印发的《关于进一步深化税收征管改革的意见》作为新起点,提出了“实现从‘以票管税’向‘以数治税’分类精准监管转变”“全面推进税收征管数字化升级和智能化改造”“加快推进智慧税务建设”“稳步实施发票电子化改革”“深化税收大数据共享应用”等内容。自此,我国开始迈向“以数治税”时代,开启了数字化、智能化的技术型税收监管模式。

(一)“以数治税”解决了上下游凭证与业务信息不对称的疑难问题

上下游凭证与业务信息不对称问题由来已久,也是税收征管的重难点。

传统税收征管模式主要适用“以票控税”的方式,税务机关通过控制发票来监管涉税交易,实质是以发票为载体,对记账凭证、会计账簿、财务报表等涉税信息进行采集、比对和应用,从而实现税源监控。[1] 然而,由于发票信息采集成本高、采集的真实性难以保障、对采集的发票信息运用不充分等问题,传统“以票控税”发挥的作用逐渐减弱。

“十三五”时期,我国进入了“信息管税”阶段,这一阶段以解决征纳双方信

〔1〕 参见重庆市国家税务局课题组、卢自强、向垣树:《以票控税:基于信息管税的视角》,载《税务研究》2012年第4期。

息不对称的问题为目标,运用现代信息技术手段对涉税信息进行收集、分析和使用,强调对资金流和支付平台的监控,力求实现"票款"收付信息的对称。[1]但是,由于受思维和技术的局限,没有建立一个完整的现代化征管体系,信息孤岛的问题制约了"信息管税"的有效运用。

在数字经济的背景下,随着大数据、云计算、人工智能、区块链等现代信息技术与税收征管改革的深度融合,"以数治税"征管模式逐渐成为税收治理现代化的重要抓手。为此,"以票控税""信息管税""以数治税"三个不同时期的发展阶段,[2]让以上信息不对称问题得到极大改善。

(二)"金税四期"的监管逻辑使得税务机关对纳税人的"画像"更为准确

"金税四期"工程作为落实"以数治税"改革的重要举措,具有数据共享化、分析自动化、监管精准化等特点。"金税四期"通过增加对非税业务的管控、对企业股东和高管等相关人员信息的管控、对资金更加严格的管控,使得监管范围越发全面;通过与中国人民银行等机构信息联网,充分发挥大数据在信息共享方面的支撑功能,如共享大额和可疑的转账数据,有效实现多维度、全方位监管涉税信息。随着"金税四期"工程的不断推进和大数据治税技术的不断深化,全面数字化的电子发票开始运行。在数电票的控制下,税务机关可依托各部门共享的数据,对开具发票、交付发票、查验发票的过程进行电子化审查,做到更加精准地预警和管理。[3]

1. 虚开发票行为在日趋严格的大数据监管下更难隐藏,通过对发票全环节的即时验证和监控,建立虚开企业"画像"(包括行业分布、企业类型、发票使用

---

〔1〕 参见陈兵:《新经济时代从"以票控税"到"信息管税"的转向——由B2T税收征管问题引发的思考》,载《法学》2014年第12期。

〔2〕 参见李旭红:《税收征管的第三次变革——〈关于进一步深化税收征管改革的意见〉对纳税人缴费人的影响及意义》,载《中国税务》2021年第4期。

〔3〕 在全国加大推广使用数电票的浪潮下,国家税务总局浙江省税务局于2023年4月发布《关于开展全面数字化的电子发票试点工作的公告》,决定在浙江省开展数电票试点工作。

特点等重要风险特征),有助于税务机关实时监测和重点防范发票风险。[1]

2. 公转私、账外账等隐匿收入行为越来越无处遁形,以往该类行为因结算方式隐匿较难被发现,但在数据共享和信息联网后,税务机关会对企业和企业相关人员的大额支付交易、可疑支付交易行为进行稽查比对,对企业和同行业收入、成本、利润情况等予以监管,进一步精准打击偷漏税行为。

3. 系统对企业财税关联数据、非财务数据的比对、预警,对社保缴纳情况的全面监管等勾稽关系也逐渐成为税务稽查的线索。

四、风险识别:“以数治税”下企业财税法律风险进入矩阵时代

国家实施“金税工程”以来,财税法律风险处置一直为企业经营管理的重中之重。建立健全财税法律风险识别体系,是做好风险预警和预防的第一关,具体包括针对易发的涉税违法行为类别采取有针对性的风险识别和预警措施,形成财税风险清单,定期开展财税风险评估等。

(一)财税法律风险构成与识别

以供应商管理体系为例,上游凭证认定异常将直接导致各类风险,这些不同的涉税违法行为类别、情节和社会危害程度对应不同的风险后果,还可能引发审计风险、行政风险、刑事风险等,包括但不限于补缴税款、加处滞纳金或利息、行政罚款,以及间接导致的企业纳税信用等级下降、发票被停供、出口退税资质受限、出入境受限、账户冻结/资产查封等,情节严重则触犯《刑法》。因此,企业财税管理体系的构建是大势所趋。

企业财税法律风险尤其以虚开增值税专用发票和逃避缴纳税款(偷税)最为高发。

1. 虚开增值税专用发票风险主要发生在没有真实交易而为他人、为自己、

[1] 例如,杭州市税务机关通过浙江省税务局大数据平台和总局数据探索空间进行数据加工和分析,利用地理信息系统(GIS)工具形成虚开企业热力图,构建虚开企业热力图风险预判模型,提炼热力图发票虚开特征,并将热力图应用于日常征管,划分高风险网格区域,提高对虚开发票企业的精准打击度。参见张晨希:《用热力图分析助力发票管理》,载《中国税务报》2023年2月8日,第7版。

让他人为自己、介绍他人开具增值税专用发票的情况下。在实践中,与交易对象虽然有业务往来,但发票流、资金流、合同流、货物流“四流”对象不一致等情形也可能被定性为虚开。企业主及企业财务直接责任人员应当重点识别应税货物或服务的合同相对方、资金收付主体和增值税专用发票各联次所载明的购销关系之间的关系,杜绝或严禁放任“资金回流”、收付异常票证、个体工商户让其他一般纳税人违法代开等情况。

2. 偷税风险主要发生在伪造、变造、隐匿、擅自销毁账簿、记账凭证,或者在账簿上多列支出或者不列、少列收入,或者经税务机关通知申报而拒不申报或者进行虚假的纳税申报,不缴或者少缴应纳税款的情况下。企业主及企业财务直接责任人员应当重点识别收入是否满足全申报口径、收入和成本费用配比是否合理、是否存在虚构交易和“转换收入性质”的行为、是否存在接受虚开普通发票并违规冲减企业所得税应纳税所得额(如用于冲销应付职工薪酬)用以逃避代扣代缴所得税和社会保险费等情形。

(二)财税预警指标设计与实施

编制财税风险清单,对市场交易及上下游合作中可能存在的财税风险类别分别设立预警指标,梳理各税种的重点风险环节、事项、风险要素和具体税收风险,有助于有效识别、预警反馈和及时纠正企业经营活动中的各项财税违规行为。

(三)财税风险评估与整改

企业内外部环境是在不断变化的,因此有必要全面、系统、持续地收集内外部相关信息,定期或不定期开展财税风险评估,通过和上游供应商之间建立可比对的非财务数据体系,用数据比对、测试指标情况,复查涉税异常事项,对现有财税风险管理情况进行评价。并对财税风险实行动态管理,及时评估原有风险的变化情况、新产生的财税风险以及在财税管理不同阶段产生的不同风险,并适时调整风险应对策略。

五、应对方式:企业供应商管理体系下的涉税内控建设

随着数字化转型向纵深推进,企业需要实现财税管理体系数字化构建与应用,促使财税管理由经验驱动向数字驱动、由事后处置向事前和事中预防延伸,才能顺应“以数治税”监管趋势,走向健康发展、高质量发展。

(一)建立健全供应商管理在内的内控管理体系

建立健全自主财税管理体系,需要落实会计核算要求和纳税申报稽核规定,制定财税管理制度,依法履行纳税义务,定期开展财税培训,加强对财税管理的监督和检查。会计核算是财税管理的基础,确保科目设置、凭证审核、核算实施、报表出具过程中的合法性,是确保财税管理符合规范的基石。企业纳税申报包含月度报税、季度报税、年度报税以及特殊项目的最终清算申报。鼓励企业运用企业资源计划(ERP)系统等数字化管理技术,将人、财、物及相应的信息流、资金流、管理流、增值流等紧密地集成起来实现资源优化和共享。其中,大中型企业和小微企业可视条件不同分立不同的业务内控体系。

1. 大型、规上企业还应当建立健全内控管理体系,根据企业基本情况、组织架构、业务流程及财税风险点建立财税风险内控管理架构,形成有效的内部控制机制。除财务会计、税务会计、出纳外,还应设立法务、内控等专职岗位,起草、修订或调整内控管理制度以符合相应准则要求,合理设计财税管理、信息沟通的流程及风险控制、监督、改进方法,定期开展财税类有关风险识别、信息预警、反馈评估和自我整改等工作。必要时,每年聘请外部专业审计机构开展税务专项审计。

2. 中小微企业也应着重针对所属行业经营状况及特点,根据企业规模大小,建立专门的财务部门,配备税务专员或者聘请专门的财务人员或者委托专门的代理记账机构,确保财税人员具备相应的专业资质和专业能力。必要时,可与相关责任人员签订纳税遵从协议或责任分解承诺书,从自身做起,杜绝企业运营违规事项。

(二)加强与供应商结算的资金管理与控制资金风险

企业应当结合自身实际,通过下列措施加强与供应商之间的资金管理。[1]

1. 内部控制。强化资金收支的内部控制,规范资金的收支条件、程序和审批权限。在条件允许的情况下,原则上均应以对公转账的方式支付款项,如确需以现金方式支付款项,应严格按照财务管理制度操作。

2. 遵法守则。企业如果在账簿上多列支出或者不列、少列收入,则存在被认定为偷税的风险。因此,应根据税法、会计准则要求,及时、准确、足额地确认各项收支,不得多列支出或者不列、少列收入,严禁收款不入账、设立“小金库”。

3. 防范违规。严禁发生“资金回流”或者支付“开票费”等情况,防范上游企业被主管税务机关认定为“异常发票”或“已被证实虚开发票”等,造成企业资金绝对或相对损失。

(三)强化上游发票入账的风险管理

在发票管理全领域、全环节、全要素电子化推行的背景下,税务机关通过对开具发票、交付发票、查验发票的全过程进行大数据监管,涉税违法行为的税务稽查覆盖面更广。相应地,企业有必要依据国家有关发票管理规定和结合数电票试点情况,建立健全发票管理制度和完善发票信息管理系统,并结合自身实际加强发票管理,注重证明业务真实性的证据的留存,确保发票取得与开具的合法性。

1. 创造系统防控条件。结合局端系统,建立健全适用于企业自身的信息化业务管理软件,所有业务均应当开具与实际经营业务情况相符的发票或凭证,并如实进行网上抄报税和纳税申报;收取并于申报系统中依法勾选所有进项发票时均应确保对应业务具备真实性条件,按月定期开展进项发票涉税风险自查;入账发票前均应按照发票真伪查询,上游完税情况查询,与发票相关其他原始凭证核验,货物运输、仓储或领料单号和资金流水单号校验批处理等流程,完

〔1〕《企业内部控制基本规范》《企业内部控制应用指引第6号——资金活动》等规定均要求企业加强资金管理,防范和控制资金风险。

成发票管理闭环监管措施。

2. 设定外部监督条件。在对外签订合同时,应主张相关合同条款需列明“依法开具等额的增值税专用发票用于购买方入账和抵扣”,避免不含税价格和含税价格争议,做到发票流、资金流、合同流、货物流一致,从源头杜绝虚开或接受非法代开发票情形;主动查询供应商是否属于“非正常户”、供应商实际经营地址和发票省份是否一致、供应商是否涉嫌其他涉税行政处罚以及供应商上游分供应商产品是否和开票商品或服务具有一致性等;必要时,还可对发票对应品名、适用税率、规格信息以及有限的备注栏予以信息披露等。

(四)开展供应商分类分级管理与系统评估

优化供应商管理体系、建立供应商信息化管理系统是落实发票数字化管理的重要环节,加强对供应商的审核管理、开展风险评估与预警是减少取得异常增值税扣税凭证的有效方式。建立对供应商的尽职调查和定期评价,全面采集、梳理供应商信息,详细了解供应商的税务登记信息、经营规模、企业资质等相关情况,建立供应商分类分级管理体系,有助于有针对性地防范供应商可能存在的问题,降低企业涉税风险。企业具体可通过下列措施开展供应商管理与系统评估。

1. 建立供应商台账。将供应商管理与发票风险管理相结合,除通过检索供应商基本状态、资质、产品准入、生产能力和是否涉诉等开展尽职调查外,还应对供应商进行涉税尽职调查和定期评价,严格审核供应商的纳税信用资质,开展供应商涉税风险识别,重点核查供应商是否存在诸如虚开增值税专用发票、虚开增值税普通发票、逃避缴纳税款(偷税)、骗取出口退税、走逃(失联)等税务“黑名单”风险评估项。

2. 分类供应商管理。对规上、遵从意愿较强、近3年未发生过财税法律风险的供应商,以及被预警为异常凭证、发票开具不规范、提出过让第三方开具发票的供应商,分别设定账期条件、存货管理等级条件、发票交付附随义务条件等。

3. 重点化解无票入账风险。系统研究无法取得上游对应发票的现实原因,引导企业向生产能力较强、票证规范、主体对应的供应商开展采购等;向上游采购较为集中的市场、采购人、采购地开展规范共建,引入"白名单"制度。

此外,行业环境对于企业供应商管理体系建设至关重要,属地工商业联合会以及相关监管机构应重视产业财税管理发展体系的数字化建设,避免供应商管理中的劣币驱逐良币现象,从治本角度以及平台信用管理角度让企业顺应"以数治税"时代要求,主动实施涉税内控管理。

某冶钢企业取得已证实虚开增值税专用发票行政复议案例评析

杨胜明*

一、前言

2023年6月13日，某冶钢企业（以下简称A公司）取得已证实虚开增值税专用发票行政复议案件结案。本案中，A公司于2016年至2017年取得某再生资源回收企业（以下简称B公司）开具的废不锈钢增值税专用发票，价税合计3200余万元，税额460余万元。B公司所在地税务局稽查局认定案涉发票系虚开，将B公司移送公安机关处理，并向A公司所在地税务局稽查局发出《已证实虚开通知单》和《协查函》。A公司所在地税务局稽查局经调查后，对A公司作出《税务处理决定书》，要求A公司做进项转出，补缴增值税并加收滞纳金810余万元；同时做纳税调增，补缴企业所得税并加收滞纳金合计1110余万元。

之后，A公司聘请律师协助其提起行政复议程序，并就企业所得税纳税调整发表意见，最终获得税务机关认可。税务机关在复议程序中变更了《税务处理决定书》，不再对A公司进行企业所得税纳税调整，A公司有效避免了企业所得税及滞纳金的补缴、加收损失1110余万元。

近年来，全国各地屡屡发生再生资源回收企业虚开发票大案，下游用废企业因此受到波及，轻则面临税务处理、处罚，重则被追究虚开发票刑事责任。此类案件中，用废企业多有真实货物采购，但由于上游回收企业已被定性虚开发

* 杨胜明，北京华税律师事务所律师。

票,用废企业实现权利救济面临极大阻碍。在上游被认定虚开的情况下,下游如何与税务机关有效沟通,不给税务机关增添执法风险的同时,最大限度规避自身税务风险,是涉案用废企业面对的一项重要课题。本文将结合笔者单位办理A公司取得已证实虚开增值税专用发票行政复议案的具体情况,对核心法律问题进行归纳和分析,以期为用废企业应对和化解税务风险提供参考。

二、案情介绍

(一)基本案情

A公司是一家冶钢企业,位于N市,企业经营范围包含特种钢冶炼、制造、销售。其主要生产工艺是将废不锈钢、废不锈铁、钢砂进行冶炼产出钢坯,销售给下游企业深加工成不锈钢等产品。由于A公司自身实力雄厚,原材料采购规模庞大,诸多废钢回收大户希望和A公司开展合作;赵某是其中的代表。赵某从全国各地散户、货场收购废钢,有充足货源,但因其不能开具17%税率的增值税专用发票,无法达到A公司设置的供应商门槛。为了促成业务合作,赵某联系到位于G市的再生资源回收企业B公司,先由赵某将其收购的废钢销售给B公司,再由B公司将废钢销售给A公司,并向A公司开具增值税专用发票。

2020年10月,G市税务局稽查局向B公司作出《税务处理决定书》,认定B公司2011年至2017年,在没有实际经营业务的情况下,向下游企业开具增值税专用发票价税合计79亿余元,税额11亿余元,属于虚开发票行为,将B公司移送G市公安机关处理。同时,G市税务局稽查局向B公司下游几乎所有受票企业所在地的税务局稽查局发送了《已证实虚开通知单》和《协查函》,要求下游税务机关协查。

2021年10月,N市税务局稽查局向A公司作出《税务处理决定书》,认定A公司于2016年至2017年取得B公司开具的增值税专用发票,价税合计3200余万元,税额460余万元,已被G市税务局稽查局证实虚开,A公司取得的虚开发票不得作为进项抵扣和税前扣除凭证,要求A公司做进项税额转出,补缴增值税460余万元,加收滞纳金340余万元;补缴城市维护建设税及滞纳金、教育费附加、地方教育附加合计60余万元;调增应纳税所得额2700余万元,补缴企业所得税670余万元,加收滞纳金440余万元。A公司收到《税务处理决定书》

后,按要求补缴了税款和滞纳金合计1980余万元。

(二)争议焦点

本案主要争议焦点有以下三项。

1. B公司对外开具发票被定性为虚开,是否意味着A公司必然构成取得虚开发票。

2. 如A公司构成取得虚开发票,是否构成善意取得虚开发票。

3. A公司取得案涉发票对应的货物采购成本能否作企业所得税税前扣除。

(三)争议解决的层次化目标设定

2021年11月,受A公司委托,我所律师在最短时间内对A公司、赵某以及给赵某供货的散户、A公司的下游客户进行了全面税务调查,明确了本案的业务模式,并设定了三个层次的目标。

1. 论证"散户—赵某—B公司—A公司"的业务模式成立,案涉发票与交易完全相符,属于合法发票,依法可以做进项抵扣和税前扣除,应退还企业补缴的增值税及附加、企业所得税、全部滞纳金。

2. 论证A公司系善意取得虚开增值税专用发票,依法可以税前扣除,同时不应对企业加收增值税滞纳金,应退还企业补缴的增值税滞纳金、企业所得税、企业所得税滞纳金。

3. 论证A公司相关采购业务真实发生,采购成本满足真实性、合理性、相关性要求,依法可以做税前扣除,应退还企业补缴的企业所得税、企业所得税滞纳金。

同时律师也向企业阐明,根据以往经验,在上游B公司确实存在虚开发票行为的情况下,本案定性A公司完全合法的难度较大,此外,现阶段税务系统内部对善意取得虚开发票的适用场景有不同理解,N市近年来基本没有定性善意取得的案例,因此第三个层次的目标更切合实际。企业对律师的观点予以接受。

三、核心代理意见

(一)本案B公司与A公司之间存在真实废钢购销业务

律师主要收集并提交了四类证据:(1)废钢购销关系的证据,证明散户与赵某、赵某与B公司、B公司与A公司之间分别建立了真实的废钢购销关系,但在赵某与B公司的购销环节,因赵某保管不善,遗失了二者签订的购销协议,只能通过相关人员的言词证据证明二者之间存在购销关系;(2)货物采购和运输的证据,证明散户实际负责将货物通过陆路或水路运往A公司货场,A公司实际收到了案涉货物,并完成了过磅、入库;(3)货款流向的证据,证明案涉货款流向情况为"A公司→B公司→周某(B公司控制的私户)→赵某→散户",与案涉货物转移流向吻合,不存在资金回流;(4)货物领用、生产和销售的证据,证明案涉货物入库后,陆续由生产部门领用、生产,加工成钢坯,并对外销售给下游客户。

根据上述在案证据,案涉期间,A公司与废钢回收大户赵某达成废钢供应合作关系。由于赵某没有成立公司,无法开具17%税率的发票,为达到A公司的要求,赵某选择联系B公司,搭建如图1所示的合作模式。

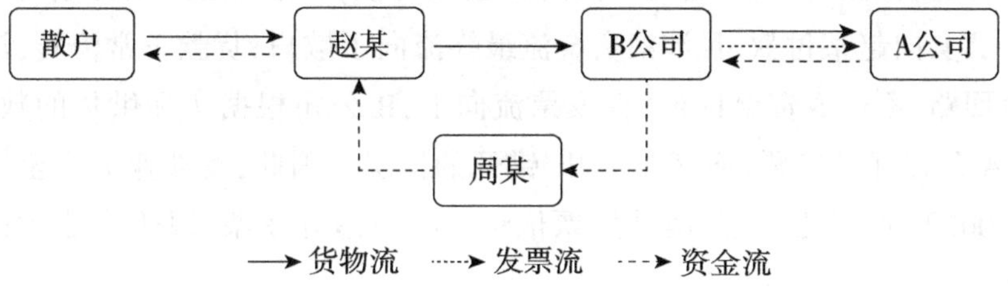

图1 本案业务模式

本案中,赵某作为自然人,从散户处采购废钢时,虽然没有签订书面合同,但应当认可赵某与散户在案涉期间真实存在口头上的废钢购销关系。赵某与B公司均采用了"指示交付"的方式转移货权,货物由散户直接运往A公司货场。A公司购进废钢等货物后,实际领用并用于生产钢坯等半成品,并实际销售给下游客户,用于进一步加工。

(二)本案符合税法规定的废旧物资回收业务模式

国家税务总局《关于废旧物资回收经营业务有关税收问题的批复》(国税函〔2002〕893号)第1条规定:"废旧物资收购人员(非本单位人员)在社会上收购废旧物资,直接运送到购货方(生产厂家),废旧物资经营单位根据上述双方实际发生的业务,向废旧物资收购人员开具废旧物资收购凭证,在财务上做购进处理,同时向购货方开具增值税专用发票或普通发票,在财务上做销售处理,将购货方支付的购货款以现金方式转付给废旧物资收购人员。鉴于此种经营方式是由目前废旧物资行业的经营特点决定的,且废旧物资经营单位在开具增值税专用发票时确实收取了同等金额的货款,并确有同等数量的货物销售,因此,废旧物资经营单位开具增值税专用发票的行为不违背有关税收规定,不应定性为虚开。"

本案中,赵某为废旧物资收购人员,B公司为废旧物资经营单位,A公司为生产厂家,"散户—赵某—B公司—A公司"的废钢购销关系真实成立。在货物流向上,赵某真实向A公司提供了货物;在账务处理上,B公司做了采购和销售的处理;在货款流向上,A公司真实向B公司付款,B公司通过其控制的周某私人账户真实向赵某付款,且涉案资金流最终流向了散户,货款正常流转,没有形成闭合回路,不构成资金回流;在发票流向上,B公司根据实际供货的数量、金额,向A公司开具发票,不存在多开、错开的情况。因此,案涉业务完全符合国税函〔2002〕893号之规定,案涉发票依法不构成虚开发票,属于合法的进项抵扣凭证。

(三)即便案涉发票构成虚开,A公司也属于善意取得虚开发票

国家税务总局《关于纳税人善意取得虚开的增值税专用发票处理问题的通知》(国税发〔2000〕187号)规定:"购货方与销售方存在真实的交易,销售方使用的是其所在省(自治区、直辖市和计划单列市)的专用发票,专用发票注明的销售方名称、印章、货物数量、金额及税额等全部内容与实际相符,且没有证据表明购货方知道销售方提供的专用发票是以非法手段获得的,对购货方不以偷税或者骗取出口退税论处。但应按有关规定不予抵扣进项税款或者不予出口

退税;购货方已经抵扣的进项税款或者取得的出口退税,应依法追缴。”据此规定,受票方同时满足以下四个条件的,构成善意取得虚开增值税专用发票:(1)购货方与销售方存在真实的交易;(2)销售方使用的是其所在省(自治区、直辖市和计划单列市)的发票;(3)发票注明的销售方名称、印章、货物数量、金额及税额等全部内容与实际相符;(4)没有证据表明购货方知道销售方提供的发票是以非法手段获得的。

本案中,B 公司与 A 公司之间存在真实的货物购销交易,B 公司开具的也是其所在地 G 省的增值税专用发票。发票注明的销售方是 B 公司,并加盖了 B 公司的发票专用章,发票所载货物数量、金额及税额等内容与实际完全相符,不存在多开的情况。A 公司主观上亦始终认为,案涉发票系 B 公司基于上述真实购销交易依法开具的。综上,即便 B 公司被认定为虚开,A 公司也系善意取得虚开的增值税专用发票。

(四)案涉发票进项抵扣功能丧失并不必然导致对应成本无法做税前扣除

增值税进项抵扣和所得税税前扣除对凭证的要求有所不同。增值税采“经济实质 + 法律形式”双重标准,对于有真实采购行为,但未取得销售方开具的合法发票的,一律不允许进项抵扣。而所得税一贯采用重经济实质、轻法律形式的标准,依据为《企业所得税法》第 8 条规定的“企业实际发生的与取得收入有关的、合理的支出,包括成本、费用、税金、损失和其他支出,准予在计算应纳税所得额时扣除”。真实性,是指相关支出必须真实发生,与实际支出的金额完全一致,不能伪造、虚增。合理性,是指相关支出必须符合常理,不能明显高于或低于公平交易情况下相关业务可能发生的支出。相关性,是指支出必须和企业取得收入相关,在企业生产经营活动中产生,而不能产生于企业实施的与经营活动无关的行为,如罚金、罚款等支出不得做税前扣除。真实性、合理性、相关性是税前扣除的基本原则,对于满足“三性”的支出,企业依法享有税前扣除的权利。

虽然国家税务总局《关于发布〈企业所得税税前扣除凭证管理办法〉的公告》(国家税务总局公告 2018 年第 28 号)对扣除凭证管理提出了更加严格的要求,但其并没有否定《企业所得税法》确认的税前扣除“三性”的基本原则,而仍在基本原则的框架下运行;换言之,"三性"基本原则仍然是扣除凭证管理办法的兜底性规则。从立法目的来看,强化扣除凭证管理的目的在于规范税收执法、优化营商环境,而非加重纳税人的负担,故在一般情况下,纳税人取得合法的扣除凭证即可做税前扣除。这既方便纳税人实现扣除权利,也提高了税收征管效率,但在未能取得合法扣除凭证的情况下,税务机关仍然可以主动选择通过调查取证,确认相关成本是否满足"三性"原则。经过调查,能够证明成本满足"三性"的,当然可以直接根据《企业所得税法》规定允许纳税人做税前扣除;此种情况下如一味要求取得合法税前扣除凭证,无异于舍本逐末,是对扣除凭证管理办法的教条式理解。

本案中,A公司真实采购废钢并生产钢坯;此事项有充分证据可以证实,税企双方并无争议,无论进项发票是否属于合法抵扣凭证,都应认可并确认A公司发生了采购成本,并允许A公司对真实发生的采购成本做税前扣除。

四、争议解决进路

2021年12月,律师帮助A公司启动了行政复议的法律救济程序。复议过程中,律师协助A公司收集并提交了相关证据,并代理A公司充分发表了律师意见,与复议机关N市税务局进行了多轮意见交换和沟通。

2022年3月,N市税务局认为,本案需要进一步调查收集赵某与B公司之间废钢购销关系真实成立的证据;此外,本案审理需要以B公司涉嫌虚开增值税专用发票罪一案的审理结果为依据,依据《行政复议法实施条例》第41条第1款第7项、《税务行政复议规则》第79条第1款第8项之规定,对本案中止审理,并建议A公司继续调查收集相关证据。由于赵某开展案涉业务时疏忽大意,遗失了其与B公司签署的购销协议,这一证据的缺失成为本案争议解决的重大障碍。

2022年4月,经过反复论证,律师准备从B公司入手,尝试调查取证。由于B公司涉嫌虚开犯罪,企业全部业务资料均被司法机关扣押,调查收集客观证据已然无法实现。赵某经回忆,向律师提供了案涉业务开展过程中与其实际对接的B公司工作人员黄某的信息,律师遂决定联系黄某,调查收集相关言词证据。因黄某涉刑处于羁押状态,此次调查取证花费了数月时间。

2022 年 11 月,黄某的辩护律师在本案律师委托下,与黄某会见,向黄某询问了解了案涉业务的具体情况,并最终取得黄某出具的情况说明。黄某承认其在 2016 年与赵某商谈了废钢购销事宜,从赵某处采购废钢,并定向销售给 A 公司。

2022 年 12 月,律师向 N 市税务局申请恢复行政复议程序,并补充提交了黄某出具的情况说明等证据。N 市税务局在审查研判后,最终认为此项言词证据缺少客观证据佐证,不能证明 B 公司参与了案涉货物购销关系,但也不能排除 B 公司参与购销关系的可能。N 市税务局同时对律师提出的 A 公司实际采购案涉货物、支付货款、真实发生货物采购成本的事实予以认可。

2023 年 6 月,N 市税务局稽查局变更原《税务处理决定书》,向 A 公司重新作出《税务处理决定书》,取消了追征企业所得税 670 万元、加收滞纳金 440 万元的处理决定,本案行政复议程序以双方和解方式结案,复议程序终止。

五、风险观察和应对建议

(一)再生资源行业税务风险观察

本案是一起典型的因回收企业虚开牵连引发用废企业税务风险爆发的案件。见微知著,从本案中可以挖掘出现阶段再生资源行业税务风险爆发的路径。从行业背景来看,由于源头供应商主要为个体散户,用废企业天然存在“第一张票”的税务难题。过去,用废企业通常根据国税函〔2002〕893 号之规定,搭建“散户—再生资源回收企业—用废企业”的业务链条,将“第一张票”的难题转嫁给再生资源回收企业,确保自身的涉税权益。但再生资源回收企业也需要消化税负成本,其在经营过程中或是从第三方购买进项发票,或是利用地方财政返还政策;前者属于典型的取得虚开发票行为,后者则因涉嫌违反税收法定原则,在近两年受到审计署、国家税务总局重点关注,两种行为都极易引发对回收企业的调查。在税务稽查、公安侦查过程中,办案机关通过调查取证往往能够发现回收企业与用废企业的业务真实性存在重大疑点,具体如下所述。

1. 用废企业单纯基于避税考虑搭建业务模式。从回收企业的资产总量、员工人数、办公场所等方面来看,其不具备大规模采购废钢的条件和能力;从证人证言来看,相关供废散户均非由回收企业联系,而是由用废企业自行联系,废钢采购业务呈现明显的嫁接特征,用废企业无法解释回收企业参与的商业合理性,只能理解为其单纯出于取得发票、规避税负的考虑搭建业务模式。

2. 一张磅单走到底。回收企业完全不参与货物运输、仓储,也未向用废企业派员驻场,监督货物过磅、质检,完全根据用废企业提供的磅单制作回收企业交易凭证,其交易凭证的独立性、客观性、真实性存在重大瑕疵。

3. 使用"票点"等不合理的表述。在业务开展过程中,部分用废企业与回收企业沟通时直接使用"票点""税点"等表述,容易导致办案机关形成用废企业买票的直观印象。更有甚者直接使用"开票费"的表述,看似主观上系单纯购买发票的目的,导致其提供的各类客观交易证据不攻自破。

4. 资金回流。由于回收企业与实际供废散户之间没有任何沟通联系,回收企业收取用废企业货款后,只能支付给用废企业提供的私人账户,但这些私人账户可能不是实际供废散户的账户,而是用废企业控制的关联账户,资金呈现明显回流痕迹。

上述证据相互印证,对货物交易真实性形成致命打击。办案机关往往根据这些证据否定回收企业和用废企业之间的业务,将回收企业开具的发票定性为虚开,并要求下游税务机关作出处理。对用废企业来说,其面临补缴增值税、企业所得税、滞纳金的税务责任,同时如果其实际采购货物金额少于发票金额,则其具有明显的套取发票骗抵税款意图,还将被进一步定性为偷税,处以少缴税款数额50%到5倍的罚款;如果取得发票税额达到入罪标准,其还将被移送公安机关追究虚开的刑事责任。

2022年3月1日,再生资源税收新政《关于完善资源综合利用增值税政策的公告》(财政部、税务总局公告2021年第40号)正式生效,允许回收企业适用简易计税政策,开具3%税率的增值税专用发票,为再生资源行业提供了新的机遇,也带来了新型税务风险。一方面,回收企业可以在不解决"第一张票"的情况下,以3%的税负成本开出销项发票,属于行业重大利好;另一方面,再生资源行业的真正主导者是用废企业,新政不能根本解决用废企业的税负问题,对用废企业来说,其更希望取得13%而非3%的进项发票,最终导致的结果就是继续拉长业务链条,形成"散户—再生资源回收企业(简易计税)—再生资源回收企业(一般计税)—用废企业"的业务模式,过去业务模式下交易真实性的各项疑点仍然存在,业务链条的不合理加长反而进一步凸显这些疑点。

(二)再生资源行业税务风险应对建议

1. 涉税争议"证据为王"

税务机关作出处理决定,纳税人提出申辩意见,均需建立在客观事实之上,涉税争议妥善解决的前提是根据证据还原客观事实,在此基础上达成税企一致。本案从正反两方面印证了证据的重要意义:从正面来看,B 公司主管税务机关虽然作出了已证实虚开的通知,但经过本案律师不懈地调查取证、多次提出举证意见,A 公司提供的证据足以证明其真实采购了废钢,最终实现企业所得税税前扣除。从反面来看,本案也恰恰因为赵某与 B 公司的购销协议遗失,导致税务机关未能认定 B 公司实际参与了案涉交易,进而导致案涉发票未能被认定为合法发票。对于用废企业来说,业务资料承载着重大的证据意义,用废企业必须充分关注税务合法性,妥善留存、保管业务资料,以免引发税务风险。事实上,很多税务争议从根本上看都是事实和证据的争议。例如,税务机关以回收企业将货款支付给用废企业控制的私户,认定存在资金回流,而用废企业则需要进一步举证,其控制的私户收到回收企业支付的款项后,是否又向实际供废散户结算货款,或者这些私户是否提前向供废散户垫付了货款,之后又收取回收企业款项用于平账。这些问题都只能根据客观证据认定。

2. 取得发票已被上游税务机关证实虚开,下游企业仍可提出抗辩

对于上游税务机关来说,作出《已证实虚开通知单》意味着其认定上游企业与下游企业之间无真实销售业务。但一方面,当上游企业属于大型回收平台类企业时,因其开票量巨大,上游税务机关未必能够一一核实清楚,导致其认定结论可能存在偏差。另一方面,即便上下游之间确无真实业务,也不意味着下游企业没有从第三方真实采购;对于有真实采购取得代开发票的行为,虽然取得代开发票属于行政法上的接受虚开,但下游企业在企业所得税方面仍有抗辩的空间。同时,律师还需要充分关注税务机关的证据,如果下游税务机关仅仅根据上游税务机关移送的材料作出虚开定性,而没有作出进一步调查核实,则显然违背税务稽查的程序要求,构成程序违法。

3. 借助法律救济程序有效化解税企纷争

已于2024年1月1日施行的《行政复议法》从明确行政复议原则出发，完善了行政复议申请、受理、审理及作出决定等程序，并强化了行政复议监督体系，有助于更好地发挥行政复议在化解行政争议中的作用。在税务领域，行政复议同样是解决税务行政争议的重要渠道，纳税人对税务机关作出的处理、处罚决定有异议时，可以通过提起行政复议的救济程序维护自身的合法权益，通过查阅案件证据、听证、提交意见等形式充分发表意见，还可以根据实际情况以证据为基础提出和解或调解的方案，有效化解税企纠纷。

对逃税罪中不申报情形的理解

——以一则虚开增值税专用发票罪改判逃税罪案为例

张　通*

一、前言

刑事司法实践中之所以大量存在将一般行政违法行为认定为犯罪的现象，主要是因为司法机关没有以正当理念为指引，没有作出实质解释，没有进行独立判断。[1] 涉税刑事案件作为典型的行政犯罪案件，这种情况显得尤为突出。自2024年3月20日起施行的《关于办理危害税收征管刑事案件适用法律若干问题的解释》(法释〔2024〕4号，以下简称《危害税收征管刑事司法解释》)根据经济社会的发展变化，针对司法实践中的新情况、新问题，进一步明确了危害税收征管犯罪的有关法律适用问题。但遗憾的是，其中某些规定在《税收征收管理法》及相关税务执法文件中找不到对应的规定，极易造成行刑衔接不畅，尤其是源自"偷税"行政违法行为的"逃税"犯罪中对于"未申报"行为的认定。本文结合案例对比分析《危害税收征管刑事司法解释》与《税收征收管理法》对逃税或偷税的规定异同，帮助大家把握行刑衔接问题和对"未申报"行为的理解。

二、案情简介

2016年3月、4月，被告人魏某以自己及他人之名在阜阳分别注册成立了

---

* 张通，浙江泽大律师事务所律师。

〔1〕 参见张明楷：《避免将行政违法行为认定为刑事犯罪：理念、方法与路径》，载《中国法学》2017年第4期。

长三角公司、尚海公司、瑞晟公司(以下统称为阜阳三公司),魏某、褚某美是阜阳三公司的实际控制人。

2017年3月至10月,魏某、褚某美在无真实货物交易的情况下,以阜阳三公司的名义,取得22个石油化工产品公司开具的品名为混合二甲苯、工业用轻质碳五等化工原料及92号车用汽油的进项增值税专用发票6979份,税额1,135,604,494元,价税合计7,815,630,916元;在无真实货物交易的情况下,以阜阳三公司的名义,向华泰兴公司、江苏省供销社苏北油库、德鸣公司等11个公司开具品名为92号车用汽油、95号车用汽油及零号柴油的销项增值税专用发票6812份,税额1,137,262,558元,价税合计7,827,042,327元,其中长三角公司在无真实货物交易的情况下取得增值税专用发票,经变更商品名称,并通过仲裕盛公司等中间公司将增值税专用发票开回海盐公司、中能公司,造成国家消费税税款损失533,717,274元,经过仲裕盛公司等中间公司开到山东中海精细化工有限公司、大连铭源石油化工有限公司、中国石油销售股份有限公司上海分公司用以申报抵扣增值税进项税额,造成国家增值税税款损失15,521,352元。魏某、褚某美获取非法利润7,827,042元。

一审法院判决:魏某、褚某美、杨某、韩某会为获取非法利益,在阜阳三公司无真实货物交易的情况下,既让他人为自己虚开品名为化工原料的进项增值税专用发票,又虚开品名为汽柴油的销项增值税专用发票,给国家税收造成重大损失,魏某、褚某美、杨某虚开税款数额计1,137,262,558元,韩某会虚开税款数额计331,662,227元,四被告人的行为均已构成虚开增值税专用发票罪,判决被告人魏某有期徒刑15年。[1]

二审指派检察员意见:终端企业抵扣税款依据的是其直接上游公司开出的增值税专用发票,与阜阳三公司并无直接、必然的关系。如果上游企业实际缴纳了增值税款,终端企业予以抵扣,并不会造成国家增值税款损失,认定造成国家增值税款损失15,521,352元的依据不足。本案上诉人在没有真实货物交易的情况下,虚开增值税专用发票并违规改变增值税专用发票的进销项货物品

[1] 魏某作为本案主犯,判决结果具有代表性。为方便讨论,本文引用本案例时,判决结果部分仅提及魏某以说明相关问题。——编者注

名，变票虚开行为最终导致了国家消费税的重大损失，符合逃税罪的犯罪构成。

二审法院认为：从税收犯罪体系看，《刑法》分别从发票管理和税款管理两个方面规定危害税收征管犯罪。由于发票是计税的重要凭证，发票犯罪与税款犯罪之间不可避免地存在重合关系。发票分为可以用于抵扣税款或者退税的专用发票和不具有抵税、退税功能的其他发票。虚开发票是进行虚假纳税申报逃避缴纳税款的手段之一；虚开增值税专用发票罪与虚开发票罪的差别在于，增值税专用发票可以抵扣增值税款，虚开发票罪中的发票则没有此种功能，这是立法为虚开增值税专用发票罪配置较虚开发票罪更为严厉刑罚的重要原因。因此，利用虚开的增值税专用发票抵扣税款功能实现逃税目的，同时构成虚开增值税专用发票罪及逃税罪的，按照牵连犯从重处罚的原则，一般定虚开增值税专用发票罪；未利用增值税专用发票的抵扣功能，而是利用了增值税专用发票所具有的一般发票也具有的经济活动证明功能，则虚开增值税专用发票与虚开普通发票无实质区别，从罪责刑相一致原则考虑，同时构成虚开发票罪与逃税罪的，按照牵连犯从重处罚原则，一般定逃税罪。

本案中，上下游企业虚开增值税专用发票之间具有关联性，目的是通过变票虚开掩盖真实的生产加工环节，为成品油加工企业不依法进行消费税纳税申报，从而逃避缴纳消费税提供条件，因此，上诉人利用的不是增值税专用发票的税款抵扣功能，而是普通发票也具有的经济活动证明功能，应当构成虚开发票罪，同时构成逃税罪的共犯，按照从重处罚的原则，应当定性为逃税罪。二审法院判决撤销一审判决，认定上诉人魏某犯逃税罪，判处有期徒刑 7 年。

三、法理评析

本案一审判决行为人构成虚开增值税专用发票罪，二审改判为逃税罪，主犯的刑期由 15 年降为 7 年。依据《刑法》第 201 条，逃税罪的犯罪主体为纳税人，二审法院又同时认定“逃避消费税的加工企业没有查获在案”。《刑法》第 201 条的逃税罪来自《税收征收管理法》第 63 条的偷税违法行为，由此产生的一个问题就是偷逃消费税的主体是谁。显然站在税法角度，既然主体不是下游加工企业，就只能是阜阳三公司。由此产生的第二个问题是，魏某等人控制的阜阳三公司采取的是《刑法》逃税罪中的哪一种逃税行为。《刑法》第 201 条将纳税人的逃税行为分为两种,第一种是纳税人采取欺骗、隐瞒手段进行虚假纳税申报,第二种为纳税人不申报。根据二审判决书中法院查明的事实,阜阳三公司根本就没有申报缴纳消费税,故本案的逃税行为只能是未申报。但笔者认为《刑法》第201条规定的逃税罪,将原《刑法》第201条偷税罪相关规定与《税收征收管理法》第63条规定的"经税务机关通知申报而拒不申报"修改为"不申报",导致原本的税收一般违法行为进入刑事程序,使得《刑法》第201条第4款规定的"……经税务机关依法下达追缴通知后,补缴应纳税款,缴纳滞纳金,已受行政处罚的,不予追究刑事责任"的出罪条款落空,并致使行刑衔接脱节,因为依据《税收征收管理法》第63条,税务机关应当首先通知阜阳三公司进行消费税申报,只有阜阳三公司拒绝申报或虚假申报的才能移送公安机关。对此,本文尝试具体分析如下。

(一)对于"逃税罪"中"不申报"的理解

《刑法》第201条规定:"纳税人采取欺骗、隐瞒手段进行虚假纳税申报或者不申报,逃避缴纳税款数额较大……"由于"不申报"系消极事实,在司法实践中易引发争议,《危害税收征管刑事司法解释》第1条第2款将"不申报"细化为:(1)依法在登记机关办理设立登记的纳税人,发生应税行为而不申报纳税的;(2)依法不需要在登记机关办理设立登记或者未依法办理设立登记的纳税人,发生应税行为,经税务机关依法通知其申报而不申报纳税;(3)其他明知应当依法申报纳税而不申报纳税的。

关于如何理解"依法在登记机关办理设立登记的纳税人",有人认为其系指办理纳税登记的企业及个体工商户,理由是国家税务总局办公厅《关于税收征管法有关条款规定的复函》(国税办函〔2007〕647号)规定的"征管法六十四条第二款仅适用六十三条规定之外的未办理税务登记的纳税人"。《税收征收管理法》第64条第2款原文为"纳税人不进行纳税申报,不缴或者少缴应纳税款的,由税务机关追缴其不缴或者少缴的税款、滞纳金,并处不缴或者少缴的税款百分之五十以上五倍以下的罚款",这是对未进行纳税申报的行政处罚;"六十三条规定之外"表明该行为不属于偷税。但笔者认为,《危害税收征管刑事司法解释》采用的是"设立登记"标准,一般是指市场主体登记,与国税办函〔2007〕

647 号复函规定并不一致。由于市场主体基本都办理了设立登记,而税法非常复杂,要求众多市场主体对是否发生纳税义务都能作出准确判断并进行申报过于苛求。因此《税收征收管理法》规定的偷税是指单纯的不申报行为,如果纳税主体履行了纳税义务,其就不会构成偷税行为。例如,在合肥晨阳橡塑有限公司(以下简称晨阳公司)与长丰县地方税务局稽查局(以下简称长丰县某稽查局)行政处罚上诉案[1]中,二审合肥市中级人民法院撤销了一审关于晨阳公司未申报构成偷税的认定,仅作为未申报违法行为。

该案一审时,长丰县某稽查局提交的证据包括晨阳公司的税务登记证,证明其已办理税务登记。对于晨阳公司经税务机关通知申报而拒不申报纳税的事实,一审法院认定,晨阳公司作为已向税务机关申报办理税务登记的纳税人、扣缴义务人,有向税务机关如实申报的义务,晨阳公司在 2008 年至 2010 年,未按其实际占用的土地面积申报,少申报缴纳城镇土地使用税……稽查局针对晨阳公司存在的违法事实,经调查核实后,作出的《税务行政处罚决定书》,事实清楚、证据充分、程序合法、适用法律正确。但二审法院认为,依据《税收征收管理法》第 14 条及《税收征收管理法实施细则》第 9 条,稽查局专司偷税、逃避追缴欠税、骗税、抗税案件的查处。长丰县某稽查局对晨阳公司作出的行政处罚,内容均为对单位少申报缴纳税款或者对个人所得税未履行代扣代缴的法定义务的行为进行处罚;从上述处罚的内容上看,其不属于长丰县某稽查局的法定职责。长丰县某稽查局在本案中作出的行政处罚属于超越职权,二审法院判决撤销一审判决。也就是说二审法院认定不申报行为不属于“偷税”,长丰县某稽查局无权限处理,自然更不可能作为逃税犯罪移送公安机关了。

(二)逃税罪中“不申报”的行刑衔接分析

1. 税法涉及申报的规定

《刑法》第 201 条规定的逃税罪来自《税收征收管理法》第 63 条规定的偷税行为,[2]《税收征收管理法》第 63 条规定:“纳税人伪造、变造、隐匿、擅自销毁

〔1〕 参见安徽省合肥市中级人民法院行政判决书,(2014)合行终字第 00164 号。

〔2〕 《刑法修正案(七)》对《刑法》第 201 条作了修改,将偷税罪改为逃税罪。

帐簿、记帐凭证,或者在帐簿上多列支出或者不列、少列收入,或者经税务机关通知申报而拒不申报或者进行虚假的纳税申报,不缴或者少缴应纳税款的,是偷税……"《税收征收管理法》涉及纳税人申报的偷税行为一共有两种:(1)经税务机关通知申报而拒不申报;(2)进行虚假的纳税申报。

根据《税收征收管理法实施细则》第32条的规定,纳税申报为纳税人的法定义务,在纳税期内即使没有应纳税款的,也应当按照规定办理纳税申报。对于未依法纳税申报的,《税收征收管理法》第64条第2款规定,纳税人不进行纳税申报,不缴或者少缴应纳税款的,由税务机关追缴其不缴或者少缴的税款、滞纳金,并处不缴或者少缴的税款50%以上5倍以下的罚款。也就是说,即使未申报导致少缴税款,仍不作为偷税行为处理,只有发生纳税义务后"经税务机关通知申报而拒不申报"才属于偷税行为。

2.《刑法》关于"不申报"规定的演变

1992年全国人大常委会《关于惩治偷税、抗税犯罪的补充规定》(已失效)第1条规定了"纳税人采取伪造……或者进行虚假的纳税申报的手段……",但未规定"不申报"行为。1997年《刑法》第201条规定了"纳税人采取伪造……经税务机关通知申报而拒不申报或者进行虚假的纳税申报……",与《税收征收管理法》第63条的规定完全一致,2001年《刑法》第二次修订时沿用了上述规定。2002年颁布的最高人民法院《关于审理偷税抗税刑事案件具体应用法律若干问题的解释》(已失效)将"经税务机关通知申报"细化为三种情况,第一种为纳税人、扣缴义务人已经依法办理税务登记或者扣缴税款登记的;第二种为依法不需要办理税务登记的纳税人,经税务机关依法书面通知其申报的;第三种为尚未依法办理税务登记、扣缴税款登记的纳税人、扣缴义务人,经税务机关依法书面通知其申报的。也就是说,纳税人、扣缴义务人已经依法办理税务登记或者扣缴税款登记的,视为收到税务机关书面通知申报。

由于最高人民法院《关于审理偷税抗税刑事案件具体应用法律若干问题的解释》(已失效)规定的纳税人在办理税务登记的情况下不需要税务机关通知申报与《刑法》规定的"经税务机关通知申报"太令人费解,《刑法修正案(七)》将《刑法》第201条修改为"纳税人采取欺骗、隐瞒手段进行虚假纳税申报或者不申报",而删除了"经税务机关通知申报",同时删除了"拒不申报"中的"拒"字,如此修订对纳税人主观过错的认定产生重大不利影响。

与此同时,《危害税收征管刑事司法解释》又做了进一步调整,将“不申报”明确为两种具体情形,并增加一个兜底规定。第一种情形为“依法在登记机关办理设立登记的纳税人,发生应税行为而不申报纳税”;第二种情形为“依法不需要在登记机关办理设立登记或者未依法办理设立登记的纳税人,发生应税行为,经税务机关依法通知其申报而不申报纳税”。该条对比最高人民法院《关于审理偷税抗税刑事案件具体应用法律若干问题的解释》(已失效),将“经税务机关通知申报”的适用情形改为“不申报”的适用情形,将“办理税务登记或者扣缴税款登记”改为“依法在登记机关办理设立登记”,并增加了“其他明知应当依法申报纳税而不申报纳税”的兜底规定。

(三)《刑法》对“不申报”的修订扩大了逃税罪的范围

1.《刑法修正案(七)》将“经税务机关通知申报而拒不申报”的逃税行为修改为“不申报”,超出了税法中偷税的范围

“未申报”系消极行为,纳税人未进行纳税申报的原因很多,仅凭“未申报”推断纳税人具有主观偷税的故意,显然过苛,违反了刑法谦抑性原则。《税收征收管理法》第 63 条增加了“经通知”的限定语,更有利于“明知”的认定,据此,纳税人的“未申报”行为仍属于违反申报义务的一般税收违法行为。《税收征收管理法》第 64 条第 2 款规定“纳税人不进行纳税申报,不缴或者少缴应纳税款的,由税务机关追缴其不缴或者少缴的税款、滞纳金,并处不缴或者少缴的税款百分之五十以上五倍以下的罚款”,而未规定此种情形“构成犯罪的,依法追究刑事责任”,因此,不申报即使造成不缴或者少缴应纳税款仍不属于偷税,更不应该移送公安机关追究刑事责任。对此,国家税务总局《关于未申报税款追缴期限问题的批复》(国税函〔2009〕326 号)明确,“税收征管法第六十四条第二款规定的纳税人不进行纳税申报造成不缴或少缴应纳税款的情形不属于偷税、抗税、骗税……”,《税收征收管理法》第 35 条第 1 款第 5 项也规定,纳税人发生纳税义务,未按照规定的期限办理纳税申报,经税务机关责令限期申报,逾期仍不申报的,税务机关有权核定其应纳税额。按照上述规定,纳税人未申报的后果就是税务机关按核定数额追缴税款及滞纳金,并处不缴或者少缴的税款 50% 以

上5倍以下的罚款。

2.《危害税收征管刑事司法解释》扩大了税法中“未申报”行为的范围

首先,需要明确《税收征收管理法》中的“偷税”规定如“伪造……帐簿、记帐凭证”“在帐簿上多列支出……”主要针对企业,对此,《税收征收管理法实施细则》第22条规定:“从事生产、经营的纳税人应当自领取营业执照或者发生纳税义务之日起15日内,按照国家有关规定设置账簿。前款所称账簿,是指总账、明细账、日记账以及其他辅助性账簿。总账、日记账应当采用订本式。”自然人则没有设置账簿及记账凭证的必要,《税收征收管理法》关于自然人纳税人的相关规定仅涉及两种行为,即“经税务机关通知申报而拒不申报或者进行虚假的纳税申报”。由于自然人无须办理设立登记,《危害税收征管刑事司法解释》与《税收征收管理法》的规定基本一致,判断是否为“未申报”均以税务机关通知申报为前提。

其次,需要明确何为企业的纳税申报。纳税申报系指纳税人按照税法规定的期限和内容向税务机关提交有关纳税事项书面报告的法律行为,是纳税人履行纳税义务、承担法律责任的主要依据,是税务机关税收信息的主要来源和税务管理的一项重要制度。[1] 公安部经侦局发布的对《危害税收征管刑事司法解释》的解读认为:“由于逃税罪是故意犯罪,故以‘不申报’方式逃税的,应以行为人主观上明知应申报纳税而故意不申报为前提,《解释》规定了3种可认定为纳税人明知应当申报而不申报的情形……前两种情形,都能证明纳税人在发生应税行为后,主观上明知负有纳税义务。”[2]公安部经侦部门的解读基本沿用了最高人民法院的非正式观点,[3]而最高人民检察院对此问题则回避讨论。总体而言,不论是公安部还是最高人民法院、最高人民检察院,对这一问题基本是语焉不详,因此有必要厘清“未申报”行为含义,以区分税收违法与犯罪之间

[1] 参见百度百科,https://baike.baidu.com/item/纳税申报/4482374?fr=ge_ala,2023年10月10日最后访问。

[2] 《“两高”〈关于办理危害税收征管刑事案件适用法律若干问题的解释〉的理解与适用》,载微信公众号“公安部经侦局”2024年4月29日,https://mp.weixin.qq.com/s/j7wDZV7hhmpqYgAUcQhglw。

[3] 参见滕伟等:《“两高”〈关于办理危害税收征管刑事案件适用法律若干问题的解释〉的理解与适用》,载《法律适用》2024年第4期。

的界限。

国家税务总局办公厅《关于税收征管法有关条款规定的复函》(国税办函〔2007〕647 号)规定,“征管法六十四条第二款仅适用六十三条规定之外的未办理税务登记的纳税人”,此处的“未办理税务登记的纳税人”包括不需要办理税务登记的纳税人(如自然人、社会团体)及应当办理税务登记但实际未办理的纳税人。同时依据《税收征收管理法》第 37 条,对未按照规定办理税务登记的从事生产、经营的纳税人由税务机关核定其应纳税额,责令缴纳。根据上述规定,从征管角度来看,税法对“未申报”行为做了区分:(1)未办理税务登记的纳税人发生纳税义务且未申报的,由税务机关核定其应纳税额并责令其缴纳,同时追缴滞纳金及罚款;(2)办理税务登记的纳税人——企业按月或季度进行“预申报”,按年度进行汇算清缴,通常不存在“未申报”的情况,可能就某一经济业务“漏申报”,故税务机关不能简单地认定此种情况构成偷税,除非属于“虚假申报”,否则只有经税务机关通知申报而仍拒不申报方认定为“偷税”。

对比《税收征收管理法》,《危害税收征管刑事司法解释》扩张了“未申报”的范围,有可能导致税收领域的一般违法行为落入刑事指控中。

《危害税收征管刑事司法解释》规定了“依法在登记机关办理设立登记的纳税人,发生应税行为而不申报纳税的”,此处的“设立登记”非“税务登记”,前者通常是指在市场监管部门的登记,也包括一些非企业单位的设立登记(如民政部门),而后者仅指在税务机关登记,通常企业在领取营业执照后就会自动有纳税登记信息,但实践中也存在仅有设立登记而未进行税务登记的情况,如某些社会团体。显然,《税收征收管理法》中,对于办理设立登记但未办理税务登记的纳税人,未申报并造成未缴或少缴税款的情形并不作为“偷税”行为认定;对于办理了设立登记及税务登记的纳税人,只有经通知申报而拒不申报或虚假申报并造成未缴或少缴税款的后果,才属于“偷税”,进而存在是否构成逃税罪的评判。而《危害税收征管刑事司法解释》将这两种情况均认定为“不申报”,也就是说,将行政未认定违法的情况认定为犯罪。这种情况显然违背了刑法的谦抑性原则——“只有在其他的社会统制手段并不充分时,或者其他的社会统制手段(如私刑)过于强烈而有代之以刑罚的必要时,才可以发动刑罚。这就是刑法的补充性或者谦抑性”[1]。根据刑法补充性的原则,如果对某种不法行为采取行政措施便足以保护法益,就不应当将这种行为当作犯罪处理。显然,立法者也注意到了这一情况,故《危害税收征管刑事司法解释》第3条规定了“经税务机关依法下达追缴通知后,在规定的期限或者批准延缓、分期缴纳的期限内足额补缴应纳税款,缴纳滞纳金,并全部履行税务机关作出的行政处罚决定的,不予追究刑事责任”的出罪条件及税务机关“追缴通知”的入罪前置条件,来应对行刑衔接问题。

四、结论与启示

本文开篇讨论的案例二审判决的亮点在于比较充分地分析了虚开增值税专用发票罪、虚开发票罪、逃税罪之间的关系,尤其是“刑法分别从发票管理和税款管理两个方面规定危害税收征管犯罪……如果利用虚开的增值税专用发票抵扣税款功能实现逃税目的,同时构成虚开增值税专用发票罪及逃税罪,按照牵连犯从重处罚的原则,一般定虚开增值税专用发票罪;如果未利用增值税专用发票的抵扣功能,而是利用了增值税专用发票所具有的一般发票也具有的经济活动证明功能,则虚开增值税专用发票与虚开普通发票无实质区别,从罪责刑相一致原则考虑,同时构成虚开发票罪与逃税罪的,按照牵连犯从重处罚原则,一般定逃税罪”的论述堪称经典。

笔者认为,本案二审判决不足之处在于,一是逃税主体的认定存在瑕疵。二审判决中“本院认为上诉人魏某伙同褚某美为牟取非法利益,指使杨某通过变票虚开增值税专用发票,为他人不如实纳税申报、逃避缴纳汽柴油等成品油消费税提供条件,造成3,012,373,681元消费税损失”以及“变票虚开增值税专用发票从而掩盖真实的加工环节,是加工企业不如实申报缴纳消费税的关键条件,对造成消费税损失具有必然性”的表述表明二审法院已经查明偷逃消费税的是油品加工企业,但最终结论却非常牵强——“本案中,尽管逃避消费税的加工企业没有查获在案,但上诉人魏某等变票虚开增值税专用发票的行为,在通

[1] 陈庆瑞:《刑法的扩张与谦抑司法的坚守》,载中国法院网2023年5月18日,https://www.chinacourt.org/article/detail/2023/05/id/7296017.shtml。

过变票虚开增值税发票方式逃避消费税共同犯罪中的作用、地位是明确的，因此，不影响按照逃税罪追究四上诉人的刑事责任”。造成这一困惑的主要原因在于本案系由虚开处理转为逃税罪，脱离了正常逃税罪应当由税务机关先行处理并移送的路径，由于刑事程序不可逆，二审判决实际上是违背立法本意的。

二是尽管法院最终认定为逃税罪，但实际上只是对“帮助犯”予以判决，这也就避开了对主犯及其具体逃税行为的认定，到底是“采取欺骗、隐瞒手段进行虚假纳税申报”还是“不申报”在判决中并未明确。本案没有油品加工企业或阜阳三公司申报消费税的证据，所以只可能是“不申报”行为，判决书中也提到“变票虚开增值税专用发票从而掩盖真实的加工环节，是加工企业不如实申报缴纳消费税的关键条件”“本案中，上下游企业虚开增值税专用发票之间具有关联性，目的是通过变票虚开掩盖真实的生产加工环节，为成品油加工企业不依法进行消费税纳税申报”，这里“不如实申报”是“虚假申报”，而“不依法申报”是“不申报”，可见二审法院在论述中陷入了逻辑混乱。本案正确的处理方式是退回税务机关，由税务机关对偷税行为进行查处，再来看是否需要移送公安机关，如此才能理顺法律关系并最大限度地挽回国家税款损失。回过头来看，尽管法院对魏某等人判刑并处以罚金、追缴违法所得，但与超过 30 亿元的消费税税款损失相比，无疑是杯水车薪。

值得一提的是，最高人民法院、最高人民检察院注意到了本案中的类似情况，《危害税收征管刑事司法解释》第 3 条在“纳税人有刑法第二百零一条第一款规定的逃避缴纳税款行为，在公安机关立案前，经税务机关依法下达追缴通知后，在规定的期限或者批准延缓、分期缴纳的期限内足额补缴应纳税款，缴纳滞纳金，并全部履行税务机关作出的行政处罚决定的，不予追究刑事责任”之外，增加了“纳税人有逃避缴纳税款行为，税务机关没有依法下达追缴通知的，依法不予追究刑事责任”。也就是说，本案如在《危害税收征管刑事司法解释》生效后判决，魏某等人很可能会不被追究刑事责任。

《危害税收征管刑事司法解释》对于税收征管行刑衔接问题仍未给予充分重视，仅规定了对实施危害税收征管犯罪行为依法不起诉或者免予刑事处罚，需要给予行政处罚、政务处分或者其他处分的，依法移送有关行政主管机关处理，有关行政主管机关应当将处理结果及时通知检察院、法院，即“反向行刑衔接”程序。[1] 至于《危害税收征管刑事司法解释》第3条规定的“追缴通知”前置及“补缴税款”前置属于刑事免责条件,与行刑衔接并不属于同一维度的问题,按照国家税务总局稽查局制度处处长张长飞的观点,这对税收执法提出了更高要求。[2] 也就是说,《危害税收征管刑事司法解释》仅仅从案件“出口”注意到了行刑衔接问题,缺乏案件“入口”的行刑衔接问题。产生这一问题的根源在于《刑法》第201条对于逃税罪的规定存在明显的漏洞,故《危害税收征管刑事司法解释》在解决这一问题时就显得力不从心,只能期待将来对逃税罪进行修订时解决行刑衔接不畅的问题。

---

〔1〕 参见张长飞:《落实“两高”涉税司法解释 促进严格规范公正文明执法》,载《中国税务报》2024年3月26日,第5版。

〔2〕 参见张长飞:《落实“两高”涉税司法解释 促进严格规范公正文明执法》,载《中国税务报》2024年3月26日,第5版。

深圳嘉立创公司企业重组涉税案例评析

熊　岳*

一、前言

企业重组，是指企业在日常经营活动之外发生的经济结构或法律结构重大改变的交易，包括企业法律形式改变、合并、分立、债务重组、股权收购、资产收购等。股权收购为企业重组方式之一，是指一家企业（收购企业）购买另一家企业（被收购企业）的股权，以实现对被收购企业控制的交易。收购企业支付对价的形式包括股权支付、非股权支付或两者的组合。[1]

企业重组涉及面广，是一个复杂的过程，且要求交易程序和实体内容均规范合法。由于企业重组涉及的金额通常较大，税务成本也较高，在操作不当的情况下，可能造成巨额经济损失与重大税收风险。因此，涉税问题为企业重组的重要内容之一，这就要求交易各方在重组操作过程中必须处理好涉税问题。一个好的税务处理方案对于确保企业重组顺利完成、控制重组成本、降低涉税风险具有重要意义。而由于企业所得税、个人所得税是企业重组过程中最常见且最重要的税种，交易主体是否产生所得税的纳税义务及整体税负的高低等问题往往是企业重组过程中的重要考量因素。

笔者在研究企业重组涉税问题时注意到一起以换股方式收购100%股权的重组案例（嘉立创案）。该案中，换股收购涉及多方当事人，被收购企业涉及多种类型的股东，涉及多项税收政策、多个税收争议问题，是一个具有典型意义的

---

* 熊岳，北京大成（杭州）律师事务所合伙人。

〔1〕 参见财政部、国家税务总局《关于企业重组业务企业所得税处理若干问题的通知》。

换股收购重组案例。笔者希望通过对该案例的评析与研究,为合理设计企业换股收购重组方案、充分理解现行相关税收政策、控制税收成本、降低交易过程中的税务风险提供一定的参考。

二、案情简介

深圳嘉立创科技集团股份有限公司(以下简称深圳嘉立创)于2023年6月发布招股说明书、深圳嘉立创及保荐机构的审核问询回复[1]等公开资料,披露了深圳嘉立创换股收购立创电子100%股权相关情况,具体如下。

2021年11月,嘉立创有限(深圳嘉立创的前身)注册资本由30,000万元增加至33,000万元,新增注册资本3000万元由立创电子全体股东以其所持有立创电子100%股权作价160,000万元认购,即深圳嘉立创通过换股方式收购立创电子100%股权,并以深圳嘉立创新增股份作为支付对价,股份支付金额为交易支付总额的100%。重组交易前,被收购企业立创电子共有十位股东,分别为三名自然人股东杨某、张某、高某,三家法人股东深圳中信华、昇恒投资、天河星公司(均为居民企业),四家有限合伙企业股东芯易泽、钟鼎湛蓝、钟鼎五号、红杉宜盛。

交易过程中,立创电子股东的权益价值经具有证券、期货相关资产评估资质的某资产评估(北京)有限责任公司根据收益法评估并出具《评估报告》(中铭评报字[2021]第6045号)。根据该报告,截至评估基准日2021年1月31日,立创电子股东的全部权益价值为160,980万元,评估增值131,352.85万元,增值率为443.35%,评估结果对应的市盈率为18.43倍,与同期电子元器件分销行业的并购标的估值情况基本一致,评估结果具备公允性。参考评估结果,交易各方经协商后确定立创电子100%股权的交易对价为160,000万元。此外,本次换股中深圳嘉立创的增资前估值参考2021年4月引入外部投资机构时的投后整体估值,立创电子和深圳嘉立创换股交易对价具备公允性。本次换股由立创电子全体股东按照上述价格以其所持有立创电子100%股权认购嘉立

[1] 参见深交所发行上市审核信息公开网站,http://listing.szse.cn/projectdynamic/ipo/detail/index.html?id=1003478,2024年1月15日最后访问。

创有限 3000 万元新增注册资本,换股完成后,嘉立创有限注册资本增加至 33,000 万元。交易各方于 2021 年 11 月完成立创电子股权变更工商登记。

立创电子被收购前的主要业务为电子元器件线上分销。深圳嘉立创换股收购立创电子 100% 股权后,将其作为子公司纳入集团统一管理,立创电子继续利用其拥有的相关资产、技术和人员从事电子元器件线上分销业务。2021 年 11 月换股收购后至 2024 年 3 月,立创电子为深圳嘉立创的全资子公司,股权未发生变更。换股收购后,深圳嘉立创持有立创电子股权的时间超过 12 个月。

立创电子的原股东通过换股收购企业的方式于 2021 年 11 月取得深圳嘉立创的股权,截至 2023 年 6 月深圳嘉立创招股说明书发布之日,该部分股权未发生变动。换股收购后,立创电子原股东持有深圳嘉立创股权的时间超过 12 个月。

此次换股涉及的立创电子股东的纳税情况如下:(1)自然人股东杨某、张某、高某,均已完成非货币性资产投资分期缴纳个人所得税备案登记,暂无须缴纳个人所得税;(2)法人股东深圳中信华、昇恒投资、天河星公司,均为居民企业,适用企业重组特殊性税务处理且均已完成备案登记,无须缴纳企业所得税;(3)有限合伙企业股东芯易泽、钟鼎湛蓝、钟鼎五号、红杉宜盛,均适用"先分后税"原则,深圳嘉立创无代扣代缴义务,其中,对芯易泽涉及的深圳嘉立创董事、监事、高管及员工,深圳嘉立创已督促其依法缴纳完相应的个人所得税。

三、被收购企业股东税务处理评析

嘉立创案涉及的税种包括企业所得税、个人所得税、印花税。立创电子原有全体股东将持有的立创电子股权投资于深圳嘉立创,属于转让非上市公司股权,根据《营业税改征增值税试点实施办法》(财税〔2016〕36 号),该交易行为不属于增值税征收范围,不需要缴纳增值税。笔者主要针对企业所得税和个人所得税的处理做相应评析。

(一)被收购企业自然人股东所得税

本案中,被收购企业立创电子有杨某、张某、高某三位自然人股东。深圳嘉立创以换股收购的方式收购三位自然人股东持有的立创电子股权,即以发行新股作为支付对价。就自然人股东而言,以其持有的被收购企业的股权投资于收购企业,构成非货币性资产投资。

财政部、国家税务总局《关于个人非货币性资产投资有关个人所得税政策的通知》(财税〔2015〕41号)(以下简称41号文)对个人非货币性资产投资个人所得税问题进行了明确。[1] 通常情况下,如果个人的非货币性资产增值幅度较大,即非货币性资产评估的公允价值大幅度超过个人取得该资产的原始价值,个人很可能因应纳税额过高而无法有足够的现金缴纳个人所得税。为此,41号文明确,纳税人一次性缴税有困难的,可合理确定分期缴纳计划并报主管税务机关备案后,自发生上述应税行为之日起在不超过5个公历年度内(含)分期缴纳个人所得税。

本案中,自然人股东杨某、张某、高某应根据立创电子全部权益价值评估值160,980万元和各自的持股比例计算出持股的公允价值来确认非货币性资产转让收入,转让收入减去其所持有立创电子股权的原值及合理税费后的余额为应纳税所得额。在纳税方式上,三名自然人股东可以选择一次性缴纳个人所得税,也可以合理确定分期缴纳计划并报主管税务机关备案后,在不超过5个公历年度内(含)分期缴纳。

本案自然人股东杨某、张某、高某均已完成的非货币性资产投资分期缴纳个人所得税备案登记,正是根据41号文规定的个人非货币性资产投资分期缴税政策进行的分期缴纳个人所得税备案登记。

(二)被收购企业法人股东所得税

本案中,被收购企业立创电子有深圳中信华、昇恒投资、天河星公司三家法人股东。深圳嘉立创以换股收购的方式收购三家法人股东持有的立创电子股权,即以发行新股作为支付对价。就法人股东而言,以其持有的被收购企业的

---

〔1〕 41号文规定:个人以非货币性资产投资,属于个人转让非货币性资产和投资同时发生。对个人转让非货币性资产的所得,应按照"财产转让所得"项目,依法计算缴纳个人所得税。个人以非货币性资产投资,应按评估后的公允价值确认非货币性资产转让收入。非货币性资产转让收入减除该资产原值及合理税费后的余额为应纳税所得额。个人以非货币性资产投资,应于非货币性资产转让、取得被投资企业股权时确认非货币性资产转让收入的实现。

股权投资于收购企业,构成非货币性资产投资。

财政部、国家税务总局《关于企业重组业务企业所得税处理若干问题的通知》(财税〔2009〕59 号)(以下简称 59 号文)对企业重组形式及所涉及的企业所得税具体处理问题进行了明确。根据该文件的规定,股权收购属于企业重组的形式之一,故本案例涉及的股权收购属于 59 号文所指的企业重组。企业重组的税务处理区分不同条件分别适用一般性税务处理规定和特殊性税务处理规定。对于一般性税务处理方式,59 号文第 4 条第 3 项进行了明确。[1]

59 号文第 5 条、第 6 条第 2 项[2]和财政部、国家税务总局《关于促进企业重组有关企业所得税处理问题的通知》(财税〔2014〕109 号)第 1 条[3]对企业重组业务进行特殊性税务处理的适用条件作出规定。

本案中,深圳嘉立创收购立创电子 100% 股权,全部以发行新股作为支付对价。法人股东深圳中信华、昇恒投资、天河星公司适用企业重组特殊性税务处理且均已完成备案登记,无须缴纳企业所得税。由此可知,深圳嘉立创收购深圳中信华、昇恒投资、天河星公司持有的立创电子股权,符合 59 号文规定的特殊性税务处理的条件,并经过了税务机关认可和备案。

---

〔1〕 59 号文第 4 条第 3 项规定,企业股权收购、资产收购重组交易,相关交易应按以下规定处理:(1)被收购方应确认股权、资产转让所得或损失;(2)收购方取得股权或资产的计税基础应以公允价值为基础确定;(3)被收购企业的相关所得税事项原则上保持不变。

〔2〕 59 号文第 5 条规定:"企业重组同时符合下列条件的,适用特殊性税务处理规定:(一)具有合理的商业目的,且不以减少、免除或者推迟缴纳税款为主要目的。(二)被收购、合并或分立部分的资产或股权比例符合本通知规定的比例。(三)企业重组后的连续 12 个月内不改变重组资产原来的实质性经营活动。(四)重组交易对价中涉及股权支付金额符合本通知规定比例。(五)企业重组中取得股权支付的原主要股东,在重组后连续 12 个月内,不得转让所取得的股权。"第 6 条(已被修改)规定:"企业重组符合本通知第五条规定条件的,交易各方对其交易中的股权支付部分,可以按以下规定进行特殊性税务处理:……(二)股权收购,收购企业购买的股权不低于被收购企业全部股权的 75%,且收购企业在该股权收购发生时的股权支付金额不低于其交易支付总额的 85%,可以选择按以下规定处理:1. 被收购企业的股东取得收购企业股权的计税基础,以被收购股权的原有计税基础确定。2. 收购企业取得被收购企业股权的计税基础,以被收购股权的原有计税基础确定。3. 收购企业、被收购企业的原有各项资产和负债的计税基础和其他相关所得税事项保持不变……"

〔3〕 《关于促进企业重组有关企业所得税处理问题的通知》(财税〔2014〕109 号)第 1 条规定:"将《财政部 国家税务总局关于企业重组业务企业所得税处理若干问题的通知》(财税〔2009〕59 号)第六条第(二)项中有关'股权收购,收购企业购买的股权不低于被收购企业全部股权的 75%'规定调整为'股权收购,收购企业购买的股权不低于被收购企业全部股权的 50%'。"

财政部、国家税务总局《关于非货币性资产投资企业所得税政策问题的通知》(财税〔2014〕116号)(以下简称116号文)对居民企业非货币性资产投资涉及的企业所得税政策问题也作出了明确规定。[1]

根据前述规定,本案法人股东深圳中信华、昇恒投资、天河星公司以其持有的立创电子的股权对深圳嘉立创增资,属于非货币性资产投资,既可以适用116号文,又符合59号文中规定的特殊性税务处理的条件。根据116号文第6条的规定,企业发生非货币性资产投资,符合59号文等文件规定的特殊性税务处理条件的,也可以选择按特殊性税务处理规定执行。因此,本案中三家法人股东有以下三种纳税方式可以选择。

1. 一次性纳税

三家法人股东应根据立创电子全部权益价值评估值160,980万元和各自的持股比例计算出持股的公允价值,扣除原有计税基础后的余额来确认非货币性资产转让所得,计入当年应纳税所得额,一次性计算缴纳企业所得税。如选择一次性纳税,法人股东取得的深圳嘉立创股权应按其原持有的立创电子股权公允价值作为计税基础。

2. 分期纳税

三家法人股东应根据立创电子全部权益价值评估值160,980万元和各自的持股比例计算出取得的深圳嘉立创股权的公允价值,扣除原有计税基础后的余额来确认非货币性资产转让所得,在不超过5年期限内,分期均匀计入相应年度应纳税所得额。法人股东取得的深圳嘉立创股权应按其原持有的立创电子股权公允价值作为计税基础。选择分期纳税的,应根据《关于非货币性资产投资企业所得税有关征管问题的公告》(国家税务总局公告2015年第33号)的相关规定向主管税务机关报送备案资料。

---

〔1〕 116号文规定:(1)居民企业以非货币性资产对外投资确认的非货币性资产转让所得,可在不超过5年期限内,分期均匀计入相应年度的应纳税所得额,按规定计算缴纳企业所得税;(2)居民企业以非货币性资产对外投资,应对非货币性资产进行评估并按评估后的公允价值扣除计税基础后的余额,计算确认非货币性资产转让所得;(3)居民企业以非货币性资产对外投资而取得被投资企业的股权,应以非货币性资产的原计税成本为计税基础,加上每年确认的非货币性资产转让所得,逐年进行调整。被投资企业取得非货币性资产的计税基础,应按非货币性资产的公允价值确定。

3. 特殊性税务处理

三家法人股东转让立创电子的股权不确认为非货币性资产转让收入，在企业重组阶段无纳税义务，其取得的深圳嘉立创股权的计税基础，以其原持有的立创电子股权计税基础确定。选择特殊性税务处理的，也应向主管税务机关书面备案。

本案中，三家法人股东均选择适用59号文，采用了第三种特殊性税务处理方式，并向主管税务机关完成备案。

（三）被收购企业合伙企业股东的税务处理

1. 合伙人为自然人的税务处理

关于被收购企业合伙企业股东的个人合伙人如何纳税，目前尚无明确的税收政策。59号文、116号文系对企业所得税的规定，由于合伙企业无须缴纳企业所得税，其显然不适用于被收购企业中的合伙企业股东。41号文是关于个人非货币性资产投资个人所得税的政策，目前尚未明确合伙企业中的个人合伙人是否能穿透适用41号文，对于这一问题笔者在下文中另行分析。

根据证券交易所的相关回复函，立创电子的有限合伙企业股东芯易泽、钟鼎湛蓝、钟鼎五号、红杉宜盛适用“先分后税”原则，深圳嘉立创无代扣代缴义务，其中，对芯易泽涉及的深圳嘉立创董事、监事、高级管理人员及员工，深圳嘉立创已督促其依法缴纳完相应的个人所得税。

2. 合伙人为法人的税务处理

根据财政部、国家税务总局《关于合伙企业合伙人所得税问题的通知》（财税〔2008〕159号）的规定，合伙企业生产经营所得和其他所得采取“先分后税”的原则，合伙企业以每一个合伙人为纳税义务人，合伙人是法人的，应根据《企业所得税法》等法律、法规及税收政策缴纳企业所得税。

四、收购企业税务处理评析

根据41号文的规定，对于被收购企业的自然人股东的一次性纳税或递延纳税，以及被收购企业的合伙企业股东的一次性纳税，收购企业取得的被收购企业对应股权，均应以该部分股权的公允价值作为计税基础。

根据116号文的规定,如被收购企业的法人股东选择一次性纳税或递延纳税,收购企业取得的被收购企业对应股权,均应以该部分股权的公允价值作为计税基础。

根据59号文的规定,如被收购企业的法人股东选择适用59号文,采用特殊性税务处理,收购企业取得的被收购企业对应股权的计税基础,应以该部分股权的原有计税基础价值确定。

本案中,收购企业深圳嘉立创自立创电子的自然人股东、合伙人股东处取得的股权应以该部分股权的公允价值作为计税基础,自立创电子的法人股东处取得的股权应以该部分股权的原有计税基础价值确定。

五、引申问题和法理评析

(一)特殊性税务处理下重复纳税

在收购企业用其自身股权作为支付对价的情况下,59号文特殊性税务处理规定存在的重复纳税问题一直以来就存在争议。

59号文规定,被收购企业的股东取得收购企业股权的计税基础,以被收购股权的原有计税基础确定;收购企业取得被收购企业股权的计税基础,以被收购股权的原有计税基础确定。《关于发布〈企业重组业务企业所得税管理办法〉的公告》(国家税务总局公告2010年第4号)(以下简称2010年4号文)第4条规定:“同一重组业务的当事各方应采取一致税务处理原则,即统一按一般性或特殊性税务处理。”

一般性税务处理下,在换股收购环节,被收购企业应确认股权转让所得或损失,收购企业取得股权或资产应以公允价值为计税基础确定。如采用一般性税务处理,被收购企业的法人股东应根据其转让的被收购企业股权的评估公允价值扣除计税基础后的余额计算确认股权转让所得并缴纳企业所得税,其取得的收购企业股权的计税基础按其所转让的被收购企业股权公允价值确定。收购企业取得的被收购企业股权的计税基础按该股权的公允价值确定。如交易双方均在1年后出售其在本次企业重组时取得的股权,在出售时点被收购企业权益的公允价值未发生变化的,交易双方均无须缴纳企业所得税。

特殊性税务处理下,在换股收购环节,被收购企业股东不确认股权转让所得或损失，取得收购企业股权的计税基础以被收购股权的原有计税基础确定，不发生纳税义务。如被收购企业股东一直不对外转让所取得的收购企业股权，未来也不会产生任何纳税义务。若允许收购企业按照公允价值确定其取得的被收购企业股权的计税基础，则收购企业未来转让被收购企业股权时，因计税基础为公允价值导致股权转让应纳税所得额减少，而被收购企业股东因同一交易取得的收购企业股权永不出售不产生纳税义务，此时将出现税收漏洞。为此，2010 年 4 号文规定，如适用特殊性税务处理，重组业务的当事双方应采取一致税务处理原则，即收购企业取得被收购股权的计税基础以该股权的原计税基础确定（计税基础结转规则），旨在保存被收购股权未被确认的内在损益。该税务处理的一致原则在避免税收漏洞的同时，也产生了重复纳税问题。为便于理解，举例分析如下。

A 公司持有甲公司 80% 股权，该股权的计税基础是 800 万元，公允价值为 8000 万元。2023 年 1 月，A 公司与 B 公司达成换股收购协议，B 公司收购 A 公司持有的甲公司 80% 股权，以 B 公司新增 2000 万元股权作为支付对价，B 公司新增股权的公允价值为 8000 万元，交易于 2023 年 2 月完成并办理完毕工商变更登记。本次交易符合 59 号文件规定的“特殊性税务处理”条件。2024 年 5 月，A 公司将其持有的 B 公司 2000 万元股权转让给 E 公司，转让价格为 9000 万元。2024 年 5 月，B 公司将其持有的甲公司 80% 股权转让给 F 公司，转让价格为 9000 万元。

如适用 59 号文“一般性税务处理”，A 公司 2023 年换股收购环节应纳所得税额 =（8000 万元 − 800 万元）×25% =1800 万元，2024 年出售 B 公司股权环节应纳所得税额 =（9000 万元 − 8000 万元）×25% =250 万元；B 公司 2023 年换股收购环节无纳税义务，2024 年出售甲公司股权环节应纳所得税额 =（9000 万元 − 8000 万元）×25% =250 万元。上述两次交易中，A 公司纳税 2050 万元、B 公司纳税 250 万元。

如适用 59 号文“特殊性税务处理”，A 公司 2023 年换股收购环节无须纳税，2024 年出售 B 公司股权环节应纳所得税额 =（9000 万元 − 800 万元）×25% =2050 万元；B 公司 2023 年换股收购环节无纳税义务，2024 年出售甲公司股权环节应纳所得税额 =（9000 万元 − 800 万元）×25% =2050 万元。上述两次交易中,A公司纳税2050万元、B公司纳税2050万元。

同样的两次交易,特殊性税务处理与一般性税务处理相比,A公司纳税额相同,而B公司纳税额增加了1800万元。之所以出现这种情况,是因为特殊性税务处理下,B公司取得甲公司股权,以原有计税基础确定计税基础,其对公允价值8000万元与原有计税基础800万元的差额,在再次转让该股权时需要重复纳税,重复纳税的金额 = (8000万元 - 800万元) × 25% = 1800万元。

从以上分析可知,在适用特殊性税务处理时,如收购企业、被收购企业股东均出售其在企业重组过程中取得的股权,存在重复纳税的问题。

(二)59号文与116号文的竞合

根据59号文和116号文,以收购企业的股权作为支付对价的股权收购进行的企业重组中,被收购企业取得收购企业的股权,存在被收购企业的法人股东可同时适用59号文和116号文的情形,如在本案中,深圳中信华、昇恒投资、天河星公司三家法人股东可以同时适用59号文和116号文。

如前述分析,根据59号文选择适用特殊性税务处理存在重复缴税的可能。从税负最低目的考量,对被收购企业的法人股东来说,选择59号文的特殊性税务处理,可以达到税负成本最低。而对收购企业来说,要达到税负成本最低,则需选择116号文。故在设计企业重组方案时,应将是否存在重复缴税的可能作为一个重要的考量因素,如何选择适用文件应是重组各方"博弈"的问题。关于在设计股权收购的企业重组方案时,选择适用116号文还是59号文,笔者认为可以从以下几个维度考虑。

一是预期持股期限。如果被收购企业股东拟长期持有收购企业的股权,且收购企业未来无出售被收购企业股权的计划,则适用59号文的特殊性税务处理时,收购企业和被收购企业股东均不存在现时纳税义务,实际税负为零,此时选择适用59号文优于116号文。如果被收购企业股东计划在未来一定期限内出售收购企业的股权,而收购企业未来无出售被收购企业股权的计划,此时选择适用59号文对被收购企业股东有利,对收购企业无影响。反之,如被收购企业股东拟长期持有收购企业股权,而收购企业拟在一定期限内出售被收购企业股权,此时选择适用116号文有利于收购企业而不利于被收购企业股东。总之,选择适用税收政策时,应考虑各方当事人预期持股期限带来的税务影响。

二是纳税现金流。在设计重组方案时,应考虑被收购企业股东可以用于纳税的现金流。如果选择适用116号文,被收购企业股东应确认被收购企业股权的转让收入,需在不超过5年的期限内,分期均匀计入相应年度的应纳税所得额,按规定计算缴纳企业所得税。此时,如果被收购企业股东未来无出售其通过企业重组取得的收购企业股权的计划而又缺少可用于纳税的现金流,应选择59号文适用特殊性税务处理,否则纳税支出将影响其正常经营。

三是标的股权公允价值与原有计税基础的差异。如果标的股权公允价值与原有计税基础相比溢价较小甚至无溢价,此时,无论选择适用59号文还是116号文,都不会导致被收购企业股东承担大额税负。反之,如果标的股权公允价值的溢价较高,如选择适用116号文,则被收购企业股东应确认大额的股权转让收入,并按规定计算缴纳企业所得税,故此时被收购企业股东宜考虑选择59号文适用特殊性税务处理。

(三)个人合伙人能否穿透适用41号文

合伙企业本身不缴纳所得税,合伙企业产生的收益由各合伙人分别缴纳个人所得税(股息红利代扣代缴除外)。尽管合伙企业为一个税收透明体,应当保持税收中性原则,但是目前根据法律法规无法推导出合伙企业的个人合伙人穿透了一层合伙企业的架构是否还能享受各项个人所得税的优惠,比如,上市公司股息红利差异化政策,财政部、国家税务总局《关于完善股权激励和技术入股有关所得税政策的通知》股权激励递延纳税政策等。实务中有合伙企业的个人合伙人穿透适用个人所得税优惠政策的案例。比如,联盛化学(SZ.301212)在其上市审核问询函回复[1]中披露,联盛化学在全国中小企业股份转让系统挂牌期间,2019年、2020年向其股东台州市高盛投资合伙企业(有限合伙)分配红利时,台州市高盛投资合伙企业(有限合伙)的自然人合伙人均未缴纳个人所得税,其解释为经咨询当地税务局,对于合伙企业的自然人合伙人,根据省税务局

〔1〕 参见《关于浙江联盛化学股份有限公司首次公开发行股票并在创业板上市申请文件的审核问询函的回复》,载深圳证券交易所,https://reportdocs.static.szse.cn/UpFiles/rasinfodisc/RAS_000179E5E6C2D73FE4414115F822363F.pdf。

政策口径,可参照上市公司股息红利差别化个人所得税政策,暂时免征个人所得税。

41号文规定的内容按文义解释限定为“个人”行为,合伙企业虽然缴纳的是个人所得税,但是不属于“个人”,各地税务机关显然无法律依据可以允许合伙企业享受41号文递延纳税政策。

宁波市税务局对于“合伙企业以非货币性资产出资,个人所得税是否可以适用财税〔2015〕41号分期缴纳个人所得税的政策?”的答复为:“《财政部 国家税务总局关于个人非货币性资产投资有关个人所得税政策的通知》(财税〔2015〕41号)规定,个人以非货币性资产对外投资可以享受分期缴税政策。而合伙企业与个人以非货币性资产对外投资相比,还是存在一定区别的。因此,合伙企业的个人合伙人不能简单比照适用财税〔2015〕41号文件有关分期缴纳个人所得税的政策规定。”[1]

笔者注意到,与嘉立创案类似的海阳科技股权收购案、华信股份股权收购案中,被收购企业的合伙企业股东均属于以非货币性资产投资取得收购企业的股权。然而,嘉立创案涉及合伙企业股东的个人合伙人未穿透适用41号文件,而是按“先分后税”原则缴纳个人所得税;而后两起案例中,合伙企业的个人合伙人均穿透适用41号文而享受递延纳税政策。

海阳科技于2024年1月披露了上市审核问询回复[2],赣州诚友投资中心(有限合伙)(以下简称赣州诚友)系海阳科技员工持股平台,2017年4月出资3000万元取得海阳锦纶23.08%股权。为统筹股权架构以及避免同业竞争,2019年10月赣州诚友以海阳锦纶23.08%股权向海阳有限(海阳科技的前身)增资,该部分股权对应评估值为6930.15万元。本次交易对价为海阳有限新增注册资本1678万元,增资价格为4.13元/股。2019年10月16日,赣州诚友与海阳有限签订《股权转让协议》。2019年10月28日,海阳锦纶完成本次股权转

〔1〕《合伙企业以非货币性资产出资,个人所得税是否可以适用财税〔2015〕41号分期缴纳个人所得税的政策?》,载国家税务总局宁波市税务局官网2021年6月30日,http://ningbo.chinatax.gov.cn/zcwj/rdwd/art/2024/art_91150cea45d140adac0045a58a41a3a7.html。

〔2〕参见《关于海阳科技股份有限公司首次公开发行股票并在沪市主板上市申请文件的审核问询函的回复》,载上海证券交易所,http://static.sse.com.cn/stock/disclosure/announcement/c/202401/001875_20240124_0XYE.pdf。

让工商变更登记。就上述事宜,赣州诚友 28 名合伙人基于其重组纳税义务办理了非货币性资产投资分期缴纳个人所得税备案,并取得国家税务总局赣州市章贡区税务局出具的《非货币性资产投资分期缴纳个人所得税备案表》。根据备案表,各合伙人应缴个人所得税合计 7,650,347.12 元,自 2020 年起分 5 年于 2024 年 3 月 23 日前缴清。根据章贡区税务局出具的备案表及完税凭证,各合伙人已按备案表缴纳 2020 年至 2023 年及 2024 年部分个人所得税税款,剩余税款 5,280,971.96 元应于 2024 年 3 月 23 日缴纳完毕。

汇绿生态(SZ.001267)申请重新上市的法律意见书[1]披露,华信股份[汇绿生态(SZ.001267)的前身]以 1.28 元/股向重组方非公开发行 451,143,348 股股份以购买重组方持有的汇绿园林 56.5721% 的股权,根据《宁波市北仑地方税务局内部工作联系单》(2016 年第 018 号)及其附件,重组方中的自然人及合伙企业的合伙人按照 41 号文规定,在 5 个公历年度内(含)分期缴纳个人所得税。重组方中的部分自然人及合伙企业的合伙人向原宁波市北仑地方税务局办理了 5 年分期缴纳所得税备案。

嘉立创案中,合伙企业股东芯易泽、钟鼎湛蓝、钟鼎五号、红杉宜盛适用“先分后税”原则,合伙企业股东的个人合伙人并未适用 41 号文而递延纳税。嘉立创案中,合伙企业的股权转让所得属于合伙企业的生产经营所得,依据合伙企业生产经营所得采取“先分后税”的原则;对于个人投资人,比照《个人所得税法》的“经营所得”应税项目纳税。

是否适用 41 号文,对合伙企业股东的个人合伙人纳税适用的税率也存在显著影响。

海阳科技股权收购案、华信股份股权收购案中,被收购企业的合伙企业股东的个人合伙人适用 41 号文,对转让股权按照“财产转让所得”项目缴纳个人所得税,适用的个人所得税税率为 20%。

如被收购企业的合伙企业股东的个人合伙人不能穿透适用 41 号文,按照现行《个人所得税法》的规定,合伙企业的个人合伙人为纳税人,合伙企业转让

---

[1] 参见《湖北得伟君尚律师事务所关于汇绿科技集团股份有限公司申请重新上市的法律意见书》,载巨潮资讯网,http://www.cninfo.com.cn/new/disclosure/detail? plate = szse&orgId = gssz0000765&stockCode = 001267&announcementId = 1211553599&announcementTime = 2021 - 11 - 11。

股权所得,应按照“先分后税”原则,其个人合伙人的分配所得,应按照“经营所得”项目缴纳个人所得税。例外情形是,如合伙企业已备案为创业投资基金,且已向税务机关备案选择单一投资基金核算,个人合伙人从合伙企业分得的股权转让所得可以按照20%的税率计算缴纳个人所得税。嘉立创案中,合伙企业芯易泽、钟鼎湛蓝、钟鼎五号、红杉宜盛便适用了“先分后税”原则,其个人合伙人适用5% ~35%的个人所得税税率。

由以上分析可见,在股权收购过程中,被收购企业的股东如为合伙企业,根据合伙企业的个人合伙人能否适用41号文,除在能否递延缴纳个人所得税上有不同外,适用的个人所得税税率也存在显著差异。

此外,从现金流角度看,在嘉立创案中,被收购企业的合伙企业股东与法人股东、自然人股东以持有的立创电子股权投资于深圳嘉立创是完全一样的交易,法人股东、自然人股东可以分别适用116号文、41号文而递延纳税,如合伙企业股东的个人合伙人不能穿透适用41号文,并不符合公平原则。

六、嘉立创案启示

税务是企业重组的重要内容之一,为保证重组顺利实施,控制重组成本,降低税务风险,设计重组方案时应综合考虑以下因素对税负的影响。

1. 相关税收法律法规和税收政策。复杂的企业重组涉及公司、合伙企业、自然人等多类纳税主体,涉及资产、股权、债权债务等多种资产的权利变更,涉及增值税、印花税、契税、土地增值税等多个税种,同时也涉及与个人所得税、企业所得税、增值税、土地增值税等相关的税收法律法规、规范性文件等。为合理控制税收成本、降低税务风险,在重组方案设计时应充分理解、合理运用现行企业重组相关税收法律法规和税收政策,结合重组双方和重组标的具体情况,在税法允许范围内合理利用税收优惠政策。

2. 重组目的。重组目的将决定重组双方未来对重组资产的持有方式和持有期限,而对于未来不同的持有方式和持有期限,可适用的税收政策存在较大差异,对交易相关方及重组方案的影响也各有差异。

3. 支付方式。企业重组过程中,收购方可以以现金、股权、其他非货币性资产或者组合方式作为支付对价。不同的支付方式,可能导致适用不同的税收政策,税负也可能不同,比如,股权支付比例低于85%,被收购企业的法人股东不能适用特殊性税务处理;适用特殊性税务处理时,被收购企业的法人股东取得的非股权支付部分需确认非货币性资产转让所得和损失。此外,现金支付部分可以作为被收购方纳税的现金来源。故在设计重组方案时,应考虑支付方式对交易相关方的税负影响。

4. 重组双方的整体税负情况。适用企业重组税收政策,交易双方需遵从一致原则。选择不同的税收政策,可能加重某交易方的税负,导致该交易方排斥对其不利的税收政策,影响企业重组的顺利进行。因此,在重组方案设计时,应基于重组双方整体考虑交易税负,兼顾各方利益。

此外,还应考虑交易双方的税负能力、递延纳税的时间价值等。企业重组涉及的税收金额通常较大,为避免造成大额的税收负担而影响重组的顺利进行,应在考虑交易双方的税负能力的前提下合理设计重组方案。而递延纳税除可以缓解纳税人的现金流压力外,还可以为纳税人带来延期缴付税款带来的资金时间价值。

公司车辆过户引发个人所得税行政复议案例评析

杨喜涛　何　洁*

一、前言

实务中存在公司将购买的车辆过户给股东个人,但车辆过户后实际仍由公司占有、使用,并陆续用于偿还公司欠股东和第三方的债务的情况。鉴于法律形式与实质并不统一,实践中大家对这种情况下车辆过户行为是否属于对股东的实物分配存在不同见解。

本文要讨论的案例中,A 公司将案涉十辆车过户给股东个人,税务机关认定股东作为受让人取得车辆应属企业对个人的实物分配,A 公司应代扣代缴自然人股东个税税款,但企业认为过户仅为法律形式,案涉车辆实质上仍属公司所有,不属于税法规定的实物分配。对过户行为的定性不同意味着企业及个人面临不同的涉税法律后果,"公司车辆过户是否代表实物分配"、公司自然人股东是否应按照"利息、股息、红利所得"项目计征个人所得税值得探讨,本文旨在通过一则真实案例对上述过户行为的涉税法律后果作出简要分析,供读者参考。

二、案情简介

(一)主要案情

A 公司成立于2002 年6 月,注册资本8000 万元人民币,注册地址为某省某

---

* 杨喜涛,陕西海普睿诚律师事务所高级合伙人、陕西省律师协会财税法专业委员会主任;何洁,陕西海普睿诚律师事务所律师。

市某区××大道,经营范围为水泥制品制造、砼结构构件制造、建筑材料销售、机械设备租赁、对外承包工程等。A公司股东系三名自然人,股东B担任公司执行董事兼总经理。

2019年1月14日至2021年7月22日,A公司陆续出资购买了十余辆汽车,主要用于融资抵押、商务接待、中高层管理人员职工福利、客户服务等。随后,A公司为配合股东B完成其名下持有的优质车号资源的保留,按照车管所保牌流程,陆续将公司十辆车的原车牌号码变更为股东B名下持有的优质车号。

2020年11月17日至2023年4月10日,为了清偿对外债务,A公司陆续将十辆车中的五辆车分别与五家材料供应商签订《车辆抵账协议》,对外抵偿了A公司采购欠款,并按照《车辆抵账协议》约定将车辆交付给供应商或供应商指定的人员,同时指定股东B向其办理了车辆过户手续,亦分别办理了与各供应商之间的债权债务结算。

2022年4月与2023年2月,为了清偿A公司欠付股东B的债务,A公司陆续以十辆车中的另外五辆车向股东B对内抵账完成债权债务结算手续,冲抵2022年3月前A公司因经营周转及物资采购向股东B的借款×××万元。

另外,案涉车辆在购买后至对外抵账前均由公司实际占有、使用、收益、处分,并承担车辆的折旧、油费、路桥费等费用,在抵账后亦在账务上冲抵了A公司的债务。A公司已就案涉十辆车按照视同销售做了会计核算并缴纳了税款共计196.77万元,其中缴纳增值税58.99万元、城建税4.13万元、教育费附加1.77万元、地方教育费附加1.18万元、印花税0.87万元、水利基金1.46万元、企业所得税128.37万元。

2022年11月15日,某区稽查局对A公司涉税情况进行立案检查。2023年4月27日,稽查局向A公司下达了《税务事项通知书》[某区税稽税通(2023)12号],认定A公司购买多辆汽车,当月或者次月把车辆所有权转让到股东个人名下,其实质为企业对股东进行了红利性质的实物分配,存在未履行代扣代缴个人所得税义务的违法事实,通知A公司如有异议可在收到通知书后5日内对上述问题提供说明及相关证据材料。2023年5月5日,A公司收到某区稽查局送达的《税务行政处罚事项告知书》[某区税稽罚告(2023)4号],告知税务机关拟对A公司进行行政处罚,A公司有权要求听证。A公司提交听证申请后,某局于2023年5月19日组织召开了听证会并接收A公司提交的听证答辩书及其他证据材料。2023年6月15日,某区稽查局向A公司下达《税务行政处理决定书》[某区税稽处(2023)5号]及《税务行政处罚决定书》[某区税稽罚(2023)7号]。

《税务行政处理决定书》[某区税稽处(2023)5号]列明如下违法事实:在个人所得税方面,认定A公司购买多辆汽车,当月或者次月把车辆所有权转让到股东B个人名下,其实质为企业对股东进行了红利性质的实物分配,应按次代扣代缴个人所得税,合计应补缴个人所得税×××元。《税务行政处罚决定书》[某区税稽罚(2023)7号]列明如下违法事实:在个人所得税方面,认定A公司购买多辆汽车,当月或者次月把车辆所有权转让到股东B个人名下,其实质为企业对股东进行了红利性质的实物分配,应按次代扣代缴个人所得税。基于A公司存在未履行代扣代缴义务的违法事实,对A公司作出如下处罚决定,根据《税收征收管理法》第69条"扣缴义务人应扣未扣、应收而不收税款的,由税务机关向纳税人追缴税款,对扣缴义务人处应扣未扣、应收未收税款百分之五十以上三倍以下的罚款"之规定,决定对企业处应扣未扣税款50%的罚款×××元。

(二)争议焦点

本案争议焦点:A公司将车辆过户至股东B的行为是否构成实物分配。

1. 稽查局观点

A公司将车辆过户至股东B的行为构成实物分配,应按次代扣代缴个人所得税;A公司未履行代扣代缴义务,应当予以追缴并处罚。

2. A公司观点

A公司将车辆过户至股东B的行为只是为了满足机动车行政登记管理要求,案涉车辆均由公司实际占有、使用、收益、处分,股东B没有实际控制案涉车辆,不属于交付动产,所有权未发生转移,不构成实物分配。A公司后将自有车辆对外向供应商抵账、对内向股东B抵账,税务实质属于视同销售行为,不属于实物分配,股东B未产生所得,不应缴纳个人所得税,A公司亦不应承担个人所得税代扣代缴义务。

《民法典》第224条规定,动产物权的设立和转让,自交付时发生效力,但是法律另有规定的除外。公安部《关于确定机动车所有权人问题的复函》表示:"根据现行机动车登记法规和有关规定,公安机关办理的机动车登记,是准予或者不准予上道路行驶的登记,不是机动车所有权登记。为了交通管理工作的需要,公安机关车辆管理所在办理车辆牌证时,凭购车发票或者人民法院判决、裁定、调解的法律文书等机动车来历凭证确认机动车的车主。因此,公安机关登记的车主,不宜作为判别机动车所有权的依据。"公安部《关于机动车财产所有权转移时间问题的复函》表示:"根据现行机动车登记法规和有关规定,公安机关办理的机动车登记,是准予或者不准予机动车上道路行驶的登记,不是机动车所有权登记。因此,将车辆管理部门办理过户登记的时间作为机动车财产所有权转移的时间没有法律依据。"

本案中,案涉十辆车虽于当月或次月过户给股东B,但根据相关材料,案涉车辆在购买后至对外抵账前均由A公司占有、使用、收益、处分并承担车辆的折旧、油费、路桥费等费用,因此结合事实情况及相关法律规定,A公司将车辆过户至股东B的行为不属于交付动产,案涉十辆车并未因车辆过户至股东B而发生所有权转让的法律效果,不构成实物分配,案涉十辆车仍属于A公司财产。A公司后将自有车辆对外向供应商抵账、对内向股东B抵账,税务实质属于视同销售行为,A公司已就销售行为履行了完税义务。股东B未因过户或抵债而产生所得,不应缴纳个人所得税,A公司亦不应承担个人所得税代扣代缴义务。

(三)复议机关处理意见

复议过程中,A公司以相关法律规定为依据,以相关资料为证据,围绕稽查中的事实认定、法律程序、法律适用三方面问题提交了《税务行政处理复议申请书》及《税务行政处罚复议申请书》,充分发表意见,复议机关在审查证据材料并听取意见后,作出如下认定。

1. 违反法定程序

某区稽查局于2022年11月15日立案,2023年2月1日经批准延期90日,最终期限延长至2023年5月13日,听证时间为2023年5月8日至2023年5月19日(12天),2023年5月19日起稽查局向某区税务局提请重大税务案件审理,经某区税务局重大案件审理委员会审议该案不予受理,前后两次提交,两次不予受理,最终一次不予受理于2023年6月2日作出。按照时限规定,某区稽查局应于2023年6月13日前向A公司作出《税务行政处理决定书》及《税务行政处罚决定书》,但某区稽查局最终于2023年6月15日向A公司作出了《税务行政处理决定书》《税务行政处罚决定书》,已超过法定期限。

2. 事实不清、证据不足

某区稽查局在原具体行政行为作出时对企业在税务行政处罚听证阶段提出的"以物抵债"行为并未取证核实。

因此,2023年9月19日,复议机关以《税务行政处理决定书》[某区税稽处(2023)5号]违反法定程序,《税务行政处罚决定书》[某区税稽罚(2023)7号]事实不清、证据不足、违反法定程序为由,作出撤销《税务行政处理决定书》[某区税稽处(2023)5号]、《税务行政处罚决定书》[某区税稽罚(2023)7号]的复议决定,并责令某区稽查局于60日内重新作出行政行为。

随后,某区税务局稽查局对A公司实际占有、使用、收益、处分并承担车辆的折旧、油费、路桥费等费用进行补充取证后,经过反复核查和论证,最终认可A企业不存在应履行未履行代扣代缴义务的违法行为,并于2023年12月14日向A公司重新作出了《税务行政处理决定书》[某区税稽处(2023)37号]及《税务行政处罚决定书》[某区税稽罚(2023)37号],取消了A公司应履行未履行代扣代缴个人所得税义务违法事实的认定及相应行政处罚决定。

三、法理评析

(一)事实认定层面

1. 案涉车辆范围存在错误,某案涉车辆并未过户给股东B,税务机关认定存在实物分配缺乏事实依据

经查阅机动车登记编号为6100121×××××的机动车登记簿,某案涉车辆于2019年9月6日实际过户给第三人,该车辆并未过户给股东B,案涉车辆范围存在认定错误。

2. 本次交易实质是企业以物抵债行为，税务实质是企业视同销售行为，税务机关认定属于对股东的实物分配与事实不符

根据对A公司的历史资料、相关账簿、凭证、发票、合同、产权证、审计报告及A公司与股东B之间的债权债务关系的核查，按照“实质重于形式”和“实质课税”的原则，认为A公司把车辆过户至股东B个人名下属于股东B以其债权抵偿车辆价款的“以物抵债”，不属于股东B无偿获取车辆的“实物分配”。

(1)A公司与股东B之间的债权债务关系合法有效，真实存在

经核查，股东B原系C公司股东及实际控制人，2017年之前，股东B曾代C公司支付设备款及工程款累计×××元，但C公司一直未向股东B偿还上述款项。2017年A公司吸收合并C公司，C公司欠付股东B的债务由A公司承继；2017年10月19日，×××会计师事务所有限责任公司就A公司吸收合并C公司一事，作出×××审字[2017]2－1044号审计报告，审计报告确认C公司欠付股东B涉案×××元债务情况属实。

A公司吸收合并C公司后，股东B继续参与A公司的经营管理，2017年9月底至2022年3月31日，因A公司资金紧张，股东B又代A公司支付砂石款等费用×××余万元。截至2022年3月31日，A公司欠付股东B债务共计×××元。据此，A公司与股东B之间的债权债务关系真实、合法、有效。

(2)A公司实施了“以物抵债”行为并按照“销售”做了税务和财务处理

经查案涉十辆车的相关合同、账簿、凭证、发票等历史资料，A公司为实现“以物抵债”的目的，自2020年11月至2023年4月陆续采用一次过户或者二次过户的方式将涉案十辆车抵偿了外部债务和内部债务，抵债主体和受益主体均是A公司，其中：涉案5辆车过户到股东B名下并办理了债权债务结算，涉案5辆车过户到第三方债权人名下并办理了债权债务结算。因此，本次交易实质是A公司以物抵债行为，税务实质是视同销售行为。

3. 本次交易中股东个人没有所得，税务机关要求A公司代扣代缴个人所得税缺乏事实依据

(1)A公司过户至股东B的行为不构成动产所有权的转移

前文已述及，过户登记不代表所有权转移，A公司对车辆过户登记后，又以该案涉车辆抵偿对外、对内债务，亦可证明案涉车辆实际由A公司行使收益、处

分的权能。从本次交易的结果来看,A公司虽将案涉车辆过户给股东B,但股东B实际并未占有该车辆,因此不应认定股东B取得了车辆的所有权。事实上,股东B亦未因A公司过户行为而享受任何收益,A公司过户行为不应认定为实物分配,相应地,A公司无须代扣代缴个人所得税。

(2)税务机关认定过户行为属于实物分配,有悖实质课税原则,或造成税收不公

实质课税原则与税收法定原则、税收公平原则等其他税法基本原则相辅相成,共同构成了税法的基础,是税法中的重要原则,它强调在确定纳税人的税负时,应根据纳税人的真实负担能力课税,而不是仅仅看其表面上是否符合课税要件。它要求税务机关在判断某个具体的人或事件是否满足课税要件时,不应被外在形式所蒙蔽,而应深入探求其实质条件。如果实质条件满足了课税要件,则应确认纳税义务;如果仅形式上符合而实质上不满足,则不能确定其负有纳税义务。实质课税原则主要是为了解决纳税人外在形式与内在真实之间可能存在差异的问题,从而增强税法适用的公正性。

本案中,税务机关仅依照过户行为认定属于实物分配,而忽略了A公司对车辆享有占有、使用、收益、处分的权能以及以车辆对内、对外抵账的事实。案涉车辆的所有权未因过户行为而改变,车辆仍由A公司所有。抵债行为属于销售车辆后以所得价款偿还债务的综合行为,对A公司产生视同销售车辆的纳税义务,但实际上A公司已经按照税法规定完成了其纳税义务,在此前提下,若税务机关再认定其属于实物分配,则违背了实质课税原则。

(二)法律适用层面

1. A公司无代扣代缴个人所得税义务,不适用《税收征收管理法》第69条的规定

鉴于A公司将车辆以物抵债行为的业务实质是视同销售行为,A公司案涉车辆已按视同销售缴纳了增值税及附加和企业所得税,不存在应按照“利息、股息、红利所得”项目代扣代缴个人所得税的问题,更不存在应扣未扣、应收而不收税款的情形,不应当适用《税收征收管理法》第69条。

2. 机动车登记不是机动车所有权登记，以机动车登记作为机动车所有权转移的依据有悖《民法典》及相关规定

根据公安部《关于确定机动车所有权人问题的复函》及公安部《关于机动车财产所有权转移时间问题的复函》可知，公安机关登记不宜作为判别机动车所有权的依据，车辆管理部门办理过户登记的时间不应作为机动车财产所有权转移的时间。

又根据《民法典》第224条"动产物权的设立和转让，自交付时发生效力，但是法律另有规定的除外"可知，动产物权的转移以交付作为物权转移的条件。

因此，机动车登记不是机动车所有权登记，车辆过户行为不应直接认定为车辆所有权转移，车辆所有权转移应根据案涉车辆的实际占有、使用、处分、收益、交付情况进行认定。

3. 本案不应适用《关于规范个人投资者个人所得税征收管理的通知》的规定

《税务行政处罚决定书》[某区税稽罚(2023)7号]中仅罗列了A公司个人所得税相关违法事实，并未标注处理依据，应该是根据《关于规范个人投资者个人所得税征收管理的通知》(财税〔2003〕158号)规定的"除个人独资企业、合伙企业以外的其他企业的个人投资者，以企业资金为本人、家庭成员及其相关人员支付与企业生产经营无关的消费性支出及购买汽车、住房等财产性支出，视为企业对个人投资者的红利分配，依照'利息、股息、红利所得'项目计征个人所得税"作出的处理决定。

笔者认为，上述规定规制的是通过以企业资金为个人股东等支付汽车、住房等财产性支出的方式进行变相利润分配的行为。构成税法所称的视为红利分配，必须具备三个要件：(1)支出使用资金来源为企业资金；(2)资金用途为为股东本人、家庭成员及其相关人员支付的购买汽车、住房等财产性支出；(3)该支出与企业生产经营无关。

本案中，A公司购买车辆使用的资金确系企业资金，但车辆购买至A公司名下后主要用于融资抵押、商务接待、中高层管理人员职工福利、客户服务、对外抵债等用途，后也实际进行了以物抵债的交易行为，因此，不符合上述第二点、第三点等构成要件，股东B亦未产生个人所得。

综上所述,A 公司向股东 B 过户车辆在民法上不构成动产所有权转移,在税法上属于视同销售行为,不属于公司与股东之间的股息红利分配行为,股东 B 不具有个人所得税纳税义务,A 公司也不具有个人所得税代扣代缴义务。

(三)行政程序分析层面

1. 税务机关存在程序违法

《税务事项通知书》[某区税稽税通(2023)12 号]载明,"你(单位)收到《税务事项通知书》某区税稽税通[2023]12 号后对违法事实和依据有异议的,应当在收到通知书后 5 日内对上述问题提供说明及相关证据材料",并于 2023 年 4 月 27 日向 A 公司进行了送达。

A 公司高度重视并积极组织专门力量认真准备相关税务问题说明和相关证据材料,在 2023 年 4 月 29 日至 5 月 3 日进行资料准备工作,但就在 A 公司还未按照法定期限提交相关问题说明和证据的情况下,其突然于 2023 年 5 月 5 日收到了某区稽查局送达的《税务行政处罚事项告知书》[某区税稽罚告(2023)4 号]。

根据《税收征收管理法实施细则》第 109 条"税收征管法及本细则所规定期限的最后一日是法定休假日的,以休假日期满的次日为期限的最后一日;在期限内有连续 3 日以上法定休假日的,按休假日天数顺延"的规定,在 2023 年 4 月 29 日至 5 月 3 日是"五一劳动节"放假期间的情况下,A 公司"应当在收到通知书后 5 日内对上述问题提供说明及相关证据材料"的最后时间应该是 5 月 7 日,但实际上 A 公司于 2023 年 5 月 5 日即收到了某区稽查局送达的《税务行政处罚事项告知书》[某区税稽罚告(2023)4 号],A 公司行使权利的时间仅为 4 月 28 日及 5 月 4 日两天。

某区稽查局在 A 公司行使权利的时间还没有终止且其没有充分得到 A 公司提供的相关问题说明及相关证据材料的情况下即作出税务行政处罚事项告知书,税务机关的执法程序存在瑕疵,该瑕疵不仅在一定程度上妨碍了 A 公司行使正当权利,也最终导致税务机关作出的《税务行政处理决定书》[某区税稽处(2023)5 号]、《税务行政处罚决定书》[某区税稽罚(2023)7 号]被认定事实不清予以撤销。

2. 税务机关存在超过法定期限作出具体行政行为的违法情形

从某区稽查局向A公司下发的某区税稽通[2023]045号文件"我局于2022年11月15日,依据税务稽查工作规程第十九条之规定,对A公司实施立案检查"可知,本案的立案日期是2022年11月15日。

《税务稽查案件办理程序规定》第47条规定,"稽查局应当自立案之日起90日内作出行政处理、处罚决定或者无税收违法行为结论。案情复杂需要延期的,经税务局局长批准,可以延长不超过90日"。尽管本案中存在延期、组织听证、提请重大税务案件等延长审批时限的具体事项,但某区稽查局作出《税务行政处理决定书》[某区税稽处(2023)5号]、《税务行政处罚决定书》[某区税稽罚(2023)7号]的时间为2023年6月15日,已历时212天,超期2天,超过了作出行政处理、处罚决定的法定期限,系程序违法。

四、结论与启示

涉税企业在进行日常经营活动时,必须遵守税收法律、法规和相关政策制度,依法纳税。然而,由于税法的复杂性以及经济活动的多样性,企业在纳税过程中可能会与税务机关产生争议。本文以公司车辆过户行政复议案为例,分析了因法律形式与经济实质定性不同而产生的纳税争议问题,文章从事实认定、法律适用、程序合法等方面对案件所涉问题进行了全面、深入的论述和剖析。笔者认为,在司法资源有限的情况下,征纳双方应尽可能地通过税务行政复议程序进一步化解纳税争议,主要启示如下。

(一)涉税企业角度

1. 涉税企业在沟通与维权过程中应重点关注以下问题。

(1)充分沟通。对于税务稽查提出的问题,企业应积极回应、充分表达,使税务机关全面了解业务经济实质,便于税务机关作出正确的行政行为。同时,为协商解决争议提供机会,节省各方的时间和成本。

(2)及时行动。对于税务机关的决定,企业应在法定期限内采取行动,包括申请复议或提起行政诉讼,以免错过法律救济的最佳时机。

(3)证据收集。企业日常管理中应妥善保存相关的会计记录、税务资料等证据,以备不时之需。产生涉税争议时,应积极收集与争议相关的所有证据,包括合同、发票、财务报表等,以支持自己的立场。

(4)风险评估。在争议解决过程中,企业应评估可能的风险和成本,以制订最合适的应对策略,并持续关注相关政策变化,以便及时调整自己的策略。

(5)准确理解。企业应确保对税法及相关规定的准确理解,避免因误解而导致不必要的争议。

2. 涉税企业应审查税务机关作出具体行政行为时的程序合法性。

如果发现税务机关超出了法定期限或者程序上存在瑕疵,企业可以依据《行政复议法》等相关法律的规定,依法申请行政复议。在复议程序中,企业可以要求复议机关对原行政决定进行重新审查,以期达到撤销或变更不当决定的目的。此外,企业还可以利用复议程序中的听证环节,充分陈述自己的意见和诉求,提供相关证据,为自己的权益辩护。

3. 涉税企业应当关注税务机关作出的征税行为在实体层面的合法性与合理性。

征税行为的合法合理包括但不限于税率的适用、计税基础的确定、纳税义务发生时点的确定、税收优惠政策的适用、税务政策的理解等方面。如果企业认为税务机关的决定与现行的税法规定不符,或者发现存在在事实认定时有悖于实际情况、适用税法时存在滥用职权和歧视性行为等情况,企业有权提出异议,并寻求专业律师的帮助。专业律师不仅可以为企业提供专业的法律意见,还能协助企业在复议或诉讼中有效地表达自己的立场,确保企业的合法权益不受侵害。

(二)税收征管机关角度

1. 税务机关应进一步规范作出具体行政行为的流程,确保行政行为的程序合法性,增强税务执法的规范性和透明度,从而提高税务管理的效率和公正性。

(1)规范事中公示。税务执法人员在执行税务检查、调查取证、采取强制措施等活动时,必须主动出示税务检查证,向当事人表明身份,并出具执法文书,告知当事人执法事由、依据、权利义务等内容。

(2)加强事后公示。税务机关应按规定时限、内容和要求,向社会公开税务执法结果,如非正常户认定、欠税公告等,并建立健全税务执法决定信息的公开发布、撤销和更新机制。

(3)全面推行执法全过程记录制度。税务机关应对税务执法的启动、调查取证、审核决定、送达执行等全部过程进行文字和音像记录,并全面系统归档保存,以实现执法全过程的留痕和可回溯管理。

(4)遵守法律规定的程序。税务机关在作出具体行政行为时,必须遵循法律规定的程序,包括但不限于告知、听证、决定、送达等步骤。

(5)确保主体合法。作出行政行为的税务机关及其人员必须具备法定的资格和权限。

(6)内容合法适当。行政行为的内容必须合法、明确,并符合公共利益。

(7)保障纳税人的知情权和参与权。在税务行政过程中,纳税人应被充分告知其权利和义务,以及行政行为可能对其产生的影响。

2. 税务机关在适用法律时应严格遵循相应的原则和步骤,以期在保障国家税收利益、维护纳税人的合法权益的同时,降低自身的执法风险。

(1)事实清楚、证据充分。在适用法律之前,税务机关必须确保对案件的事实有清晰的了解,包括但不限于税收违法行为的性质、情节、后果等,同时收集充分的证据来支持对案件事实的认定。

(2)法律依据明确。税务机关在作出决定时,必须依据明确的法律、行政法规、规章及其他规范性文件,适用的法律依据应当具体、明确,不得含糊其词。

(3)合理性原则。税务机关在适用法律时,不仅应考虑合法性,还应考虑合理性原则,即在法律允许的范围内选择对纳税人权益影响最小的方式执行税务管理。

(4)有利于纳税人原则。在法律适用存在竞合或不明确时,税务机关应选择对纳税人更为有利的法律依据。

(5)动态更新法律知识,开展专业培训。税务机关的工作人员需要不断更新法律知识,以适应税法的变化和发展,定期对执法人员进行法律和业务培训,提高其法律适用能力和水平。

(6)法律咨询和复核。在复杂或不明确的法律适用问题上,税务机关可以咨询法律顾问或进行内部复核,确保法律适用的正确性,有效降低执法风险。

关于保险代理人伪造车船税完税凭证的税收征管案例评析

马晓艳　肖　颖*

一、引言

当前我国税收实践中存在保险代理人伪造车船税完税凭证进而导致保险机构未代收代缴车船税、投保人也未缴纳车船税的特殊案例。该等案例中的税收征管问题较为特殊和复杂，包括保险机构和投保人是否需要承担税收法律责任、税务机关应当如何追征车船税款等，很容易引发征纳双方的税务争议。

笔者曾应X保险机构的要求，为其梳理分析了其旗下A财产保险公司（以下简称A公司）因他人伪造车船税凭证而被主管税务机关要求补缴车船税的真实案例。在该真实案例中，A公司从事机动车交通事故责任强制保险（以下简称交强险）业务，但某保险代理人在销售A公司的交强险产品时，故意隐瞒了投保人未缴纳车船税的实际情况，并通过提供其自行编辑伪造的车船税完税凭证向A公司说明相关投保人车辆均已完税，最终导致A公司未代收代缴车船税，投保人也未实际缴纳车船税，相应涉案车船税款金额已超过人民币650万元。公安机关已对涉案保险代理人进行刑事立案调查，A公司被主管税务机关要求补缴本案所涉的全部车船税款。

在上述真实案例中，保险代理人伪造车船税完税凭证的情况较为特殊且影响巨大，涉案交易单量较多，涉案税款金额较高，因此在税收实践中具有典型意

---

* 马晓艳，上海锦天城（广州）律师事务所高级合伙人；肖颖，上海锦天城（广州）律师事务所律师。

义。在本文中,笔者将结合该真实案例,根据相关税收征管原理与现行税收法律法规的规定,对相关主体的税收法律责任以及征收管理上的税款追征问题等进行深度研究分析,并结合研究分析结果,就投保人与保险机构在实务中如何防范他人伪造车船税完税凭证所引发的税务风险,以及税务机关如何处理该类特殊案例,提出相应的建议。

二、A 公司补缴车船税案的基本情况

(一)案件事实情况

1. A 公司的交强险业务模式

A 公司是一家财产保险公司,在日常经营当中从事交强险业务。A 公司销售交强险产品的主要模式是,其与一家非关联的保险代理公司 B 公司签订保险代理合同,委托 B 公司代其销售交强险产品,具体委托销售业务由 B 公司旗下的个人代理人负责执行。B 公司的个人代理人在招揽到投保人后,由投保人直接与 A 公司签订交强险合同并向 A 公司支付保险费,同时由 A 公司根据保险代理合同向 B 公司支付相应佣金(B 公司另与个人代理人自行结算相应代理报酬)。A 公司委托销售其交强险产品的业务模式如图 1 所示。

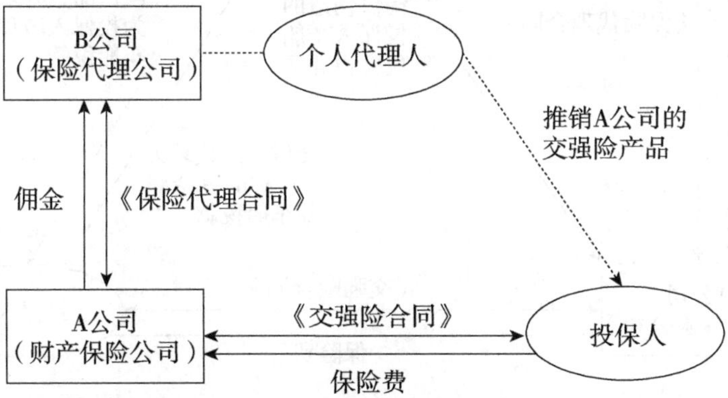

图 1　A 公司交强险业务的主要模式

在落实车船税扣缴义务方面,若投保人尚未缴纳车船税,A 公司在收取交强险保险费时会为投保人代收代缴车船税;若投保人已自行缴纳车船税,A 公

司会要求投保人提供相关的车船税完税凭证等材料,核实之后按照相关政策规定不再重复为投保人代收代缴车船税款。

2. 个人代理人伪造车船税完税凭证的情况

B公司的某位个人代理人C在推销A公司的交强险产品时,向投保人表示其拥有减免部分车船税款的特殊资源和途径,并以此为噱头向潜在消费者广泛推销A公司的交强险产品。

在实际投保时,一方面,个人代理人C向投保人收取了其声称的减免后的车船税款(全额车船税款减去个人代理人C声称的可减免部分车船税款后的余额)后,自行扣留该部分款项占为己用;另一方面,个人代理人C通过编辑或生成图片等方式伪造了投保人的车船税完税凭证(相应完税凭证上的车船税款金额为全额)提供给A公司,并明确告知A公司投保人车辆均已完税。个人代理人C在受托销售A公司交强险产品时伪造车船税完税凭证的基本情况如图2所示。

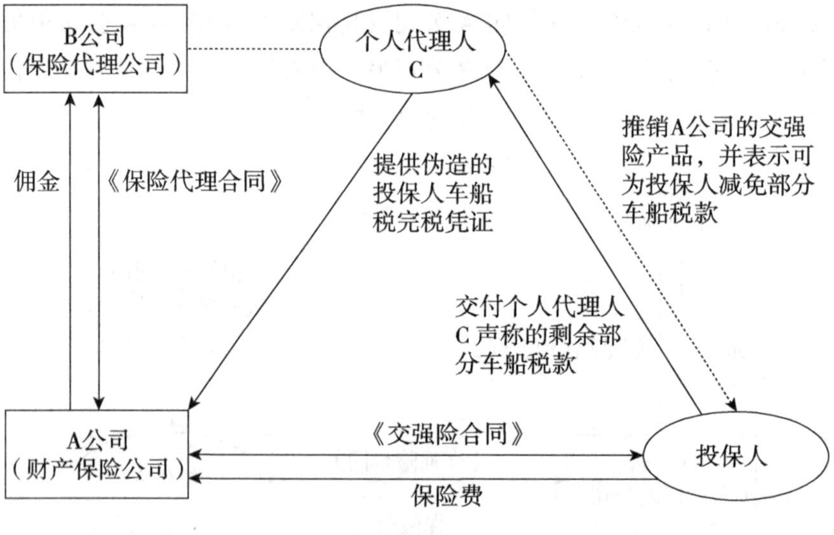

图2　个人代理人C伪造车船税完税凭证的情况

此前,A公司对个人代理人C伪造车船税完税凭证以及自行扣留部分车船税款等情况均不知情。A公司在核查个人代理人C提供的该等车船税完税凭证时,也曾发现未能够依据相应完税凭证在外地税务机关官方网站上查得完税信息的情况。不过,个人代理人C随后就向A公司提供了可在网站上查询到完税信息的录制视频,并解释外地税务机关官方网站上的查询路径、信息同步等存在差异化的情况。因此,当时A公司在未发现明显疑点的情况下,对个人代理人C受托销售的交强险产品均按投保人车辆已完税进行处理,不再为投保人代收代缴车船税款。

之后,A公司的财务人员在审核个人代理人C某次提供的多份车船税完税凭证时,发现该次的完税凭证在格式和文本方面存在较大疑点,故向该等完税凭证上所载明的某外地税务机关查询真实性。该外地税务机关在查证后告知A公司,个人代理人C提供的该等车船税完税凭证均为伪造的,并已经将本案同步移送公安机关处理。

公安机关对个人代理人C进行刑事立案调查后,A公司才得知,个人代理人C向其提供的绝大部分车船税完税凭证均为个人伪造的。个人代理人C通过图片编辑、图片生成等方式伪造车船税凭证,而且通过伪造网页等方式录制可查得完税信息等虚假视频。对于个人代理人C的前述违法行为,B公司和投保人同样并不知情。

(二)案件税务争议

A公司主管税务机关发现个人代理人C伪造车船税完税凭证的情况后,进一步调查发现,个人代理人C伪造车船税完税凭证数量非常多。本案所涉车船税款总计金额已经超过人民币650万元,所涉纳税人(A公司交强险产品的投保人)数量很多且分布全国各地,且大多数投保人并不在A公司主管税务机关的管辖区域内,更多的是常居于其他省份的人。本案具有涉案金额高、涉案单量多且纳税人遍布全国其他的特殊情况,很可能会给主管税务机关的税收征收管理工作带来一定的困难和阻力。

为了防止国家税款流失,A公司主管税务机关需要考虑如何追征伪造完税凭证对应车船税款的问题,以及如何认定作为扣缴义务人的财产保险公司A公司、作为纳税人的投保人与个人代理人C是否应承担税收法律责任的问题。由于本案存在保险代理人自行伪造车船税完税凭证的非正常情况,且纳税人与扣缴义务人均未参与伪造完税凭证,A公司主管税务机关在向哪一个主体追征车船税款、对哪一个主体追究税收法律责任的问题上作出不同的决定,实际上会导致不同的可能性,包括对A公司或投保人全额追征车船税款、对A公司按“应收未收”或“已收未缴”的情况处以罚款、对投保人按偷税情况处以罚款等,相应的税务不确定性都非常高,很可能会引发主管税务机关与行政相对人之间的税务争议。所以,只有在充分考虑具体事实情况的基础上予以综合研判分析,才能界定好相关的税收法律责任。

在笔者实际介入为X保险机构分析本案时,A公司主管税务机关尚未对A公司作出任何正式的税收法律文书,而是通过口头沟通的形式,建议A公司自行补缴本案所涉的全部车船税款,并在后续业务经营当中加强并完善关于车船税代收代缴的管理工作。在多次税务沟通之后,X保险机构和A公司最终决定由A公司主动补缴本案所涉的全部车船税款。虽然A公司在本案中决定主动补缴全部涉案车船税款,但对于A公司是否应承担补缴全部涉案车船税款的责任问题,A公司及其主管税务机关实际上存在不同的观点和理由。

在与本案类似的特殊税务案例中,保险代理人伪造车船税完税凭证进而导致财产保险公司未代收代缴车船税、投保人也未实际缴纳车船税的,需要根据现行税收法律法规的规定对相关主体的税收法律责任以及税务机关应如何追征车船税款等问题进行系统研判分析,才能在税收法定与依法行政的原则下规范税收征收管理工作,避免该等特殊税务案例给行政相对人带来高度的税务不确定性。

三、对A公司补缴车船税案的法律评析

为更好地研究分析A公司补缴车船税案,笔者从车船税的税收属性及征管特征出发,结合案件事实情况并根据现行税收法律法规及税收征管原理,对相关主体的税收法律责任认定问题以及车船税款的追征问题等进行深度剖析。

(一)车船税的税种属性及征管特征

车船税以车辆、船舶为征税对象,是对中国境内车辆、船舶的所有人或管理人征收的一种财产税,相应的《车船税法》在2011年2月25日由第十一届全国人民代表大会常务委员会第十九次会议通过,是我国第一部财产税法律,也是

我国第一部通过全国人民代表大会常务委员会将国务院条例上升为法律的税收立法。

车船税遵循“按年申报、分月计算、一次性缴纳”的原则,其纳税义务发生时间是取得车船所有权或管理权的当月,按年申报计征。因为车船税是对保有环节财产征税,所以《车船税法》明确了应按年申报缴纳车船税,并明确车船税款按保有期间计算相应金额。例如,新购置的车船自购置当月起折算当年的应纳车船税款,被盗抢、报废、灭失的车船自被盗抢、报废、灭失当月起计算当年可退还的车船税款等。

需要强调的是,鉴于车船税具有“一年一征”以及纳税人(交强险投保人)较为分散且大多数为自然人的特征,《车船税法》规定从事交强险业务的保险机构为车船税的扣缴义务人,应当在收取交强险保险费时依法代收代缴车船税,甚至可以由保险机构一并代收代缴纳税人之前欠缴的车船税及滞纳金。在实践中,机动车的所有人或管理人每年均应向保险机构办理交强险;对此笔者认为,由保险机构代收代缴车船税的税收征管制度设计是符合税收效率原则的。在此基础上,《车船税法》及相关税收政策规定进一步明确,纳税人已主动申报缴纳税车船税的,扣缴义务人(从事交强险业务的保险机构)无须再重复代收,但应由纳税人向扣缴义务人提供完税证明,且扣缴义务人应将相关信息录入交强险业务系统。

因此,根据《车船税法》的规定,本案中财产保险公司 A 公司委托保险代理公司 B 公司向投保人销售交强险产品,应以交强险投保人为纳税人,以 A 公司为扣缴义务人。

(二)税收法律责任分析

1. 税收实践中可能存在的不同观点

尽管本案中未缴纳车船税款是个人代理人 C 伪造车船税完税凭证直接导致的,但是财产保险公司 A 公司、投保人和个人代理人 C 是否应当承担、具体承担什么税收法律责任会成为本案在税务处理上的争议焦点。在实践中,主管税务机关可能对此持有不同的处理观点主要如下所示。

观点一:未缴纳车船税款的行为属于《税收征收管理法》第 69 条下扣缴义

务人应收不收税款的情况,应对A公司处相应车船税款50%至3倍的罚款,并向投保人追征车船税款及滞纳金。

观点二:未缴纳车船税款的行为属于《税收征收管理法》第63条第2款下扣缴义务人不缴已收税款的情况,应对A公司处相应车船税款50%至5倍的罚款,并向A公司追征车船税款及滞纳金。

观点三:未缴纳车船税款的行为属于《税收征收管理法》第63条第1款下纳税人不缴或少缴税款的情况,应向投保人追征车船税款及滞纳金,并对投保人处相应车船税款50%至5倍的罚款。

观点四:个人代理人C的行为属于《税收征收管理法实施细则》第93条下为纳税人、扣缴义务人非法提供方便导致未缴、少缴税款或者骗取国家出口退税款的情况,应对个人代理人C处相应车船税款1倍以下的罚款,并向A公司或投保人追征车船税款及滞纳金。

观点五:不认定财产保险公司A公司、投保人、个人代理人C应承担观点一至观点四中的税收法律责任,仅向投保人追征车船税款及滞纳金。

本案中,虽然A公司主管税务机关并未作出任何正式的税收法律文书以认定A公司及其他相关主体的税收法律责任,但是基于A公司主管税务机关与A公司的非正式口头沟通的情况,不难发现A公司主管税务机关实际上倾向于持上述观点二。

本文中,笔者将对税务机关在本案中可能持有的上述不同观点,结合本案情况,从事实认定、法律适用、法理分析等方面进行全面、深度的论述和剖析,同时也期望能够在税收实践中对其他类似的特殊税务案例的法律分析提供参考思路。

2. 关于扣缴义务人税收法律责任的分析

如上述观点一、观点二所示,扣缴义务人是否需要承担税收法律责任的核心问题在于,是否能够依法将未缴纳车船税款的行为认定为《税收征收管理法》中的“应收未收”或“已收未缴”的情形。

(1)关于认定“应收未收”情形的分析

《税收征收管理法》第69条规定,扣缴义务人应扣未扣、应收而不收税款的,由税务机关向纳税人追缴税款,对扣缴义务人处应扣未扣、应收未收税款

50%以上3倍以下的罚款。

针对本案中个人代理人C伪造车船税完税凭证的特殊情况,关于未缴纳车船税款的行为是否属于扣缴义务人应收未收的情形,现行税收法律法规并未明确相应判定标准。笔者认为,可从扣缴义务人是否知悉和参与伪造车船税完税凭证的行为以及扣缴义务人是否对未收税款存在明显过错这两方面切入。进一步地,笔者认为,在实践中具体可拆解为三个因素予以重点考虑:

因素一:财产保险公司与伪造车船税完税凭证的保险代理人的关系,以及财产保险公司是否知悉、参与保险代理人伪造车船税完税凭证的行为。

因素二:财产保险公司是否有依法录入、存档关于交强险的投保及相关车船税缴纳等信息。

因素三:财产保险公司作为扣缴义务人,在该等他人伪造车船税完税凭证案件中是否存在其他方面的明显过错。

针对上述因素一,本案中,个人代理人C系保险代理公司B公司的雇员,与A公司不存在直接的法律关系,且个人代理人C是以个人名义向投保人表明其有能力可减免车船税款的。因此,个人代理人C的行为并不代表A公司,而A公司也不知悉、不参与个人代理人C的违法行为。假设个人代理人C系A公司或A公司关联保险代理公司的雇员,该等劳动关系原则上也不应影响对财产保险公司是否知悉、参与保险代理人伪造车船税完税凭证等违法行为的认定,仍然应结合案件具体事实情况进行认定。

针对上述因素二,本案中,A公司要求个人代理人C协助提供完税凭证及相关信息,且A公司在税务系统上如实录入相关投保及缴税信息,并在A公司内部进行建档留存等管理,实际上是符合车船税法律法规对扣缴义务人的相关规定的。

针对上述因素三,本案中,A公司在内部设立了专门的审核部门,由审核专员依照内部基本程序要求审核个人代理人C提供的投保信息、缴税信息及完税凭证等。不过,个人代理人C进一步提供了其伪造的可在网站上查询到完税信息的录制视频,以及A公司部分审核专员因缺乏专业财税知识而未能敏感地辨别完税凭证的真伪情况等,导致A公司未能及时发现个人代理人C伪造车船完税凭证的情况。在实践中,针对如何判定财产保险公司在该等特殊税务案例中是否存在明显过错的问题,笔者认为,应结合案件实际情况判断财产保险公司是否尽到了一般注意义务,不应以过高标准要求作为扣缴义务人的财产保险公司。因此,在本案中,尽管A公司在审核程序以及审核专员的专业知识方面存在一定的瑕疵或不足,但应判定作为扣缴义务人的A公司已经尽到一般注意义务,不存在明显过错。

综上所述,在扣缴义务人不知悉、不参与伪造车船税完税凭证的行为,并已履行信息申报、保存等义务且不存在明显过错的情况下,鉴于第三人存在伪造车船税凭证牟取非法所得的主观恶意及客观行为等特殊因素对扣缴义务人的判断产生严重干扰和影响,笔者认为,本案中,不应将第三人个人代理人C的违法犯罪行为归咎于扣缴义务人A公司,故不应认定扣缴义务人A公司存在"应收未收"的情形而对其追究相应税收法律责任,即不应按上述观点一处理。

(2)关于认定"已收未缴"情形的分析

《税收征收管理法》第63条第2款规定,扣缴义务人采取该条第1款所列手段,不缴或者少缴已扣、已收税款,由税务机关追缴其不缴或者少缴的税款、滞纳金,并处不缴或者少缴的税款50%以上5倍以下的罚款;构成犯罪的,依法追究刑事责任。

笔者认为,关于是否能够依法认定扣缴义务人属于"已收未缴"的情形,从规范目的的角度,需要关注扣缴义务人是否存在擅自扣留、截留税款后不予缴税的情况,其认定标准实际上会比认定扣缴义务人"应收未收"的情形更为严格。

针对本案中个人代理人C伪造车船税完税凭证的特殊情况,现行税收法律法规同样并未明确相应判定标准。笔者认为,是否能够认定扣缴义务人"已收未缴"的核心考虑因素在于,财产保险公司A公司与伪造车船税完税凭证的个人代理人C的关系,A公司是否知悉、参与个人代理人C伪造车船税完税凭证的行为,以及A公司是否对个人代理人C截留的部分车船税款项具有支配或使用的权利。本案中,个人代理人C从投保人处骗取并截留部分车船税款项后由个人挥霍使用,而A公司既不知悉、不参与伪造车船税完税凭证的行为,也不存在与个人代理人C合谋等情况,A公司自始从未占有前述个人代理人C从投保人收取的部分车船税款,对于个人代理人C截留的部分车船税款项也不存在可以支配或使用的情况。

综上所述,在扣缴义务人不知悉、不参与伪造车船税完税凭证的行为且不存在扣缴义务人实际占有或者可支配或使用相关车船税款项的情况下,笔者认为,本案中,不应将第三人个人代理人 C 截留税款的行为归咎于扣缴义务人 A 公司,不应认定扣缴义务人 A 公司存在“已收未缴”的情形而对其追究相应税收法律责任,即不应按上述观点二处理。

3. 关于纳税人税收法律责任的分析

《税收征收管理法》第 63 条第 1 款规定,纳税人伪造、变造、隐匿、擅自销毁账簿、记账凭证,或者在账簿上多列支出或者不列、少列收入,或者经税务机关通知申报而拒不申报或者进行虚假的纳税申报,不缴或者少缴应纳税款的,是偷税。对纳税人偷税的,由税务机关追缴其不缴或者少缴的税款、滞纳金,并处不缴或者少缴的税款 50% 以上 5 倍以下的罚款;构成犯罪的,依法追究刑事责任。

笔者认为,关于是否认定为上述规定中纳税人偷税的情形,需要从纳税人是否具有偷税的主观故意、是否参与或实施偷税行为并造成税款流失结果等方面予以综合判定。

针对本案中个人代理人 C 伪造车船税完税凭证的特殊情况,笔者认为,本案中,作为纳税人的投保人不知悉、不参与个人代理人 C 伪造车船税凭证的行为,在缺乏基本专业判断的情况下单方面听信了个人代理人 C 的说辞。如果投保人具有一定的税法知识,则可有效辨别个人代理人说辞的可信度,比如,投保人可以通过咨询当地主管税务机关或查询税务系统等方式来确认是否已缴足车船税款,以及投保人根据相关车船税法律法规可以合理判定个人代理人 C 减免部分车船税款的说法并不存在法律依据等。不过,考虑到偷税的认定需要采用较高的标准,包括对行为人有偷税主观故意和偷税客观行为的要件要求等,在实践中,不宜将缺乏车船税专业知识而未尽一般注意义务的投保人认定为偷税主体。笔者认为,除非有直接且充足的证据可以有力证明投保人具有偷税的主观故意且实际参与、实施了偷税的行为(如相关聊天记录明确表示投保人知悉个人代理人 C 伪造车船税完税凭证逃避缴纳税款的行为),否则税务机关在实践中不应认定投保人存在纳税人偷税情形而对其追究相应税收法律责任,即不应按上述观点三处理。

4. 关于保险代理人税收法律责任的分析

从刑事角度出发,个人代理人C势必会因涉嫌诈骗罪等被起诉追究相应刑事法律责任。从税收行政角度出发,能否追究个人代理人C税收法律责任的问题主要在于,税务机关能否适用《税收征收管理法实施细则》第93条“为纳税人、扣缴义务人非法提供银行账户、发票、证明或者其他方便,导致未缴、少缴税款或者骗取国家出口退税款的,税务机关除没收其违法所得外,可以处未缴、少缴或者骗取的税款1倍以下的罚款”的规定。

笔者认为,正如前述关于扣缴义务人、纳税人税收法律责任的分析,若不认定本案中扣缴义务人存在“应收未收”“已收未缴”或纳税人存在偷税的情形,则税务机关难以在此基础上适用《税收征收管理法实施细则》第93条来追究个人代理人C的税收法律责任。这是因为,《税收征收管理法实施细则》第93条的规范主体应当是非法为实施税收违法行为的纳税人与扣缴义务人提供便利的第三人,包括为偷税骗税、虚开发票的纳税人提供协助和便利的第三人等。比如,在郑某偷逃税案中,其经纪人张某为纳税人郑某策划并操作了合同拆分等事宜,以帮助郑某逃避履行纳税义务,国家税务总局上海市税务局第一稽查局正是依据《税收征收管理法实施细则》第93条的规定对经纪人张某处以郑某偷逃税款(人民币4302.7万元)0.75倍的罚款,计人民币3227.0万元。[1] 换言之,只有纳税人和/或扣缴义务人被认定为税收违法主体的情况下,才能考虑对保险代理人C适用《税收征收管理法实施细则》第93条。

综上所述,在本案中,未缴车船税款是个人代理人C出于自身非法截留车船税款的目的伪造车船税完税凭证直接导致的,在无相关直接且充分的证据予以有力证明的基础上,难以认定扣缴义务人存在“应收未收”“已收未缴”的情形和纳税人存在偷税的情形,因此在该种情况下无法相应适用《税收征收管理法实施细则》第93条追究个人代理人C的税收法律责任,即不应按上述观点四处理。

---

〔1〕 参见《上海市税务局第一稽查局有关负责人就依法处罚张恒答记者问》,载国家税务总局上海市税务局官网2021年10月18日,https://shanghai.chinatax.gov.cn/xwdt/swxw/202110/t460555.html。

虽然在本案中,从税务行政处理的角度难以追究始作俑者个人代理人 C 的税收法律责任,但是可以从刑事方面追究个人代理人 C 的刑事法律责任,包括没收违法所得等,这样就可以将个人代理人 C 自行截留使用的部分车船税款项予以追回。而且,前述关于个人代理人 C 税收法律责任的分析结论并不会与防止国家税款流失的行政目标相冲突,税务机关原则上仍然应以作为纳税人的投保人为车船税款的追征对象。

5. 关于追征车船税款的分析

关于税收法律责任的认定和分析也将影响关于追征税款对象的分析,比如,若结合相关案件事实情况已认定扣缴义务人存在"已收未缴"的情形,税务机关则应向扣缴义务人追缴税款,而非以纳税人为追征税款的对象。反之,若认定扣缴义务人不存在"已收未缴"的情形,税务机关应以作为纳税人的投保人为追征税款的对象。

针对本案中个人代理人 C 伪造车船税完税凭证的特殊情况,笔者认为,本案难以认定扣缴义务人 A 公司存在"应收未收""已收未缴"的情形和作为纳税人的投保人存在偷税的情形,未实际缴纳车船税款的结果是个人代理人 C 伪造车船税完税凭证直接导致的,故应由主管税务机关向作为纳税人的投保人追征本案所涉的车船税款。由于本案涉及投保人数量较多,从追征税款方式的角度,笔者认为,一方面,税务机关可考虑直接向投保人追征未缴的车船税款;另一方面,税务机关也可考虑要求财产保险公司 A 公司向投保人补收车船税款。

在实践中,部分税务机关可能出于税收征收管理方便的考虑而采取与本案中 A 公司主管税务机关一样的处理方式,即直接要求财产保险公司 A 公司缴纳各投保人的车船税款。对此笔者认为,该处理方式仅在有直接且充分的证据可以认定扣缴义务人"已收未缴"的情况下才可依法适用,而在本案的事实情况下,扣缴义务人 A 公司不存在"已收未缴"的情况,故主管税务机关依法不应当采取该处理方式。税务机关不得以税收征收管理方便为由,无端损害扣缴义务人的合法权益、无端加重扣缴义务人的经济负担和法律责任,否则税收效率原则的适用将会以牺牲税收法定原则和损害行政相对人合法权益为代价。

四、关于防范及处理伪造车船税完税凭证案件的建议

第三人单方面伪造车船税完税凭证导致作为纳税人的投保人未申报缴纳车船税、作为扣缴义务人的保险机构未申报扣缴车船税,既造成未缴、少缴国家税款的情况,又导致投保人和保险机构存在潜在的税务风险。

鉴于第三人单方面伪造车船税完税凭证给投保人和保险机构带来的负面影响较大,笔者结合在本案中的处理经验,就作为纳税人的投保人、作为扣缴义务人的保险机构如何在实务中防范该种特殊情况,以及税务机关在实务中如何防范及处理该种特殊案件,提出如下处理建议。

(一)投保人应提高税法意识,切实履行依法纳税义务

首先,投保人应清楚认识到自己作为机动车车船税的纳税人,切实履行纳税义务是法定义务。投保人未及时缴纳车船税款的,一方面,其在税务上会面临被税务机关按日加征0.5‰滞纳金的风险,另一方面,其可能面临公安机关交通管理部门因投保人未缴纳车船税而不予办理机动车注册登记和检验合格标志[1]等事项的情况,因此投保人应清楚地认识到依法申报缴纳车船税的重要性。

其次,投保人应清楚认识到,减免车船税仅限于法定情况,并警惕他人以此为噱头推销及诈骗。根据《车船税法》的相关规定,目前减免车船税仅限于节约能源、使用新能源的车船以及严重自然灾害等导致的特殊情况。因此,投保人应谨慎辨别,不得轻信他人关于通过特殊渠道或资源减免车船税的说辞(如本案中个人代理人C向投保人推销的情况)。

最后,投保人还可通过有效途径确认车船税款是否已按时足额缴纳。投保人要掌握车船税一年一缴的特点,在办理交强险业务时,应由保险机构代收代缴车船税的,投保人应确认保险机构开具的交强险保险单和保费发票上注明已

---

〔1〕 部分地方政策已明确该类规定,比如,广东省原地方税务局、广东省公安厅《关于机动车车船税审查工作的公告》(广东省地方税务局　广东省公安厅公告2017年第3号)第1条规定:"一、机动车所有人申请机动车注册登记和检验合格标志的,除不征车船税的机动车外,应当向公安机关交通管理部门提交车船税纳税或免税证明。未能提供的,公安机关交通管理部门不予受理。"

收车船税款的信息并将其作为凭证。投保人还可以通过专门的税务系统[1]予以核实、确认。

(二)保险机构应加强扣缴管理工作,防范税务风险

开展交强险业务的保险机构是车船税的法定扣缴义务人,如未依法履行代收代缴义务,保险机构将被税务机关追究税收法律责任。保险机构其实是连接投保人与主管税务机关的纽带和桥梁,在车船税代扣代缴机制中发挥重要作用。笔者建议,在日常经营管理当中,保险机构可从如下几个方面加强扣缴管理工作以防范税务风险。

1. 保险机构应由专门部门或人员规范审核、处理车船税代收代缴工作

虽然交强险业务未必是保险机构的主要业务板块,但是与交强险业务相关的车船税是税务机关重点关注的高风险领域之一,需要引起保险机构的重视和关注。

保险机构可考虑由专门部门或人员统一审核、处理车船税代收代缴工作,制定内部标准化的审核、执行及管理程序和流程并实际执行及留痕,包括但不限于审核投保人完税凭证或减免税证明、开具代收代缴凭证、申报解缴车船税等工作,从而在制度建设、人员配备、制度执行三个方面有效落实,以防范第三人伪造车船税完税凭证的风险。而且,保险机构还需要注意在实践中加强对专门审核部门或人员的财税培训工作,以确保相关部门或人员具备相应的财税知识,能够及时发现和处理第三人伪造车船税完税凭证的情况。

2. 保险机构应落实代收代缴车船税以及相关信息录入和存档的工作

保险机构在办理交强险业务时,应注意依法代收代缴车船税,不得擅自多收、少收或不收车船税,也不得擅自减免、赠送车船税。保险机构还应查验投保人以前年度的车船税缴纳情况,发现未缴纳车船税的,应当向投保人代收以前年度的未缴税款,并可以按规定加收相应的滞纳金。而且,保险机构还应注意建立并完善关于机动车投保、缴税及其他信息的档案保存及整理工作制度,并

[1] 比如,纳税人可以通过全国车船税缴纳信息联网查询与核验功能查询纳税信息,也可通过地方税务机关的“机动车车船税信息查询系统”查询纳税信息。

如实将相关信息录入交强险系统;这也是税务机关和保险监管部门重点检查的内容。

3. 保险机构应注意防范委托销售情形下的代收代缴税务风险

无论是直接销售还是委托销售交强险产品,保险机构均是法定的车船税扣缴义务人。为防范保险代理人或其他第三人伪造车船税凭证的风险,一方面,保险机构可加强对保险代理机构和人员的宣传和培训,并要求保险代理机构和人员严格配合保险机构的工作,落实代收代缴车船税的工作;[1]另一方面,保险机构要注意对保险代理机构提供的完税凭证和减免税证明予以基本的审查,包括但不限于通过全国车船税缴纳信息联网查询与核验功能或地方机动车车船税信息查询系统进行查询等。

(三)关于税务机关在税收征收管理与税务风险防范方面的建议

车船税是不大的税种,企业和个人未必非常清楚该税种的属性和征管情况。不过车船税与车船主及办理交强险业务的保险机构息息相关,需要注意他人伪造车船税完税凭证对纳税人和扣缴义务人的影响和潜在税收法律风险的问题。笔者认为,税务机关可在税收征收管理与税收风险防范两方面进一步强化落实相关管理及宣传工作,以有效遏制和及时处理伪造车船税完税凭证的违法犯罪行为。

从税收征收管理的角度来看,税务机关在实践中处理与A公司补缴车船税案类似的案件时,应结合案件事实情况,并根据《税收征收管理法》等相关规定,依法认定纳税人是否应承担偷税责任、扣缴义务人是否应承担"应收未收"或"已收未缴"责任。笔者认为,税务机关不应仅以税收征管方便为目的而在无充分证据和理由的情况下追究相关方的税收法律责任,否则将严重损害纳税人和扣缴义务人的合法权益,严重违反税收法定原则。

---

[1] 国家税务总局、原中国保险监督管理委员会《关于机动车车船税代收代缴有关事项的公告》(国家税务总局　中国保险监督管理委员会公告2011年第75号)第2条第14项规定:"保险机构委托保险中介机构销售交强险的,应加强对中介机构的培训,并要求中介机构根据本公告的要求在销售交强险时代收车船税,录入相关信息,保存相关涉税凭证的复印件。保险中介机构应自觉接受税务机关和保险监管部门的检查。"

从税收风险防范的角度来看,税务机关在实践中也需要考虑纳税宣传工作,帮助纳税人切实提高税法意识以履行车船税的纳税义务,并为扣缴义务人如何做好相应的规范管理工作提供建议,以保障扣缴义务人切实履行车船税的代收代缴义务。税务机关也应结合相关案件的处理经验,考虑如何做到防患于未然,协助纳税人和扣缴义务人尽量避免因他人伪造车船税完税凭证导致的风险和麻烦。

甲公司骗取增值税留抵退税案例评析

陈宝元　王海青*

一、前言

为贯彻落实党中央、国务院决策部署，推进增值税实质性减税，支持小微企业和制造业等行业发展，提振市场主体信心，2019 年 3 月 20 日，财政部、国家税务总局、海关总署三部门联合发布了《关于深化增值税改革有关政策的公告》（财政部、税务总局、海关总署公告 2019 年第 39 号，以下简称 39 号公告），并在第 8 条规定，自 2019 年 4 月 1 日起，试行增值税期末留抵税额退税制度。39 号公告的发布，从制度上对增值税期末留抵税额退税进行了确认。

2022 年，财政部、国家税务总局又接连发布四个公告，分别为《关于进一步加大增值税期末留抵退税政策实施力度有关征管事项的公告》（国家税务总局公告 2022 年第 4 号，以下简称 4 号公告）、《关于进一步加大增值税期末留抵退税政策实施力度的公告》（财政部、税务总局公告 2022 年第 14 号，以下简称 14 号公告）、《关于进一步加快增值税期末留抵退税政策实施进度的公告》（财政部、税务总局公告 2022 年第 17 号，以下简称 17 号公告）、《关于扩大全额退还增值税留抵税额政策行业范围的公告》（财政部、税务总局公告 2022 年第 21 号，以下简称 21 号公告）。这四个公告的发布，进一步完善了增值税期末留抵退税制度，加大了增值税期末留抵退税政策实施力度，通过提前返还尚未抵扣的税款，直接为市场主体提供现金流，缓解资金回笼压力，不但有助于提升企业

* 陈宝元，山东齐鲁（青岛）律师事务所主任高级合伙人；王海青，山东齐鲁（青岛）律师事务所高级合伙人，齐鲁财税法律服务中心主任。

发展信心,激发市场主体活力,还能够促进消费投资,支持实体经济高质量发展,推动产业转型升级和结构优化。

形成增值税留抵税额是增值税期末留抵退税的先决条件。那么,什么是增值税留抵税额?增值税实行链条抵扣机制,以纳税人当期销项税额抵扣进项税额后的余额为应纳税额。其中,销项税额是指按照销售额和适用税率计算的增值税额,进项税额是指购进原材料等所负担的增值税额。当进项税额大于销项税额时,未抵扣完的进项税额会形成增值税留抵税额。增值税留抵税额的产生主要是纳税人进项税额和销项税额在时间上不一致造成的,如集中采购原材料和存货、尚未全部实现销售、投资期间没有收入等。

本文将结合增值税留抵退税特点对甲公司骗取增值税留抵退税案进行分析,对其中存在争议的焦点问题进行深入分析,提出辩护思路,以期能够为司法实务中相关案件的审判以及相关制度的制定与完善给予一定建议。

二、主要案情

甲公司成立于2014年5月15日,法定代表人为赵某某,注册资本为300万元,是增值税一般纳税人,经营范围包括销售建筑材料、防水材料、建筑装饰材料、保温材料、五金交电、电子产品、电线电缆、电动工具、机电设备、灯具、门窗、洁具(依法须经批准的项目,经相关部门批准后方可开展经营活动)。乙公司成立于2016年6月30日,法定代表人为李某某,注册资本为200万元,是增值税一般纳税人,经营范围包括:(1)许可项目(依法须经批准的项目,经相关部门批准后方可开展经营活动,具体经营项目以相关部门批准文件或许可证件为准)——道路货物运输(不含危险货物);(2)一般项目——五金产品制造、建筑材料销售、水泥制品销售、机械设备租赁、轮胎销售、非金属矿及制品销售、轻质建筑材料销售、汽车零配件零售。甲公司和乙公司均不存在“五年内因逃避缴纳税款受过刑事处罚或者被税务机关给予二次以上行政处罚”的情形。

甲公司与乙公司是多年的水泥购销生意伙伴,之前甲公司多次从乙公司处购买水泥,每月双方的交易金额为330万元左右,甲公司通过其对公账户支付水泥款给乙公司,乙公司向甲公司开具增值税专用发票。

2019年9月,记账公司实控人王某某给甲公司申请了一次增值税留抵退税,退税款为80万元。2020年年初,甲公司实际控制人赵某某跟乙公司实际控制人李某某提到增值税留抵退税并与李某某商议退税的事情。甲公司实际控制人赵某某提出,由李某某安排乙公司把多余的水泥发票(零星购买水泥的客户不需要的发票)开给甲公司,甲公司向乙公司公户转款,乙公司再通过个人账户把钱转回给赵某某。乙公司实际控制人李某某表示同意,随即安排乙公司向甲公司开具增值税专用发票。

2020年12月至2021年6月,在乙公司实际控制人李某某的安排下,乙公司共向甲公司开具增值税专用发票52份,金额44,398,938.01元,进项税额5,771,861.94元,价税合计50,170,799.95元。乙公司实际控制人李某某将发票通过快递邮寄给记账公司实控人王某某,王某某安排记账公司人员办理退税所需的一些合同,并安排了甲公司与乙公司之间的资金往来(形成资金回流),王某某打印合同并盖章后通过快递邮寄给记账公司办理退税人员。2021年9月,甲公司向税务局申请增值税留抵退税,获得国家税款5,195,267.79元。退税款到账后,甲公司分得退税款约250万元,乙公司分得退税款234万元,记账公司实际控制人王某某分得退税款35万元。

案发后,公安机关以虚开增值税专用发票罪对甲公司实际控制人赵某某、乙公司法定代表人李某某、记账公司实际控制人王某某立案侦查。

三、争议焦点

关于骗取增值税留抵退税行为的定罪,理论界和司法实践中主要有三种观点:一是构成虚开增值税专用发票罪,二是构成逃税罪,三是根据不同情况构成不同罪名。

(一)构成虚开增值税专用发票罪

《刑法》第205条规定:虚开增值税专用发票或者虚开用于骗取出口退税、抵扣税款的其他发票的,处3年以下有期徒刑或者拘役,并处2万元以上20万元以下罚金;虚开的税款数额较大或者有其他严重情节的,处3年以上10年以下有期徒刑,并处5万元以上50万元以下罚金;虚开的税款数额巨大或者有其他特别严重情节的,处10年以上有期徒刑或者无期徒刑,并处5万元以上50万元以下罚金或者没收财产。单位犯该条规定之罪的,对单位判处罚金,并对其直接负责的主管人员和其他直接责任人员,处3年以下有期徒刑或者拘役;虚开的税款数额较大或者有其他严重情节的,处3年以上10年以下有期徒刑;虚开的税款数额巨大或者有其他特别严重情节的,处10年以上有期徒刑或者无期徒刑。虚开增值税专用发票或者虚开用于骗取出口退税、抵扣税款的其他发票,是指有为他人虚开、为自己虚开、让他人为自己虚开、介绍他人虚开行为之一的。

关于虚开增值税专用发票罪的性质与界定,在该罪设立之初,理论界和实务界通说认为其应为"行为犯",后又有"危险犯说""结果犯说""目的犯说"等学说相继涌现。根据2018年12月最高人民法院发布的"人民法院充分发挥职能作用保护产权和企业家合法权益典型案例(第二批)"中的张某强虚开增值税专用发票案的裁判要旨,并结合最高人民法院、最高人民检察院于2024年3月15日联合发布的《关于办理危害税收征管刑事案件适用法律若干问题的解释》(法释〔2024〕4号)可知,目前该罪的性质逐渐倾向于"目的犯说",即犯罪嫌疑人若不具有骗取国家税款的目的且未造成国家税款损失,其行为不构成虚开增值税专用发票罪。

行为人让他人为其开具增值税专用发票,在客观上实施了让他人为自己虚开发票的行为,又在之后利用他人开具的增值税专用发票申请增值税留抵退税并获得退税款,已经造成国家税款损失的,应当推断为其主观上具有骗取国家税款的故意。因此,行为人让他人为自己虚开用于申请退税的增值税专用发票的行为,应当已构成虚开增值税专用发票罪。

(二)构成逃税罪

《刑法》第201条规定,纳税人采取欺骗、隐瞒手段进行虚假纳税申报或者不申报,逃避缴纳税款数额较大并且占应纳税额10%以上的,处3年以下有期徒刑或者拘役,并处罚金;数额巨大并且占应纳税额30%以上的,处3年以上7年以下有期徒刑,并处罚金。扣缴义务人采取前款所列手段,不缴或者少缴已扣、已收税款,数额较大的,依照前款的规定处罚。对多次实施前两款行为,未经处理的,按照累计数额计算。有第1款行为,经税务机关依法下达追缴通知后,补缴应纳税款,缴纳滞纳金,已受行政处罚的,不予追究刑事责任;但是,5年内因逃避缴纳税款受过刑事处罚或者被税务机关给予二次以上行政处罚的除外。

逃税罪主体的三种手段行为分别为:(1)采取欺骗、隐瞒手段进行虚假纳税申报,如采取隐匿账簿、记账凭证,或者报送虚假的纳税申报表、代收代缴或代扣代缴税款报告表、财务报表或者其他纳税申报资料进行虚假纳税申报;(2)不申报,即行为人负有纳税义务、扣缴义务,经税务机关通知申报而不申报的;(3)缴纳税款后,以假报出口或者其他欺骗手段,骗取所缴纳的税款,符合其他要件的。

增值税是链条税,是当期销项税减去进项税的余额;一般来说企业进项税先产生,销项税有滞后性,于是就有当期抵扣不完的进项税余额形成了进项留抵。行为人在具有真实交易的情况下,通过提前开具增值税专用发票的方式虚增进项,骗取增值税留抵退税款,符合逃税罪的构成要件,应当认定为逃税罪。

(三)根据不同情况构成不同罪名

1. 通过虚增进项来骗取增值税留抵退税的,应以虚开增值税专用发票罪追究刑事责任

行为人没有真实经营交易,仅以骗取国家税款为目的,让他人为自己虚开增值税专用发票用以虚增进项,以达到骗取增值税留抵税款的目的,造成国家税款损失较大的,应认定其构成虚开增值税专用发票罪。

2. 通过隐瞒收入或通过关联企业虚开增值税专用发票来骗取增值税留抵退税的,应以逃税罪追究刑事责任

行为人通过隐匿销售收入——以不列、少列收入方式不申报或虚假申报本应缴纳的销项税款,或者在没有真实经营交易的情况下通过上游企业对其进行虚开增值税专用发票进而产生增值税留抵税额进行骗税,符合逃税罪的构成要件,在逃避缴纳税款达到刑事立案追诉标准时,应以逃税罪追究刑事责任。当然,如果行为人符合《刑法》第201条第4款规定的条件,可不予追究刑事责任。

3. 通过其他欺骗手段等来骗取增值税留抵退税的,具体情况具体分析

行为人通过虚假的票据虚构交易、虚开发票转嫁增值税留抵税额来达到骗

取增值税留抵退税目的的，应以虚开增值税专用发票罪追究刑事责任。

行为人利用税收优惠政策、叠加套取多重退税的，如上下游企业恶意串通，由上游企业对下游企业虚开增值税专用发票，下游企业抵扣进项税额后骗取或套取增值税留抵退税，使得上游企业、下游企业套取国家税额，造成国家税款损失，达到刑事追诉标准的，应以虚开增值税专用发票罪追究刑事责任。

之所以理论界和实务界针对骗取增值税留抵退税款的行为会产生不同的定罪观点，主要是因为两种罪名的量刑标准存在较大区别。虚开增值税专用发票罪，情节严重的最高可判无期；而逃税罪，情节严重的最高可判处有期徒刑7年，而且逃税罪还有"首罚不刑"的特殊规定。因此，甲公司及其实际控制人赵某某的行为究竟是构成虚开增值税专用发票罪，还是逃税罪，对于甲公司及赵某某个人来说至关重要。

四、法理评析

如何对甲公司及其实际控制人赵某某的行为进行定性？笔者认为甲公司骗取增值税留抵退税的行为应当认定为逃税罪，因甲公司不存在"五年内因逃避缴纳税款受过刑事处罚或者被税务机关给予二次以上行政处罚"的情形，若经税务机关依法下达追缴通知后，甲公司此次未能补缴应纳税款并缴纳滞纳金、未履行税务机关的处罚决定，则赵某某作为甲公司的实际控制人，应当承担相应刑事责任。具体分析如下。

(一)增值税留抵退税的法律性质分析

要确定增值税留抵退税的法律性质，首先要对增值税留抵税额的性质进行分析。

根据《增值税暂行条例》第4条的规定，纳税人销售货物、劳务、服务、无形资产、不动产，应纳税额为当期销项税额抵扣当期进项税额后的余额。应纳税额计算公式：应纳税额 = 当期销项税额 - 当期进项税额。当期销项税额小于当期进项税额不足抵扣时，其不足部分可以结转下期继续抵扣。再结合增值税的计税原理可以确定，增值税留抵税额的本质仍是进项税额，其实际权益归属人为纳税人。以前，增值税留抵税额只允许结转下期继续抵扣，甚至在企业注销清算时也不予退还。现在,允许企业申请增值税留抵退税,不过无论是退税前还是退税后,增值税留抵税额的性质并不发生改变。

增值税留抵退税虽然名称中含有“退税”二字,但并未减少企业实际缴纳的税款。企业已经缴纳的进项税额实质上是一种垫付。增值税留抵退税退还的并非企业的应纳税额,而是企业本就有权进行抵扣的进项税额。有的增值税留抵退税会存在因不能再抵扣销项,而导致增值税先退后缴的情况。

因此,增值税留抵退税的法律性质,形式上是减税降费背景下的还利于企业的税收优惠,实质上是在修正过去限缩纳税人权利的做法,未在纳税人的实际权益方面产生法律上的实质变化。

(二)虚增增值税留抵税额的手段分析

企业虚增增值税留抵税额,典型的手段一般有四种:一是销售不记账形成增值税留抵税款;二是让他人为自己虚开发票用以虚增进项,进而形成增值税留抵税款;三是违规抵扣进项,暗增增值税留抵税额;四是违规利用税收优惠政策,虚增增值税留抵税额。

1. 销售不记账形成增值税留抵税款,逆增增值税留抵税额

第一,利用销售货物、劳务及服务不开具增值税发票,或红字冲减收入进行虚假申报,是违法企业常用的虚增增值税留抵税额的手段。其主要表现为因纳税义务时间不同,对已发生的业务不开具发票也不进行纳税申报,或者因受票方是自然人不索要发票而不开具发票等。第二,违法企业还经常通过少计销售收入来逆增当期的增值税留抵税额,这主要在房地产、建筑安装等行业出现较多,因项目周期长,未按规定纳税义务时间确认销售收入的情形非常常见,甚至存在销售行为发生并已收款,纳税人却仍按业务往来挂账不结转收入的情况。

2. 通过让他人为自己虚开发票虚增进项形成增值税留抵税款,虚增增值税留抵税额

这种情况的具体做法是通过控制某空壳公司或与其他公司达成交易取得虚开发票,或向与自己企业具有关联关系的下游企业虚开发票,虚增进项税额骗取增值税留抵退税。这种情况往往通过税务稽查部门根据税收大数据筛选的疑点线索发案,或因从其他案件中获得的线索而发案。此类情况往往需要双

方或多方合谋,构成共同犯罪,所得退税款亦多由相关方共同分赃。本文所分析的案例,即为这种情况。

3. 违规抵扣进项,暗增增值税留抵税额

根据《增值税暂行条例》及相关的规定,下列项目的进项税额不得从销项税额中抵扣:(1)用于简易计税方法计税项目,免征增值税项目,集体福利或者个人消费的购进货物、劳务、服务、无形资产和不动产;(2)非正常损失(因管理不善造成货物被盗、丢失、霉烂变质,以及因违反法律法规造成货物或者不动产被依法没收、销毁、拆除的情形)对应的进项税额;(3)购进的贷款服务、餐饮服务、居民日常服务和娱乐服务;(4)纳税人接受贷款服务向贷款方支付的与该笔贷款直接相关的投融资顾问费、手续费、咨询费等费用;(5)纳税人取得的增值税扣税凭证不符合法律、行政法规或者国家税务总局有关规定的。因此,企业在计算应纳税额时应将该部分税额做转出处理。对于不得抵扣的进项,应当转出而未做转出,将使得进项税额增加,从而导致纳税人少缴增值税或者虚增增值税留抵税额。

另外,还有一种情形是,小规模纳税人升级为一般纳税人后,将作为小规模纳税人期间取得的增值税专用发票进行违规抵扣,虚增进项税额从而虚增增值税留抵税额。当然,特殊情形除外,即纳税人自办理税务登记至认定或登记为一般纳税人期间,未取得生产经营收入,未按照销售额和征收率简易计算应纳税额申报缴纳增值税的,其在此期间取得的增值税扣税凭证,可以在认定或登记为一般纳税人后抵扣进项税额。

4. 违规利用税收优惠政策,虚增增值税留抵税额

除上述行为方式外,还有一些企业违规、违法利用税收优惠政策,骗取增值税留抵退税。这些税收优惠政策主要涉及小规模纳税人低税率或免税政策、增值税加计抵减政策、增值税即征即退政策等。如某税务稽查部门查办的A公司骗取增值税留抵退税和偷税案件中,A公司通过注册空壳小规模纳税人企业违规享受低利率或者免征优惠,用以转移销售收入,骗取增值税留抵退税。

(三)甲公司及其实控人赵某某的行为定性

增值税留抵退税,是指企业当期因购进货物所支付的进项税款大于因销售

货物所收取的销项税款时,形成增值税留抵税款。简言之,企业当期应交增值税税款为负数。国家为了鼓励企业发展,不占用企业资金,自2019年4月1日起,对于存在留抵税款的企业,符合条件的,国家会退还留抵部分的税款。增值税留抵退税相关的法律依据主要是前文所述的39号公告、4号公告、14号公告、17号公告和21号公告。根据前述公告,企业形成增值税留抵税款是税务机关办理退税的先决条件。

犯罪的成立需要具备客观方面和主观方面两个要件。刑法的定罪原则经历了从客观归罪到主观归罪,再到主观与客观相统一的演进。从现实的司法审判角度来看,无论是仅凭客观归罪,还是仅凭主观归罪,均不符合法治发展的需要,定罪必须要做到主客观相统一。

1. 甲公司的行为符合逃税罪的客观要件

逃税罪在客观方面表现为纳税人违反国家税收管理法律、法规,采取欺骗、隐瞒的手段进行虚假纳税申报或者不申报,逃避缴纳税款数额较大的行为,或缴纳税款后,以假报出口或者其他欺骗手段,骗取所缴纳税款的行为。扣缴义务人实施上述行为之一,不缴或者少缴已扣、已收税款,数额较大,也构成逃税罪。扣缴义务人书面承诺代纳税人支付税款的,应当认定扣缴义务人"已扣、已收税款"。"违反国家税收管理法律、法规",主要是指违反《税收征收管理法》《企业所得税法》《个人所得税法》《增值税暂行条例》等有关法律法规的规定。

本案中,甲公司形成虚假增值税留抵税款的手段是让乙公司为自己开具增值税专用发票,虚增进项,符合39号公告第8条第7项规定的骗取增值税留抵退税款的情形——以虚增进项、虚假申报或其他欺骗手段,骗取增值税留抵退税款。而对于以虚增进项的手段骗取增值税留抵退税款的行为,39号公告第8条第7项规定,"由税务机关追缴其骗取的退税款,并按照《中华人民共和国税收征收管理法》等有关规定处理"。此外,《税收征收管理法》第63条规定:"纳税人伪造、变造、隐匿、擅自销毁帐簿、记帐凭证,或者在帐簿上多列支出或者不列、少列收入,或者经税务机关通知申报而拒不申报或者进行虚假的纳税申报,不缴或者少缴应纳税款的,是偷税。对纳税人偷税的,由税务机关追缴其不缴或者少缴的税款、滞纳金,并处不缴或者少缴的税款百分之五十以上五倍以下的罚款;构成犯罪的,依法追究刑事责任。扣缴义务人采取前款所列手段,不缴或者少缴已扣、已收税款,由税务机关追缴其不缴或者少缴的税款、滞纳金,并处不缴或者少缴的税款百分之五十以上五倍以下的罚款;构成犯罪的,依法追究刑事责任。”

可见,甲公司骗取增值税留抵退税款的行为,首先受到《税收征收管理法》的制约,由税务机关通过作出相应行政行为追缴退税款并作出相应行政处罚。甲公司的行为符合逃税罪的客观要件。

2. 甲公司具有偷逃税款的主观故意

逃税罪的主观方面应为故意,并且具有逃避缴纳应缴税款的非法获利目的,即明知自己的行为会导致逃避缴纳税款的结果,并且希望或者放任这种结果发生。

如前所述,增值税留抵税额作为企业的一项资产,可以用于下期抵扣增值税销项税额,达到少缴增值税的效果,增值税留抵退税系将未能抵扣的增值税进项税额退给企业,并未改变增值税留抵税额的性质。本案中,甲公司从乙公司取得52份增值税专用发票就是“为了取得增值税留抵退税”,实际上是通过该手段达到少缴增值税款而非法获利的目的,具有偷逃税款的主观故意,与逃税罪的主观方面相符。

综上,认定甲公司骗取增值税留抵退税款的行为构成逃税罪,既符合定罪时主客观统一的原则,也符合罪刑相适应原则。

五、结论与启示

2022年5月17日,国家税务总局、公安部、最高人民检察院、海关总署、中国人民银行、国家外汇管理局联合发布了《关于严厉打击骗取留抵退税违法犯罪行为的通知》,明确把打击骗取增值税留抵退税违法犯罪行为作为当年常态化打击虚开骗税工作的重点,集中力量开展联合打击。严厉打击骗取增值税留抵退税是坚决贯彻落实党中央、国务院重大决策部署的政治要求,也是营造公平公正市场竞争环境的法治要求,更是确保最大限度发挥增值税留抵退税政策红利的必然要求。但是,笔者认为,严厉打击骗取增值税留抵退税更应严格坚持罪刑法定、主客观一致等原则,这也是建设社会主义法治中国的必然要求。

笔者认为,根据39号公告、4号公告、14号公告、17号公告和21号公告及

《刑法》,《税收征收管理法》,最高人民法院、最高人民检察院《关于办理危害税收征管刑事案件适用法律若干问题的解释》,本案中甲公司骗取增值税留抵退税的行为,应以逃税罪定罪量刑,而不宜以虚开增值税专用发票罪定罪量刑。

(一)应坚持主客观一致原则

虚开增值税专用发票罪,是指为了牟取非法经济利益,故意违反国家发票管理规定,虚开增值税专用发票,给国家造成损失的行为。其在客观方面表现为让他人为自己虚开的行为,在主观方面上表现为公司故意实施的犯罪行为,即行为人明知没有购销货物反而让他人为其开内容不真实的发票,具有骗取国家税款的目的。

本案中,甲公司在客观方面实施了提前开具增值税专用发票虚增增值税留抵税额,用以提前取得增值税留抵退税的行为,该行为虽有“退税”之词,但实际上系偷逃税款的行为;甲公司的主观认识是为了提前取得增值税留抵退税,才实施的犯罪行为,而非虚开增值税专用发票用以骗取国家税款。若以虚开增值税专用发票罪给甲公司及其实际控制人赵某某定罪量刑,恐有主客观不一致之嫌。

在实行全面依法治国的新时代,必须严格坚持主客观相一致的定罪原则以减少刑事错案的发生,这也是落实“国家尊重和保障人权”宪法规定的必然要求。

(二)应坚持罪刑相适应原则

罪刑相适应原则,是指刑罚的轻重,应当与犯罪分子所犯罪行和承担的刑事责任相适应,也就是根据罪行的轻重,决定刑罚的轻重。罪重的量刑则重,罪轻的量刑则轻。在刑事立法中应贯彻罪刑相当原则。一方面,这有利于达到协调各种犯罪与刑罚的效果,从而确定刑法打击的重点,起到震慑犯罪的作用;另一方面,这有利于防止刑事审判中畸轻畸重的罪刑失衡现象,在有效惩罚犯罪的同时,维护社会稳定,达到预防犯罪的目的。

笔者认为应尽可能限缩适用虚开增值税专用发票罪的情形,原因如下。

第一,《刑法》对虚开增值税专用发票罪和虚开发票罪规定的量刑标准不一致,立法者认为虚开增值税专用发票的社会危害性要远大于虚开普通发票的社会危害性。增值税专用发票直接承担着征税的职能,而普通发票所承载的消费税、企业所得税等,只具有间接征税的职能。但随着"营改增"后"金税三期"的升级,以及"金税四期"的上线运行,全国税务系统联网,纳税人的开票信息、受票信息均有迹可查,仍将虚开增值税专用发票罪作为虚开发票犯罪的打击重点已逐渐显得不合时宜,应当尽可能限缩适用虚开增值税专用发票罪相关规定。

第二,应与《刑法》第 201 条规定的逃税罪的立法模式相协调。同样都是以偷逃税款为目的,逃税罪的行为人若补缴税款、滞纳金以及履行税务机关的处罚决定,则不被追究刑事责任,因为考虑到保护的法益是保持国家税收秩序稳定、保证国家税收收入。而虚开增值税专用发票罪社会危害性未必就一定大过逃税罪,虚开增值税专用发票罪却没有"补缴不罚"这一规定。其实对于初次犯罪的行为人,若其能够积极退赃退赔,补缴国家税收收入,同时积极认罪认罚,认识到行为的违法性,可以对其酌情减轻处罚。限缩适用虚开增值税专用发票罪相关规定,应保持虚开增值税专用发票罪与逃税罪在量刑方面的一致性,充分考虑其立法宗旨与目的。

(三)应加强行政机关(税务机关)的检查干预性与前置性

随着互联网科技的日益发达,税务机关能够运用的检查手段也日益多样化,物联网、云计算、大数据等为检测虚假申报增值税留抵退税提供了依据。随着"金税四期"的上线运行,各地税务机关应该进一步加强税务系统可疑数据的甄别,对于可疑申报等交易进行提醒,加强对空壳公司、新成立公司以及关联公司的申报甄别。同时,各地税务机关应当开展定期检查,成立专项检查小组,每一季度对申报大额税款和可疑交易的企业进行摸排,对企业记账凭证、银行流水等进行检查、调查,及时阻止企业骗取增值税留抵退税的行为。各地税务局一旦发现企业有骗取增值税留抵退税的违法行为,可及时与企业进行沟通,要求其主动补缴相应税款;对于不主动补缴或未全额补缴的企业,通过作出税务具体行政行为来追缴税款,并依法对其作出相应的行政处罚。

如果能够通过行政机关(税务机关)作出相关行政行为纠正企业违法行为,就应当首先由税务机关对税收违法行为进行规制和处罚。税务机关应进一步加强对企业纳税额、申报额的监管,加强行政机关的担当作为。行政机关的有效监管能够大大减轻司法机关的负担,提高国家税收归拢的效率,保障国家税收秩序。

某建设公司取得虚开发票定性偷税行政复议案例评析

刘 兵 梁静雲*

一、前言

税收是国家组织财政收入的基本形式，是财政收入重要的来源，因此对税收违法行为特别是涉税、涉票违法行为的打击一直受税务机关的重视。

2018 年 8 月 22 日，国家税务总局和公安部、海关总署、中国人民银行决定自 2018 年 8 月至 2020 年 8 月，联合开展打击虚开增值税发票、骗取出口退税违法犯罪专项行动。2021 年 3 月，中共中央办公厅、国务院办公厅印发《关于进一步深化税收征管改革的意见》；同年，在四部门专项打击行动的基础上，最高人民检察院、国家外汇管理局正式加入打击虚开骗税工作机制，拓展为六部门联合打击工作机制，集部门共治之力，对危害社会经济税收秩序、危害国家税收安全的虚开骗税违法犯罪行为，共同开展常态化精准打击。

2023 年 7 月 3 日，国家税务总局、公安部、最高人民检察院、最高人民法院、海关总署、中国人民银行、国家外汇管理局在北京召开全国七部门联合打击涉税违法犯罪工作推进会议。2024 年 2 月 27 日，国家市场监督管理总局参加联合打击涉税违法犯罪工作推进会议；自此，八部门常态化联合打击涉税违法犯罪行动部门协作更加密切、打击力度更加精准、打击效率有效提高。

---

* 刘兵，甘肃省律师协会财税专业委员会主任、兰州市律师协会财税专业委员会主任、北京市盈科（兰州）律师事务所财税法律事务部主任；梁静雲，甘肃省律师协会财税专业委员会秘书长、甘肃王力律师事务所律师。

本文讨论的案例中,CH 建设公司经国家税务总局 G 市稽查局(以下简称 G 市稽查局)稽查,被认定利用虚开的增值税专用发票虚抵进项税、虚列成本,造成少缴税款的后果,构成偷税,被处以罚款。税企双方对事实的认定、证据与待证事实的关联、稽查程序合法性、行为的定性等产生争议。

二、案情简介

(一)基本案件背景

CH 建设公司主要承接建设工程施工,建筑智能化工程施工,输电、供电、受电电力设施的安装、维修和试验等工程施工。2018 年,其先后与中交×航局安装工程有限公司、中交第×航务工程局有限公司、中交×航局西南工程有限公司、中交×航局第三工程有限公司、中交×航局第五工程有限公司就多条高速公路路基建设、污水网延伸、堆场改造等项目签订分包合同。

合同签订后,CH 建设公司即展开施工工作,与 JR 建设有限公司、H 物流有限公司、JZ 石化有限公司、LN 建材贸易有限公司、R 建筑劳务分包有限公司、QL 胶合板厂、D 石油化工有限公司 7 家上游企业签订合同,向 7 家上游企业采购了装载机租赁、货物运输、柴油、板材等服务和货物,同时采购了劳务,以保障施工顺利进行。

(二)涉税案件发生

2022 年 5 月至 2023 年 5 月,G 市稽查局对 CH 建设公司 2018 年 1 月 1 日至 2021 年 1 月 31 日的涉税情况进行检查。通过调取、分析 CH 建设公司相关个人及公司银行账户的流水明细,公司提供的总账、明细账及有关记账凭证、合同等资料,检查组外调取得的证据材料,公司提供的发票清单,检查组从增值税发票电子底账系统取得的增值税专用发票抵扣情况表,相关人员言证等这 6 组证据,G 市稽查局认为 CH 建设公司与 JR 建设有限公司、H 物流有限公司、JZ 石化有限公司等 7 家上游企业之间没有真实货物(或劳务)交易,通过虚假支付款项的方式取得这 7 家上游企业开具的增值税专用发票 391 份,金额合计 66,325,490.26 元,税额合计 7,863,217.27 元,价税合计 74,188.707.53 元。2023 年 5 月 15 日,G 市稽查局作出《税务行政处罚事项告知书》,告知 CH 建设公司拟根据《税收征收管理法》第63条第1款[1]之规定对其以虚假方式取得的增值税专用发票违规向税务机关申报抵扣增值税进项税,造成少缴税款8,413,642.48元(其中增值税7,863,217.27元、城市维护建设税550,425.21元)的行为处以少缴税款金额1倍的罚款。

《税务行政处罚事项告知书》送达后,CH建设公司申请听证;G市稽查局按照规定组织了听证,税企双方在听证会上对本案充分发表各自观点。

听证结束后,G市稽查局于2023年8月22日作出《税务处理决定书》,要求CH建设公司补缴以虚假方式取得的增值税专用发票违规向税务机关申报抵扣增值税进项税造成的少申报缴纳增值税7,863,217.27元、城市维护建设税550,425.21元、企业所得税13,498,816.56元及教育费附加等。同日,G市稽查局作出《税务行政处罚决定书》,根据《税收征收管理法》第63条第1款之规定,对CH建设公司处以少缴税款金额1倍的罚款。

CH建设公司对《税务处理决定书》《税务行政处罚决定书》的认定、处理、处罚均不服,于2023年9月8日向国家税务总局X省税务局(以下简称X省税务局)对《税务行政处罚决定书》申请行政复议,X省税务局于2023年9月13日作出《受理行政复议申请通知书》。经X省税务局审理,CH建设公司撤回复议申请,G市稽查局主动撤销《税务处理决定书》《税务行政处罚决定书》。

(三)复议申请人(CH建设公司)观点及理由

申请人认为G市稽查局依据其掌握的6组证据,不能得出CH建设公司与7家上游企业没有实际业务的结论,其作出的《税务行政处罚决定书》认定事实不清、证据不足。而且,G市稽查局在作出处罚决定前未依法告知纳税人有申请听证的权利、未经审批延长检查期限,违反了法定程序。G市稽查局提交的证据中没有听证报告,同样违反程序要求。G市稽查局未依法定程序、未依法

[1] 《税收征收管理法》第63条第1款规定:"纳税人伪造、变造、隐匿、擅自销毁帐簿、记帐凭证,或者在帐簿上多列支出或者不列、少列收入,或者经税务机关通知申报而拒不申报或者进行虚假的纳税申报,不缴或者少缴应纳税款的,是偷税。对纳税人偷税的,由税务机关追缴其不缴或者少缴的税款、滞纳金,并处不缴或者少缴的税款百分之五十以上五倍以下的罚款;构成犯罪的,依法追究刑事责任。"

行政,最终依据不充分的证据得出CH建设公司偷税的定性结论,当然错误。其作出的处理、处罚决定书应予撤销。

(四)被申请人(国家税务总局G市税务局)观点及理由

被申请人收到行政复议申请书副本后,在法定期限内提交了书面答复:(1)本案经过重大税务案件审理委员会审理,程序合法;(2)本案自2022年5月16日开始检查,经过两次延期;(3)G市稽查局在2023年5月22日告知听证,6月29日组织听证;(4)2023年7月7日至8月22日为提请重大案审期间;(5)本案事实清楚、证据确实充分;(6)根据《税收征收管理法》第63条第1款对CH建设公司进行行政处罚并无不当。

(五)复议过程及结果

X省税务局受理行政复议后,积极配合申请人及代理律师阅卷的需求,安排时间、准备场所、由专门人员负责接洽查阅案卷事宜,并在复议期间,多次与申请人、代理律师沟通,及时向申请人、被申请人告知案件审理进展,对审理过程中发现的问题,给予申请人、被申请人陈述答复的合理时间,从实质上全面对本案进行审理,最终达到税企和谐的结果。G市稽查局于2023年12月25日撤销了作出的《税务处理决定书》《税务行政处罚决定书》,CH建设公司也撤回了税务行政复议申请,行政复议就此终结。

三、法理评析

本案税企之间的争议主要围绕三点展开:(1)程序上,G市稽查局有没有保障CH建设公司的听证权利,有没有根据法定程序延长检查期限等;(2)实体上,G市稽查局现有证据是否能否定CH建设公司与7家上游企业之间存在真实的业务关系;(3)定性上,G市稽查局现有证据能否确实、充分地认定CH建设公司构成偷税的违法行为。

(一)关于G市稽查局是否有程序违法问题

税收事项关乎纳税人的核心财产权,涉及公共财产权与私人财产权之间的博弈与平衡，特别需要遵循正当程序原则。正当程序原则，是指行政机关在作出影响行政相对人权益的行政行为时，必须遵循正当法律程序，包括事先告知行政相对人相关权利义务、向相对人说明行为的根据和理由、听取相对人的陈述和申辩、事后为相对人提供相应的救济途径等内容。[1] 本案中，CH 建设公司代理人在查阅复议机关提供的全部案卷后，提出 G 市稽查局在稽查程序中存在的以下程序问题。

1. 在作出处罚决定前未依法告知听证

本案系重大税务案件，重大税务案件的审理程序是，由稽查局先行检查、内部审理；在完成内部审理后，提请重大税务案件审理委员会审理，此时根据《重大税务案件审理办法》第 15 条的规定，稽查局应提交听证材料；经重大税务案件审理委员会审理并作出审理意见书后，稽查局再根据审理意见书制作处理、处罚决定书等。在这个程序中，申请人有两次申请听证的权利，一是根据《重大税务案件审理办法》第 14 条第 2 款[2]享有的申请听证权利，即在提请重大案审前有一次听证权利；二是根据《行政处罚法》第 44 条[3]，行政机关在作出行政处罚决定前，需告知申请人其依法享有听证的权利。

本案中，G 市稽查局仅于重大案审前的 2023 年 6 月 29 日组织听证，也就是说，本案中进行过的听证不是《行政处罚法》中的听证，而是稽查局对重大税务案件内部审理程序中的听证，是根据《重大税务案件审理办法》第 15 条的要求，在提请重大税务案件审理委员会审理案件时，应当一并提交听证材料指向的听证。

G 市稽查局于 2023 年 7 月 7 日至 8 月 22 日将案件提请重大税务案件审理委员会审理，并于重大案审终结当日由 G 市稽查局根据《审理意见》制作处理、处罚决定书。但根据《行政处罚法》第 44 条之规定，在作出税务行政处罚决定书前，应告知当事人拟作出的行政处罚内容及事实、理由、依据，并告知当事人

[1] 参见熊伟主编：《税法解释与判例评注》(第 12 卷)，法律出版社 2019 年版，第 232 页。

[2] 《重大税务案件审理办法》第 14 条第 2 款规定："当事人按照法律、法规、规章有关规定要求听证的，由稽查局组织听证。"

[3] 《行政处罚法》第 44 条规定："行政机关在作出行政处罚决定之前，应当告知当事人拟作出的行政处罚内容及事实、理由、依据，并告知当事人依法享有的陈述、申辩、要求听证等权利。"

依法享有的陈述、申辩、要求听证等权利。显然,G 市稽查局在作出案涉《税务行政处罚决定书》之前未依法告知 CH 建设公司上述条款规定的内容,违反法定程序,剥夺了 CH 建设公司及时救济的权利。

在听证问题上,税务机关认为已经过一次听证,税企双方已充分陈述申辩、举证质证,而且最终作出的《税务处理决定书》《税务行政处罚决定书》与重大案审前的《税务行政处罚事项告知书》内容相似,没有再进行一次听证的必要。CH 建设公司及代理人则认为两次听证处于税务稽查中的不同环节,适用不同依据,对纳税人权利义务产生影响的迫切性均不同,而且不能因为没有新的证据、审理意见没有使文书发生变化就剥夺纳税人法定的陈述申辩权利。

2. G 市稽查局未出示延长检查时限审批材料,应认定其违反法定程序

本案从 2022 年 5 月 16 日开始检查,按照被申请人的答复,在检查期间经过两次延期审理。根据《税务稽查案件办理程序规定》第 47 条[1]之规定,经税务局局长批准,可以延长检查期限,即未经税务局局长批准则需要在法定检查期限内办结。本案代理人查阅到的案卷有 13 卷,案件立案、检查、内部审理、重大税务案件审理等阶段的审批文书均未在案卷中,尽管代理人申请 G 市稽查局提交全部材料,但终未能查阅相关内容。代理人认为,行政案卷不应仅限于实体部分,其程序方面的案卷也应在被查阅之列,因为税法的适用原则规定了程序优先原则,行政机关的执法程序也应受监督。

经与税务机关确认,税务机关口头回复内部审批流转材料作为副卷不予出

---

〔1〕《税务稽查案件办理程序规定》(国家税务总局令第 52 号)第 47 条规定:"稽查局应当自立案之日起 90 日内作出行政处理、处罚决定或者无税收违法行为结论。案情复杂需要延期的,经税务局局长批准,可以延长不超过 90 日;特殊情况或者发生不可抗力需要继续延期的,应当经上一级税务局分管副局长批准,并确定合理的延长期限。但下列时间不计算在内:(一)中止检查的时间;(二)请示上级机关或者征求有权机关意见的时间;(三)提请重大税务案件审理的时间;(四)因其他方式无法送达,公告送达文书的时间;(五)组织听证的时间;(六)纳税人、扣缴义务人超期提供资料的时间;(七)移送司法机关后,税务机关需根据司法文书决定是否处罚的案件,从司法机关接受移送到司法文书生效的时间。"

示,程序均合法有效。《税务稽查案卷管理暂行办法》第13条第1款[1]规定了正卷和副卷的组成,税务机关实施检查、调取证据审批程序的文书等,均属于可以对外公开的相关审批文书,而税务机关不予出示。参照最高人民法院《关于民事诉讼证据的若干规定》第95条[2]之规定,应认定G市稽查局无证据证明其延长检查期限符合法定程序,应认定其超期检查,违反法定程序。

3. G市稽查局提交的证据中没有听证报告,违反程序

《全国税务稽查规范(1.0版)》"税务行政处罚听证"部分要求,听证会结束后,听证主持人应当将听证情况和处理意见形成听证报告,连同《听证笔录》等资料向税务局稽查局局长报告。经过集体审理的,应当向税务局稽查局集体审理委员会办公室提交听证材料;经过重大税务案件审理的,税务局稽查局还应当向所属税务局重大税务案件审理委员会办公室提交听证材料。《税务行政处罚听证程序实施办法(试行)》第19条[3]也规定了听证主持人的报告职责。

本案重大案审前听证时,CH建设公司及代理人对调查人员出示的证据进行质证,并发表了意见,对与7家上游企业的业务一一予以回应;这些意见与调查人员的意见均应由听证主持人汇总,形成听证报告,向税务局稽查局报告,并连同其他听证材料一并提交至重大税务案件审理委员会。本案在案案卷中没有听证报告,缺少听证主持人对听证情况和处理意见的报告,对于听证中CH建设公司及其代理人认为有异议、证据不足之处等直接影响案件的听证内容,未能全面、直观地向重大税务案件审理委员会呈现,影响重大案审委员会对案件的整体判断,导致其在此基础上作出不全面的审理意见,最终导致G市稽查

---

[1] 《税务稽查案卷管理暂行办法》第13条第1款规定:"装订成册的立案查处类税务稽查案卷有不宜对外公开内容的,应当分为正卷、副卷。正卷主要列入各类证据材料、税收执法文书正本以及可以对外公开的相关审批文书等证明定性处理处罚合法性、合理性的文件材料。副卷主要列入检举相关材料、案件讨论记录、法定秘密材料、结论性文书原稿、审批稿以及不宜对外公开的税务稽查报告、税务稽查审理报告等内部管理文书、对案件最终定性处理处罚不具有直接影响但反映税务稽查执法过程的文件材料。"

[2] 最高人民法院《关于民事诉讼证据的若干规定》(法释〔2019〕19号)第95条规定:"一方当事人控制证据无正当理由拒不提交,对待证事实负有举证责任的当事人主张该证据的内容不利于控制人的,人民法院可以认定该主张成立。"

[3] 《税务行政处罚听证程序实施办法(试行)》(国税发〔1996〕190号)第19条规定:"听证结束后,听证主持人应当将听证情况和处理意见报告税务机关负责人。"

局作出错误的处理、处罚决定。

税收程序是由税务机关管理操作,并由纳税人、扣缴义务人、纳税担保人等当事人参与的运行程序。税务机关在税收征收程序中应当遵守法定程序,纳税人、扣缴义务人也应当遵守法定程序。税法是公法、是强制性法律,因此,在税收程序中,基于税收债权的公益性、非直接对待给付性以及无偿强制性的特征,国家征税权力的运行程序在税收程序中必然居于主导地位、强势地位,但税务机关与纳税人、扣缴义务人在税收程序中的法律地位却是平等的。税务机关在依据税法主动启动和推进税收程序的过程中,应当认真实行税收程序参与原则,为纳税人参加税收程序创造机会和条件,使税务机关和纳税人之间形成良性、和谐的互动关系,以便有成效地促使税收程序的依法实现,从而保障国家税收的及时、足额入库。[1]

(二)关于现有证据是否能否定CH建设公司与7家上游企业之间存在真实的业务关系

G市稽查局在《税务行政处罚决定书》中列举的证据有:(1)相关个人及公司银行账户的流水明细,即CH建设公司法定代表人、法定代表人朋友与7家上游企业之间资金往来的银行流水及G市稽查局计算的回流比例;(2)CH建设公司提供的总账、明细账及有关记账凭证、合同等资料,即CH建设公司与7家上游企业之间的原始凭证、记账凭证等财务资料;(3)检查组外调取得的证据材料,即G市稽查局向N市、Y市、M市等地稽查局发出的协查资料,JR建设有限公司在其与上游企业的交易中存在接受虚开行为的刑事判决及7家上游企业中部分上游企业出具的情况说明等;(4)CH建设公司提供的发票清单,即CH建设公司取得的7家上游企业的发票;(5)检查组从增值税发票电子底账系统取得的增值税专用发票抵扣情况表,即CH建设公司取得发票的抵扣情况;(6)相关人员证言等,即部分人员对业务开展的陈述。

对上述6组证据进行分析后,CH建设公司认为现有证据未能查清事实,不能据此认定其通过虚开方式取得发票。

---

〔1〕 参见刘兵:《税收程序法概论》,兰州大学出版社2011年版,第4-5页。

1. 银行流水及计算的回流比例不能认定为虚开的充分条件

G 市稽查局虽然调取了相关人员及企业的银行流水明细，但并未对银行流水中涉及的所有人员进行询问，制作询问（调查）笔录；已经询问过的人员对资金流没有讲清楚用途、性质。CH 建设公司与 7 户上游企业均有合同及结算凭证、付款单据，G 市稽查局认定的回流情况，仅是相近日期多笔资金相加后，与 CH 建设公司转出资金的比对，对回流款是否为同一货款、租赁款项等并未查清。G 市稽查局所调取的银行流水只能体现资金的流动金额、流向，而流动的原因、“资金回流”均是 G 市稽查局的主观猜测。

作为市场主体，企业的生产经营活动离不开资金流转。换句话讲，企业的生产经营离不开资金运动，有资金运动就有资金链条。税务机关要查清被检查对象的增值税涉票行为，就必须检查其与增值税专用发票有关的资金链条。税务机关进行增值税专用发票检查往往把资金链条的检查作为重中之重，其原因是税务机关认为被检查对象的增值税发票资金链条证据，是涉票行为定性、移送公安机关处理最直接、最有力、最关键的证据。但是，存在资金问题不一定就意味着存在增值税专用发票的虚开问题。在经济交往中，资金的运用是多方面的，如何运用是民商法层面的事，是运用人的意思自治行为。[1] 资金交易明细是从银行等金融机构调取的，属于证据种类中的书证，但仅能客观反映交易双方存在资金流转，无法直接证明存在资金回流，侦查机关亦应充分了解交易方资金流转是否有合理正当理由，并辅以其他证据以排除合理怀疑。[2]

本案中，G 市稽查局调取了资金交易明细，制作了往来资金汇总表，测算出“资金回流”比例。但并没有其他证据辅以证明资金交易明细中显示的“资金往来”就是为了虚开增值税专用发票而虚构的，也没有任何相关人员的笔录可以证明该“资金往来”是“资金回流”，因此，G 市稽查局调取的银行流水及计算的回流比例并不能否定 CH 建设公司与 7 家上游企业之间真实业务。

---

〔1〕 参见刘兵等编著：《增值税专用发票打虚打骗案例解析与法律风险防控》，立信会计出版社 2020 年版，第 161 页。

〔2〕 参见王晓辉、葛似兰：《虚开增值税专用发票犯罪中资金回流问题研究》，载《法制博览》2022 年第 2 期。

2. 本案涉税业务的总账、明细账及有关记账凭证、合同等资料不能证明 CH 建设公司取得的发票系虚开发票

该组证据详细列明了 CH 建设公司与 7 家上游企业之间业务合同、结算、付款等原始资料,同时证实了 CH 建设公司在 2018 年至 2020 年确实有大量的工程项目,对装载机、柴油、工程材料等有对应的需求。G 市稽查局并没有对合同真伪、结算票据真伪等提出相反意见,也没有提出相反的证据,仅是列出 CH 建设公司在业务中取得的原始凭证、制作的记账凭证,不能证明 CH 建设公司取得的 7 家上游企业的发票为虚开发票。

3. 检查组外调取得的证据材料不能证明 CH 建设公司取得虚开发票

G 市稽查局向 N 市、Y 市、M 市等地稽查局发出协查函,但是并没有得到对方稽查局的答复。根据《税收违法案件发票协查管理办法(试行)》第 10 条[1]的规定,G 市稽查局应根据受托方的回函对 CH 建设公司进行查处,在没有收到受托方对 CH 建设公司与 7 家上游企业之间业务情况的回复,上游 7 家公司向 CH 建设公司开具发票的行为也并未被任何税务机关认定为虚开的情况下,G 市稽查局不能无视部分上游企业出具的有真实业务的情况说明,仅通过主观臆断资金存在回流,认定 CH 建设公司存在虚开违法行为。

在该组外调证据中,检查组还调取到大量 JR 建设有限公司接受虚开的证据,但是这些证据中,不论是税务机关的处理决定书还是人民法院的司法裁判文书,都仅能证明 JR 建设有限公司在与上游企业的交易中存在接受虚开的行为,并不能就此认为 JR 建设有限公司与下游 CH 建设公司之间的业务也是虚假的,不能排除 JR 建设有限公司确实向 CH 建设公司出租装载机的可能性。

4. CH 建设公司取得 7 家上游企业的发票并抵扣只是客观表现,不能据此认定虚开

发票作为商事凭证和虚开行为的必备载体,是载明销货方纳税义务、购买方进项税额的合法证明,是受票方纳税人认证申报进项税额和企业所得税税前扣除的重要凭证。发票流是生产、经营活动的真实性、关联性、流转逻辑性的表

---

[1] 《税收违法案件发票协查管理办法(试行)》(税总发〔2013〕66 号)第 10 条规定:“委托方收到协查回函后,根据协查回函信息依法对被查对象进行查处。”

现形式,对发票流的检查在虚开发票案件查处中是基础环节。

本案中的发票系从税务机关领取并开具的,票面信息符合进销双方的经营范围,且有对应的合同、结算单、付款单,发票的流转符合商事业务的逻辑。根据G市稽查局取得的该部分证据,并不能得出CH建设公司取得虚开发票的结论。

5. 相关人员证言没有对业务不真实的表述,不能证明CH建设公司取得虚开的发票

无论是资金明细、财务资料、合同还是发票,这些都是书证。书证是“死”的,是不能“开口说话”的,税务机关要想找到被检查对象涉票行为的主观故意,就必须进行询问,就必须“让活人说话”。[1] 本案G市稽查局对CH建设公司法定代表人、资金往来中涉及的部分个人做了询问(调查)笔录,但是所有笔录中,没有任何一位被询问人认为CH建设公司与7家上游企业之间没有真实业务往来,且G市稽查局也没有对全部相关人员调查取证。另外,案卷显示LN建材贸易有限公司已经注销,即已无法从上游方向调取CH建设公司与其之间的业务情况,而G市稽查局仍认定CH建设公司与LN建材贸易有限公司之间无真实业务,证据不足。

(三)关于现有证据能否将CH建设公司取得7家上游企业发票进行抵扣的行为定性为偷税

G市稽查局认为,CH建设公司以虚假方式取得增值税专用发票,并违规向税务机关申报抵扣增值税进项税额,造成少缴税款的行为,是《税收征收管理法》第63条第1款规定的偷税行为。

依据国家税务总局办公厅《关于呼和浩特市昌隆食品有限公司有关涉税行为定性问题的复函》(国税办函〔2007〕513号)、国家税务总局《关于税务检查期间补正申报补缴税款是否影响偷税行为定性有关问题的批复》(税总函〔2013〕196号)、国家税务总局《关于北京聚菱燕塑料有限公司偷税案件复核意见的批

---

〔1〕 参见刘兵等编著:《增值税专用发票打虚打骗案例解析与法律风险防控》,立信会计出版社2020年版,第160页。

复》(税总函〔2016〕274号)的规定,在偷税的认定过程中,对主观偷税故意必须查清并有证据证明。

本案中,CH建设公司有实际的施工项目,并进行了实际的租赁、购买等活动,G市稽查局在没有CH建设公司具有偷税主观故意的证据,也没有CH建设公司符合国家税务总局《关于纳税人取得虚开的增值税专用发票处理问题的通知》(国税发〔1997〕134号)规定的为了抵扣税款虚开发票的行为要件相关证据的情况下,认定CH建设公司构成偷税,定性错误。

在北京中油国门油料销售有限公司诉北京市顺义区国家税务局行政处罚案〔1〕中,北京市高级人民法院认为,"根据《税收征管法》第六十三条第一款……所列举的情形看,当事人的主观方面系认定偷税行为的必要构成要件。行政机关以构成偷税行为为由对当事人作出行政处罚,应当对当事人不缴或者少缴应纳税款的主观方面进行调查认定,并在当事人提起行政诉讼后就此承担举证责任。本案中,顺义国税局没有就中油国门公司少缴应纳税款的主观方面进行调查和认定,在诉讼过程中也没有就此提交相应证据。一审判决认为中油国门公司'提交的证据不能证明其不明知三方没有真实货物交易',在行政诉讼举证责任分配上存有错误;二审判决的认定建立在'对中油国门公司所持其不具有主观过错的主张不予支持'的基础上,存在混淆民事法律关系中'主观过错'与行政法律关系中主观故意的问题"。

同样,G市稽查局认定CH建设公司偷税的证据中,并没有对主观方面调查和认定的证据。因此,G市稽查局以现有证据认定CH建设公司偷税,证据不足、定性错误。

对企业是否存在虚开发票的偷税违法行为进行检查时,税务机关应通过比对、分析合同流、发票流、资金流、货物流、生产经营情况、业务链上下游等方式进行检查。对任何一组证据的忽视、未调取都有可能导致最终违法事实无法查清、定性不准确。

四、结论与启示

类似的涉税案件并不少见,解决该类问题、减少税企争议、促进税企和谐,

---

〔1〕 参见北京市高级人民法院行政判决书,(2017)京行申1402号。

离不开征纳双方的共同努力。将涉税风险应对提前到纳税人日常生产经营中、税务机关税务稽查过程中，更有利于税收征纳环境的长久、健康发展。

（一）提升税务机关执法能力

1. 完善执法程序，严格依法行政

游伟、王崇鑫曾在中国裁判文书网以“行政案件＋行政案由＋行政主体＋税务行政管理＋2010年～2021年”为关键词进行高级检索，共检索到1441份行政判决书；剔除重复与不相关案件，共得到1357份有效的行政判决书，其中涉及税务机关败诉的行政判决书共有238份。在238份税务机关败诉的行政判决书中，税务机关因程序违法败诉的数量最多，共有114份。[1] 程序违法成为税务执法风险的主要来源，主要集中在税款征收、税务处罚、税收强制执行等领域，具体表现为以下四个方面。第一，权利告知程序存在瑕疵。这类情形多是税务机关未告知行政相对人具有相应的救济权利，或者虽有告知但告知有误。比如，在信阳九安昌平置业有限公司诉国家税务总局信阳市平桥区税务局案中，税务机关在作出税务行政处理时，既未告知行政相对人违法行为事实、证据及处理的法律依据，也未告知行政相对人享有陈述、申辩及要求听证等权利，构成了程序违法。第二，听证程序存在瑕疵。实践中，税务机关应组织听证而未组织的情况较为常见，同时还存在虽然组织了听证但听证过程中又存在程序违法的情况。比如，在四川省国惠置业有限公司诉国家税务总局广汉市税务局案中，稽查局指定了听证主持人，但该听证主持人是该案的调查人员，违反了《行政处罚法》第64条第4项关于“听证由行政机关指定的非本案调查人员主持”的规定。第三，重大税务案件不进行集体审理。《重大税务案件审理办法》要求税务机关在遇到重大税务案件时要集体审理，然而实践中有些税务机关在作出重大税务行政处罚时并未执行到位。比如，在中阳县康民食品有限责任公司诉山西省中阳县地方税务局案中，税务机关在行政相对人行使听证权利并举行听证会后，未遵循《行政处罚法》第57条第2款关于“对情节复杂或者重大违

---

[1] 游伟、王崇鑫：《我国税务执法风险的成因及防范——基于238份税务机关败诉行政判决书的分析》，载《税务研究》2022年第8期。

法行为给予行政处罚,行政机关负责人应当集体讨论决定"的规定,便径行作出行政处罚决定,被法院判定为程序违法。第四,文书制作和送达程序存在瑕疵。这类情形主要是税务机关未制作相关文书、文书制作错误以及文书送达超期,比如,在台安县红兴粮食经销站诉国家税务总局鞍山市税务局第二稽查局案中,税务机关作出的处罚告知书及处罚决定书均采取的是公告送达的方式,但其提供的程序证据不能证明对行政相对人送达税务文书符合公告送达的情形。[1]

因此,规范税务机关执法程序、提升执法水平、完善执法流程、保障执法安全,既是对税务机关执法风险的有效防控,也有利于切实做到维护纳税人合法权益、保障国家税收安全。

2. 提升收集固定证据的能力

一个税务稽查案件能否经得起税务听证、税务行政复议、税务行政诉讼的"考验",除取决于该案件的过程是否具有合法性、合理性、程序正当外,很大程度上还取决于证据是否确凿。而证据是否确凿就取决于是否依法收集固定了证据。税务稽查实践中,部分税务稽查人员不注意收集固定证据,或者收集的证据不符合案件要求,白费了力气,导致税务稽查案件经不起"考验",出现风险。[2]

税务机关在收集固定证据时,应围绕合法性、真实性、关联性收集固定,以终为始,按行政复议、行政诉讼中的证据要求,并严格按照《全国税务稽查规范》中关于证据收集固定的程序进行。例如,国家税务总局某税务局第一稽查局在收集电子数据时,未根据《全国税务稽查规范(1.2版)》检查电子信息系统业务的规定进行备份、封存,也未经被检查对象确认、未制作《现场笔录》,最终导致作出的"两书"被撤销,进而导致行政执法出现"返工"。

3. 提升分析证据的能力

在依法依规收集固定证据的基础上,税务稽查人员须坚持实事求是原则,对证据分类后进行分析,还原案件事实,根据一般商业逻辑构建案涉事实的发

---

〔1〕 参见游伟、王崇鑫:《我国税务执法风险的成因及防范——基于238份税务机关败诉行政判决书的分析》,载《税务研究》2022年第8期。

〔2〕 参见刘兵:《税务稽查风险提示与防控策略》,中国税务出版社2015年版,第64页。

展链条。再通过综合分析证据,依法作出处理、处罚决定。同时还应积极应对稽查过程中纳税人的陈述申辩,结合客观证据去伪存真,保证最终案件结果的合法公正。

(二)纳税人应加强税务管理制度的建设,提升抗风险能力

《关于进一步深化税收征管改革的意见》指出,要在税收大数据的驱动下,推动建设智慧税务体系,精准实施税务监管。这将进一步促进税收管理与数据的融合与联动,使税务风险管控体系更加自动化和智能化;与此同时,企业的税务管理制度也将面临更严格的要求。实践中,部分企业仍然采取财税人员职责混同、人工核查发票等传统手段,难以适应大数据税务监管的趋势。推进税务管理制度的数字化建设,不仅有助于提高企业风险防范水平,而且是督促企业积极履行社会责任、构建和谐税收征纳关系的重要举措。为此,企业应当建立税务管理数字化平台,深度挖掘涉税信息的数据价值,打通业务、财务、法务等部门之间的数据共享渠道,从而有效回应新时期税收征管改革的监管要求。

纳税人通过虚构业务、迟延纳税、白条入账等手段控制纳税成本,从短期看确实有税收收益,但是企业是在持续经营的,违法行为带来的滞纳金、罚款甚至刑事责任却不是短时的收益可弥补的。因此,纳税人在生产经营中应根据实质形式并重、实质优先的原则,管理合同等业务资料,取得、开出业务原始凭证,依法依规记录对应财务资料,逐流程审批、管理,形成合法、合理、完善、有逻辑的经营管理流程,用程序规范实体,逐步构建税务管理体系。即使发生税务稽查案件,也可以迅速、准确提供对应的业务、财务、税务及相关资料,既节约纳税人稽查应对时间,也节约行政资源,达到税企共赢,将更多的时间、人力投入生产经营、创造经济效益中。本文所涉案件争议的解决离不开复议机关在法定程序下最大限度发挥能动性,积极、妥善审理案件的担当,最终促成税企和谐。但是,漫长的稽查过程仍然对纳税人的经营造成了影响,因此建立税务管理体系,不失为纳税人提升经营效率、加强抗风险能力的有效路径。

专利权纳税质押法律适用分析

——以A公司专利权纳税质押案为例

胡耘通　罗睿涵　罗　乐*

一、前言

(一)背景介绍

纳税质押,是指经税务机关同意,纳税人或纳税担保人将其动产或权利凭证移交税务机关占有,将该动产或者权利凭证作为税款及滞纳金的担保。作为纳税担保的一种具体形式,纳税质押制度的设立和实施需要遵循纳税担保制度的相关规定。为规范税收征纳行为、保障国家财政收入、保护纳税人合法权益、促进经济和社会发展,2005年《纳税担保试行办法》施行。但随着经济社会的快速发展,《纳税担保试行办法》某些条文已不再适应经济发展的新需求。党的十八大以来,国家治理体系和治理能力现代化持续推进,财政税收被赋予"国家治理的基础和重要支柱"的全新定位,为纳税担保制度的完善提出了新方向。笔者选取2023年度影响力税务司法审判案例之一——A公司专利权纳税质押案,聚焦专利权经专业机构评估作价后是否具有质押效力、纳税质押财产的范围如何、是否允许类推适用民事法律制度、质押财产的效力如何判定等问题。由于类似案件较少,该案具有重大参考意义,值得深入探讨。

---

* 胡耘通,西南政法大学教授,博士生导师,法务会计与财税合规研究中心主任;罗睿涵,西南政法大学硕士研究生;罗乐,西南政法大学硕士研究生。

（二）研究意义

1. 理论意义

纳税质押属于纳税担保制度的组成部分，是税法与民法交叉领域一项重要制度，兼具民事和行政双重法律属性，对其进行研究具有加强公法与私法的衔接的意义。同时，专利权作为重要的知识产权，其是否具有质押效力在纳税担保制度中尚未有明确规定，对其进行研究可进一步释放知识产权的经济价值。本文通过分析 A 公司专利权纳税质押案，引出当前纳税担保制度，特别是纳税质押制度存在的问题，并提出完善建议，以期为纳税担保制度的革新以及纳税人权利保护的研究提供理论支撑。

2. 实践意义

尽管当前的《纳税担保试行办法》对纳税担保制度有较为明确、具体的规定，但其近 20 年未修订，已不能适应当前社会经济发展，影响了纳税担保制度既定的目标和价值实现。关于专利权能否作为纳税质押担保物提起复议和诉讼的案件较少，故该案件具有较大的实践参考价值。本文从该案例切入，探讨纳税担保范围以及民法的担保规则是否可以类推适用于纳税担保领域，对于提高税收征管的效率和准确性具有重要意义。

二、案情简介

（一）主要案情

2022 年 11 月 4 日，昆明市税务局第一稽查局作出《税务处理决定书》，认定 A 公司存在少缴营业税、增值税、城市维护建设税、企业所得税、教育费附加、地方教育附加、土地增值税的行为，并记载："……你单位若同我局在纳税上有争议，必须先依照本决定的期限缴纳税款及滞纳金或者提供相应的担保，然后可自上述款项缴清或者提供相应担保被税务机关确认之日起六十日内依法向国家税务总局昆明市税务局申请行政复议。"A 公司于 2022 年 11 月 9 日向昆明市税务局第一稽查局提交了《纳税担保申请书》，申请以评估价值为 7967 万元的专利权质押来担保《税务处理决定书》中的税款。评估人员称该专利权未被实际运用于生产，也未对外让渡使用权而产生收益，因此对于其价值是通过对利用该专利权能生产的产品进行市场调查进行评估的,主要采取网络询价和向销售商询价的方式。

2023年1月3日,昆明市税务局第一稽查局作出《税务事项通知书》,认为该专利权不属于法定纳税质押担保对象,且该专利权难以被强制执行,不能充分保证国家税收债权的实现,对A公司提出的以专利权作为质押财产提供纳税担保的申请不予确认。

A公司不服,向昆明市税务局申请行政复议。昆明市税务局于2023年4月6日作出《行政复议决定书》,维持了《税务事项通知书》。原告不服上述《税务事项通知书》和《行政复议决定书》,向一审法院起诉,要求撤销上述《税务事项通知书》和《行政复议决定书》。一审法院驳回了A公司的诉讼请求。

A公司不服,向云南省昆明市中级人民法院提出上诉。二审法院认为税务机关有权不同意纳税人以"专利权质押"形式提供的纳税担保,驳回A公司的上诉,维持原判。

(二)各方观点

1. A公司观点

A公司认为:《纳税担保试行办法》第25条[1]当中表示列举未尽的"等"字应当包含专利权。从《民法典》第444条[2]能看出,专利权是可以出质的。就质押担保而言,将《纳税担保试行办法》第25条解释为仅包括所列明的"汇票、支票、本票、债券、存款单"而将其他未列明的权利排除,缺乏上位法依据。

从《纳税担保试行办法》第1条可以看出,该办法的立法目的是保障国家税

---

[1] 《纳税担保试行办法》第25条规定:"纳税质押,是指经税务机关同意,纳税人或纳税担保人将其动产或权利凭证移交税务机关占有,将该动产或权利凭证作为税款及滞纳金的担保。纳税人逾期未缴清税款及滞纳金的,税务机关有权依法处置该动产或权利凭证以抵缴税款及滞纳金。纳税质押分为动产质押和权利质押。动产质押包括现金以及其他除不动产以外的财产提供的质押。汇票、支票、本票、债券、存款单等权利凭证可以质押。对于实际价值波动很大的动产或权利凭证,经设区的市、自治州以上税务机关确认,税务机关可以不接受其作为纳税质押。"

[2] 《民法典》第444条规定:"以注册商标专用权、专利权、著作权等知识产权中的财产权出质的,质权自办理出质登记时设立。知识产权中的财产权出质后,出质人不得转让或者许可他人使用,但是出质人与质权人协商同意的除外。出质人转让或者许可他人使用出质的知识产权中的财产权所得的价款,应当向质权人提前清偿债务或者提存。"

收收入和保护纳税人以及其他当事人的合法权益，而排除专利权作为纳税质押担保显然与此相悖。对于符合《民法典》规定的担保物，只要其价值足以覆盖税款、滞纳金以及相关费用，设立担保后就能够保证国家税款不会流失。案涉专利权评估价值为7967万元，担保税款金额仅900万元，该专利权足以为争议税款金额提供担保。

专利权既可以进行质押登记，也可以在质押登记完成后将权利证书转移给税务机关占有，具有可执行性。根据最高人民法院《关于人民法院执行工作若干问题的规定（试行）》第35条[1]的规定，专利权在规定的可质押权利的范围内，且专利权可以进行转移，即表明其具备可执行性。

2. 昆明市税务局第一稽查局观点

纳税担保制度属于行政法律关系，有别于民事"担保物权"，二者相关规定不能机械地、无差别地相互套用。我国《民法典》规定和调整的是平等主体间的民事法律关系，其规定的担保事项属于民事法律关系中的担保。而纳税担保体现对国家征税权力和纳税人权利的保护，属于行政法律关系，其实质与民法原理存在较大不同，不能完全无差别套用民法规定。纳税担保制度建立的初衷主要是保障国家税收债权的实现，税务机关需要确保国家税款足额入库，因此，为保证国家税收安全，纳税担保制度相较于民事担保规则具有更加严格的审核标准。况且，《民法典》关于专利权出质也仅是做了原则性规定，即使在民事法律关系中，根据《民法典》第388条[2]的规定，设立担保物权，应当在各方协商一致的基础上，依法订立担保合同，也就是说，专利权能否进行质押，实际上取决于担保权人和担保人双方的意见而非担保人可单方决定的。昆明市税务局第一稽查局作出案涉《税务事项通知书》决定不同意上诉人以专利权作为质押财

---

〔1〕 最高人民法院《关于人民法院执行工作若干问题的规定（试行）》第35条规定："被执行人不履行生效法律文书确定的义务，人民法院有权裁定禁止被执行人转让其专利权、注册商标专用权、著作权（财产权部分）等知识产权。上述权利有登记主管部门的，应当同时向有关部门发出协助执行通知书，要求其不得办理财产权转移手续，必要时可以责令被执行人将产权或使用权证照交人民法院保存。对前款财产权，可以采取拍卖、变卖等执行措施。"

〔2〕 《民法典》第388条规定："设立担保物权，应当依照本法和其他法律的规定订立担保合同。担保合同包括抵押合同、质押合同和其他具有担保功能的合同。担保合同是主债权债务合同的从合同。主债权债务合同无效的，担保合同无效，但是法律另有规定的除外。担保合同被确认无效后，债务人、担保人、债权人有过错的，应当根据其过错各自承担相应的民事责任。"

产提供纳税担保的申请,并未对上诉人权益造成实际影响。

税务机关对纳税担保行为及担保物的审查具有合理的自由裁量权。《税务行政复议规则》第33条第3款[1]规定,税务机关对纳税人、纳税担保人提供的担保申请有权独立进行审查。案涉专利权不能移交税务机关,在形式上不能严格符合《纳税担保试行办法》纳税担保制度中“移交税务机关占有”的构成要件,并且其存在价值评估结论存疑、专利权将在2025年到期等问题,对该专利难以进行强制执行,不能充分保证国家税收债权的实现。

3. 昆明市税务局观点

专利权不属于《纳税担保试行办法》所列举的可以质押的权利凭证。《纳税担保试行办法》第25条并未将专利权明确列举在内,不得对法律法规罗列的权利凭证范围随意进行扩大解释。《纳税担保试行办法》第27条以及第28条对第25条所述以汇票、支票、本票、公司债券、存款单提供质押的程序作出详细规定,但其中也未载明以专利权作为权利凭证质押的相关程序性规定。因此,法定的纳税质押不包括专利权。基于税收法定原则、保障国家税收收入原则以及法无授权不可为原则,上诉人不能对法律法规罗列的权利凭证范围进行扩大,前述条文中的“等”字也不等于可以对法律罗列的范围进行随意的扩大解释。

《民法典》关于专利权出质的规定调整的是平等民事主体之间的民事法律关系。而从《纳税担保试行办法》第1条[2]可以看出,《纳税担保试行办法》是根据《税收征收管理法》及其实施细则和其他法律、法规的规定制定的。所以,《纳税担保试行办法》的上位法系《税收征收管理法》而非《民法典》,因此随意类推适用《民法典》无事实和法律依据。

本案中,案涉专利权并未投入使用,且该专利权即将于2025年4月到期,专利权到期后,其将不再受到法律的保护,也将丧失价值。同时,受到专利权人

---

[1] 《税务行政复议规则》第33条第3款规定:“申请人提供担保的方式包括保证、抵押和质押。作出具体行政行为的税务机关应当对保证人的资格、资信进行审查,对不具备法律规定资格或者没有能力保证的,有权拒绝。作出具体行政行为的税务机关应当对抵押人、出质人提供的抵押担保、质押担保进行审查,对不符合法律规定的抵押担保、质押担保,不予确认。”

[2] 《纳税担保试行办法》第1条规定:“为规范纳税担保行为,保障国家税收收入,保护纳税人和其他当事人的合法权益,根据《中华人民共和国税收征收管理法》(以下简称《税收征管法》)及其实施细则和其他法律、法规的规定,制定本办法。”

是否如期缴纳专利年费等因素影响,该专利权是否依法受到保护、是否具有实际价值的情况具有不确定性。因此,该类财产权利不利于税务机关后续的强制执行程序,不利于保障国家税收安全,同时,这也是《纳税担保试行办法》将专利权排除在纳税担保范围外的原因之一。

(三)法院审理认定

1. 关于纳税担保行为的法律性质

从《纳税担保试行办法》第2条即纳税担保的定义来看,它是指经税务机关同意或确认,纳税人或其他自然人、法人、经济组织以保证、抵押、质押的方式,为纳税人应当缴纳的税款及滞纳金提供担保的行为。这一行为涉及税务机关和纳税人或其他相关主体之间的权利和义务关系,因此具有行政行为的特征。从此角度来看,纳税担保制度属于行政法律关系。同时,纳税担保也涉及担保合同等民事法律关系的设立、变更和终止等,因此,纳税担保也具有民事行为的特征。

2. 关于能否类推适用《民法典》

根据《纳税担保试行办法》第1条可知,《纳税担保试行办法》不仅要保护纳税人和其他当事人的合法权益,还要保障国家税收收入。这就不同于民事法律:民事法律调整的是平等主体的关系,而其调整的是不平等主体之间的法律关系。况且民事法律仅对担保方式作出了规定,接受担保还应以民事主体之间达成合意为前提。同时《纳税担保试行办法》的上位法系《税收征收管理法》而非《民法典》,因此不应简单套用《民法典》中关于担保方式的规定。上诉人随意类推适用《民法典》无事实和法律依据。

3. 关于专利权能否作为纳税质押担保物

关于专利权能否作为纳税质押担保物,法院认为,《纳税担保试行办法》第25条并没有明确规定,该条只明确规定了汇票、支票、本票、债券、存款单是可以质押的权利凭证。本案专利权不属于法定的纳税质押担保物。昆明市税务局第一稽查局认为《纳税担保试行办法》之所以未将专利权纳入可纳税质押的范围,原因在于专利权区别于上述明确列举的权利凭证,其存在不能转移占有、不具备见索即付等特点。二审法院认为,按照《民法典》第444条的规定,案涉专利权能否予以质押登记存在不确定性,且在纳税人逾期未缴清税款及滞纳金的情况下,税务机关无法直接占有该专利权,税款及滞纳金的抵缴不能实现。

4. 关于税务机关是否具有税务执法自由裁量权

根据《纳税担保试行办法》第2条第1款[1]的规定,就本案而言,税务机关有权不同意纳税人以"专利权质押"形式提供的纳税担保。并且,按照《纳税担保试行办法》第25条第4款的规定,对于实际价值波动很大的动产或权利凭证,经设区的市、自治州以上税务机关确认,税务机关可以不接受其作为纳税质押。由此可知,纳税质押的财产应是税务机关能够占有并便于变现,同时具备可执行性及确定性的财产。案涉专利权并未实际投入使用,并且评估价也是在一些理想的假设条件下采用收益法预估的市场价值。由此可见,税务机关对原告提出以专利权作为质押财产提供纳税担保的申请不予确认并无不当。

三、法理评析

(一)专利权质押担保的属性分析

关于专利权是否能够作为一般的权利质权为纳税人提供税务担保,首先需要明确的是专利权自身的权利属性。专利权作为一种特殊的权利,它的属性与其他有经济性价值的权利有所不同。长期以来,中国法学界对于专利权属性的问题争论不休,主流观点将专利权视作一种特殊的物权,认为拥有专利权的权利人同时拥有对于该专利权的对世效力,专利权所具备的民事财产性决定了此种权利应当是一种民事性权利,是私权的一种。[2] 因此,以此专利权效力为标的产生的纠纷自然也应当涉及一种私权性质上的法律权利义务关系。就目前而言,我国法律制度并未明确将专利权列为私法权利,也未严明专利权的法律属性。结合以往的经验来看,专利权的属性主要依赖于法院在处理相关的专利权效力纠纷时对此类型的权利进行解释以确定权利边界。追溯专利权制度发展的历史进程不难发现,专利权制度最早由美国1836年发布的《专利法》确立。

---

[1] 《纳税担保试行办法》第2条第1款规定:"本办法所称纳税担保,是指经税务机关同意或确认,纳税人或其他自然人、法人、经济组织以保证、抵押、质押的方式,为纳税人应当缴纳的税款及滞纳金提供担保的行为。"

[2] 参见张轶:《论专利独占许可的法律属性》,载《法律科学(西北政法大学学报)》2023年第3期。

美国的专利权质押采用的是登记对抗主义。世界上大多数国家的专利权制度的建立都以此为基础,对于专利权的私权性质似乎已是心照不宣。

溯源专利权的私权属性为相关的专利权效力纠纷的民事属性奠定了相当的基础,即使专利权的诞生必须经过相关行政部门的授权认可,也无法改变专利权就是私权这一既定事实。知识财产的特殊性在于它具有一定排他意义上的私人占有的基本特征;从这个意义来看,知识产权是具有私权性质的。因此,即使专利权这类知识产权的产生需要由国家授予,也并不能说明该权利本体的公权意义。[1]

从私法的角度来看,我国《民法典》明确规定,专利权能够以质押的方式提供物权担保,但其并未详细阐述专利权质押的范围。就立法目的和调整对象而言,民法所调整的是具有平等地位的民事主体之间的权利义务关系,保护民事主体的民事性权利即私法权利。但案涉质押权人与质押人存在明显的法律地位不对等的情况。根据《纳税担保试行办法》第2条第1款规定的"本办法所称纳税担保,是指经税务机关同意或确认,纳税人或其他自然人、法人、经济组织以保证、抵押、质押的方式,为纳税人应当缴纳的税款及滞纳金提供担保的行为"可知,纳税人与税务机关之间因缴纳税款而产生的法律上的权利义务关系属于一种行政法律关系,其与民法所调整的民事关系有本质上的不同,对涉及此种关系的纠纷处理不能仅仅依靠民法来进行调整规范。《纳税担保试行办法》不同于民事法律,其本身调整的就是不平等主体之间的法律关系,不仅要保证纳税人和其他当事人的合法权益,还要保障国家的税收收入。事实上,纳税担保制度建立的初衷是保证国家税收债权的稳定实现,税务机关需要保证国家税收收入安全。相较于民法上对私权的维护,纳税担保制度更多是对社会公共利益的保障,二者不能混为一谈。

(二)关于税法与民法类推适用的探讨

本案还有一个争议:民法上关于质押担保的规定能否类推适用于税法上的

[1] 参见吴汉东:《关于知识产权私权属性的再认识——兼评"知识产权公权化"理论》,载《社会科学》2005年第10期。

纳税担保。类推适用是我国司法实践中非常重要的组成部分,它通常是指对于法律没有明文规定的且具有争议的案件,在司法过程中可以援用与其具有一定相似性的案件中的规定。最高人民法院《关于加强和规范裁判文书释法说理的指导意见》第7条规定的“民事案件没有明确的法律规定作为裁判直接依据的,法官应当首先寻找最相类似的法律规定作出裁判”中的“寻找最相类似的法律规定作出裁判”指的就是类推适用。通常可以将类推适用划分为两个类型:个别类推和总体类推。个别类推是指将个别法律规定适用于系争案件,从而得出结论;而总体类推是指对于多个具有相似性的法律规定,从中总结并提炼出一般法律规范作为类推适用,运用到具体案件当中。在本案中,当事人要求审查《纳税担保试行办法》,并且将《民法典》中有关质押范围的规定类推适用于本案,就是一种典型的个别类推适用。法官在进行类推适用的活动时,必然要受到已经制定的法律的价值准则的约束,这要求法官在处理类似的案件时,在不必要的情况下,不应作出与其类似案件相悖的处理结果,同类案件通常应做相同处理。法律实践适用个别类推时须经历四个步骤:第一,确认法律漏洞;第二,寻找类似的法律规定;第三,对系争案件做相似性判断;第四,对法律效果的转移适用。结合以往的经验,类推适用的核心是要判断系争案件与法律规定的案件之间是否具有相似性。因此,在个别类推的运用当中,重点就是要进行相似性判断。具体适用到案件中的要求表现为:对案件构成要件的判断、对法律规范意旨包括立法目的的判断,以及对一些其他会影响案件裁判的因素等做总体上的分析判断来加以认定,同时还需要考虑法律规范本身的可类推性与案件事实的可类推性,以避免作出不当的判决。[1] 不难发现,本案涉及民法中的纳税担保范围规定与税法中的纳税担保规定之间的相似性是有限的。税务案件与民事案件在性质上有根本性的差别,二者无论是调整对象还是立法目的都有实质性的差别,纳税担保成立的目的除了方便纳税人,更重要的是确保国家税收收入的实现,此时运用类推适用的方法解决该纠纷显然是不合时宜的。

---

〔1〕 参见张青卫:《类推适用的法理基础与具体步骤》,载《南大法学》2022年第5期。

(三)专利权质押在纳税担保制度适用中的不可行性

1. 专利权质押担保定义的模糊性

我国《民法典》明确规定了知识产权担保制度。一般而言,法律上将知识产权担保称为知识产权质押,然而在实践过程中,人们发现这种知识产权的质押应当是一种抵押担保。抵押与质押之间存在显著的差别,质押合同属于要物合同,合同自交付标的物之时起生效,要求质押标的物移转占有于债权人;抵押合同则不要求当事人之间进行标的物的移转,如此一来,才可以在同一抵押物上设立多个担保。显然,专利权、著作权等知识产权作为担保物提供担保时,不能通过移转占有的方式,大多数时候,此类知识产权的担保是通过登记生效的,是在当事人之间产生一种"准占有"的合意,即拟定债权人对该专利权或者著作权进行了占有;这是一种推定意义上的担保物权。但是,这种"推定效力"在知识产权担保制度上未必能够成立。对比专利权与著作权,专利权这一类知识产权需要通过国家机关进行登记才能够产生,这是使专利权合法存在且有效的唯一方式,即以国家机关登记作为唯一标准;在进行专利权质押时,也需要登记才能生效;那么,"准占有"这种推定效力实际上是难以实现的。著作权这一类知识产权的产生不一定依赖于国家机关的登记。著作权自著作权人在创作时就已经产生,如果要对著作权进行权利推定的"准占有",只能通过作品的署名来体现,即推定作品的署名人就是著作权人,此时,要移转著作权只需要对作品的署名进行更改即版权买断。著作权人以其著作权为标的向他人提供担保时,为保证债权人的合法权益需要进行作品的署名变更,但作品变更作者之后是否还能具有原先的经济价值?这显然是不可能的。由于著作权兼具人身性和财产性的双重属性,在提供质押过程中质权将难以实现,加上其与专利权一样属于无形财产,在执行过程中也无法为债权人提供相应的保障。综上所述,我国《民法典》对于知识产权的担保制度的定义有理论上的缺陷,专利权质押名为"质押"实为"抵押",这是专利权不宜用于税法上有关纳税担保制度的原因之一。

2. 专利权质押担保的风险性

用专利权进行纳税质押担保存在三种风险:第一,存在评估风险。通常情况下,专利权人为出质,会对专利权进行评估以确定其价值,同时,为保证结果公平以及避免纠纷,质权人在接受专利权质押前也会对其进行价值评估。但专利权不同于一般的权利,它的知识产权属性较强,具有隐形性的特点,这无疑增加了评估方面的难度。同时,对同一专利权进行价值评估,也会受到经济、政治、科技发展等诸多因素的影响,甚至评估鉴定机构不同,所得出的鉴定结果也是大相径庭的。[1] 而且专利权评估标准不一,目前并没有相关的法律文件统一规定专利权评估的实施细则以及办法,这也是我国专利权质押的最大障碍。第二,存在稳定性风险。专利权属于一种无形的财产权,权利本身具有不稳定性,导致专利权在质押过程中可能会出现一些难以预料的问题,包括专利权价值减损致使质押不能实现目的、专利权的知识产权属性强而容易产生侵权纠纷,进而影响专利权质权的有效实现。专利权质押行为本身就存在高风险、不稳定的特征,对专利权的实际经济价值难以准确把握。第三,存在救济风险。根据我国《民法典》的相关规定,专利权质押合同自当事人双方书面签订时生效。关于专利权质押的设定,我国采取的是登记生效主义,只有双方当事人进行了专利权质押登记,专利权质押才会产生担保物权的效力。这就会产生质押合同签订后至质押登记前的“权利真空期”。

(四)从法理学角度看税务执法裁量

本案除了涉及专利权质押问题还有一个不容忽视的实务要点——税务执法实践中的自由裁量。案件争议的另一焦点在于《税收征收管理法》中对于“纳税担保”的规定是否可以适用于本案中的专利权质押担保。关于我国司法体系中的“自由心证”,法律上并未作出具体的规定,仅在司法原则上有所体现。法律要求法官在审理案件过程中须遵循公平公正的原则。司法裁判真正的理想状态是法律规定与实施案件之间一一对应,但在具体实践当中,由于事实多样性以及法律的概括性、滞后性等特点,法律总是落后于实践。法官需要依靠对条文的解读、推理,充分发挥自由裁量权来建立起法律规定与具体案件之间的桥梁,作出最符合当事人利益的公正裁决。综观各法学流派对于自由裁量的看

---

〔1〕 参见李林启、沈源源:《论科技型中小企业专利权质押融资存在的问题及完善措施》,载《安阳师范学院学报》2019年第6期。

法，褒贬不一，历史学派的学者萨维尼在其著作《论立法与法学的当代使命》中说道，民族共同意识是法的核心。我们可以将它解读为社会共同的一般的价值观念。这种"社会共同价值观"符合大多数人对于法律的期待，但未必符合法律的要求，更不要说实现司法上的实质正义了。在个案当中，法律对于调整对象的规定是无法做到完全覆盖的。从法律制定颁布的那一刻起，法律已经落后于社会实践，由于事实和规则的不确定性，法律在司法实践当中仅作为一种依据。司法裁判者在进行法律活动时，就需要通过自己对于法律的理解，充分发挥法官的主观能动性，根据自己的社会经验和价值判断去把握立法者的立法意图，并且合理运用自由裁量去衡量各个案件利益大小并有所取舍，从而维护法律的安定性与统一性。〔1〕

推进税收行政执法裁量权的规范性建设，是建设法治中国不可缺少的一环，也是进一步优化我国税收环境的现实需要。2022年7月29日，国务院办公厅印发《关于进一步规范行政裁量权基准制定和管理工作的意见》（国办发〔2022〕27号），为规范税收行政执法裁量权提供了依据、指明了方向。税收行政裁量权是指在法律法规规定的范围和幅度内，税务行政机关依据合法性和合理性原则，根据事实的具体情况，通过自己的判断而作出具体行政行为的权力。在本案中，我们主要讨论我国税收行政裁量权的"自由性"方面。我国的税收行政裁量权有四个维度，包括自由裁量权力行使的方式、自由决定权力适用的标准、自由确定权力适用的幅度、自由选择权力行使的时限。〔2〕首先，税收法律对于税收行政自由裁量权的行使并未做具体规定。在大多数时候，此种权力的行使仅仅依靠税收执法人员对于相关法律法规的个人解读以及理解，或者凭借相似类型案件的执法经验所形成的一般的、朴素的"价值观"来进行判断并得出结论。其次，税收法律规定的概括性赋予了税务执法机关自由裁量权力。税务机关可以根据实际情况决定是否行使权力以及如何行使权力。最后，税务机关行使权力的边界具有不明确性。相关的税收法律没有对税务机关运用权力处理具体案件的标准进行详细规定，裁量基准的模糊性给予了税务机关在执法活

〔1〕参见周军辉：《法律漏洞填补规则对当代的司法启示》，载《中国价格监管与反垄断》2024年第3期。

〔2〕参见李莉：《关于税收行政裁量权规范化建设的探讨》，载《中国税务》2023年第9期。

动中很大的自由空间,这很容易引起自由裁量权的滥用。在本案中,法官仅仅凭借一个规则中的“任意条款”,即《纳税担保试行办法》第25条第4款规定的“对于实际价值波动很大的动产或权利凭证,经设区的市、自治州以上税务机关确认,税务机关可以不接受其作为纳税质押”,就否定纳税人所提供的专利权质押的实际价值的结论是比较武断的。在新发展阶段,税收行政机关在面对此类新型案件时更加需要慎重,谨慎把握税收执法裁量权的边界线,提升税收执法实践质量。

税收行政执法裁量权与司法上的自由裁量权的行使在内核上是可以相互借鉴的。法律明确赋予司法机关以自由裁量的权利,其目的是保证司法机关能够依法独立审理案件,而不受到其他任何机关和个人的干扰;税收执法自由裁量也是一样的。在此类型案件中,司法中的比例原则能够有效约束法官,保证案件审理的客观公正。在本案审理过程中,法官通过对《纳税担保试行办法》相关条文的推理解释得出相对客观的结论,实现对于双方当事人以及对于国家税收利益的平衡,这符合比例原则的要求。其实比例原则本身作为一种实质性的判断规则,能够保证让利益平衡的判断更具有相当的理性,约束法官的主观判断;税务机关也应当借鉴这种原则,有效地平衡纳税人合法权益与国家税收利益之间的关系。在实际的司法以及税法行政运用中,自由裁量必须要遵循比例原则,综合考虑各种相互冲突的利益和价值的重要程度,并根据确定的各种价值和利益的有限顺序来进行选择,同时也要确保将对被牺牲的利益和价值的伤害降到最低。[1]

四、结论与启示

(一)适当扩大并明确质押财产的范围

从《纳税担保试行办法》第1条的内容可以看出,在制定《纳税担保试行办法》时,国家税务总局主要参考了《税收征收管理法》及其实施细则,同时也在内容上汲取了原《担保法》等相关法律法规的精髓。然而,在对比原《担保法》具体的条款后,可以发现《纳税担保试行办法》在内容表述上较为保守,特别是在

---

〔1〕 参见[英]尼尔·麦考密克:《法律推理与法律理论》,姜峰译,法律出版社2005年版,第146页。

财产质押方面。尽管2007年实施的原《物权法》在可抵押、质押的财产范围上有了显著的扩大,但《纳税担保试行办法》第25条却仅仅以列举的方式限定了质押财产的具体范畴,这在某种程度上制约了纳税担保的灵活性和实际应用性。对于权利凭证,该办法仅明确列出汇票、支票、本票、债券、存款单五种可质押的凭证,这在一定程度上限制了质押的多样性。虽然该条之后含"等"字,但在实务中往往不对其进行扩大解释。本案中A公司用专利权进行质押,在以往案件中有用"应收账款""应退税款""理财产品""股权"等作为纳税质押财产的,但裁判结果均为法院不认可质押效力。[1] 同时,电子汇票已经在商业活动中运用十分广泛了,在民法中电子汇票是具有质押效力的,但《纳税担保试行办法》并没有明确其是否具有质押效力。《纳税担保试行办法》关于质押财产范围的局限已经不能适应社会发展,不利于纳税担保制度的发展以及对纳税人权利的保护。

在持续优化税收营商环境的背景下,税务机关面临诸多内在要求,合理降低纳税担保的门槛是其中之一。《纳税担保试行办法》中采用列举的方式不足以涵盖实践中种类繁多的质押财产,并且该规定中"汇票、支票、本票、债券、存款单"五项列举之后的"等"字表示列举未尽的意思,不能随意否定其他权利凭证用于纳税质押担保的操作。纳税担保财产范围的确定应该在满足确定性和可执行性的基础上与《民法典》中的规定保持一定的一致性,并且应顺应时代的发展,将应收账款、应退税款、数字资产以及各类电子形式的权利凭证等纳入质押财产的范围。以应收账款为例,《民法典》第440条明确指出了"现有的以及将有的应收账款"均属于可出质的权利范畴。此外,中国人民银行颁布的《动产和权利担保统一登记办法》进一步增强了应收账款作为质押物的公信力。在需要进行纳税担保时,若应收账款能够满足确定性和可执行性的要求,那么将其纳入纳税担保的财产范围,不仅合理,而且具有充分的实践意义。这样的做法能够拓宽纳税担保的财产范畴,增强纳税担保的灵活性和有效性。针对应退税款,当其具备确定性时,《税收征收管理法实施细则》第79条中明确规定的"税

---

〔1〕 参见福建省福州市中级人民法院行政判决书,(2018)闽01行终审816号;广东省江门市中级人民法院行政判决书,(2018)粤07行终170号;湖北省襄阳市中级人民法院行政判决书;(2019)鄂06行终182号;湖北省荆州市中级人民法院行政判决书,(2016)鄂10行终75号。

务机关可以将应退税款和利息先抵扣欠缴税款”实际上赋予了应退税款可执行的法律效力。鉴于应退税款同时具备确定性和可执行性这两个基本属性,其符合作为质押财产的基本标准。因此,将应退税款纳入质押财产的范围之内,不仅合理,而且具有充分的法律依据。

(二)不再以“移交+占有”为标准判定质押财产的效力

《纳税担保试行办法》第25条规定了“动产或权利凭证移交税务机关占有”,税务机关在实务中常常机械地以该实体权利凭证能否交付给税务机关保存为标准判定质押财产的效力。随着时代的发展,《纳税担保试行办法》第25条规定的“汇票、支票、本票、债券、存款单”也并非总以实物状态出现,可能会以电子形式出现,若税务机关继续以“移交+占有”的标准接受实物移交,使电子凭证不能作为纳税担保,是不符合社会发展需要的。

以“移交+占有”的标准来判定质押财产的效力显然是不尽合理的。因电子形式的凭证未从根本上脱离原《物权法》和《票据法》等的规定,故当电子形式的凭证符合质押的生效条件时,应认可电子凭证的质押效力,而不以“移交+占有”的标准来判定。纳税担保制度可借鉴《民法典》第441条[1]的规定,有权利凭证的票据质押实行交付生效主义,无权利凭证的电子票据质押实行登记生效主义。

(三)合理运用纳税担保领域税务自由裁量权

设立税务机关的目的是规范纳税行为、保障国家财政收入,所以税收法律赋予税务机关一定的自由裁量空间,税收自由裁量权贯穿整个征管过程。[2]针对纳税质押,税务机关对质押物的审查有合理的自由裁量权。担保人以《纳税担保试行办法》第25条未明确列举的财产作为质押物时,税务机关往往倾向于直接否定其质押的法律效力。然而,这种对未明文规定的质押财产直接排斥的做法,在某种程度上限制了纳税担保的多样性,对于保障国家税收收入的稳

---

〔1〕《民法典》第441条规定:“以汇票、本票、支票、债券、存款单、仓单、提单出质的,质权自权利凭证交付质权人时设立;没有权利凭证的,质权自办理出质登记时设立。法律另有规定的,依照其规定。”

〔2〕参见王励:《谈自由裁量权在税收管理中的有效运用》,载《经济问题探索》2003年第11期。

定性构成了潜在的不利影响。在构建更为完善的纳税担保体系时，我们应当审慎考虑这一做法，以确保税收收入得到更为全面和有效的保障。

在纳税担保领域，如何合理运用税收自由裁量权？为预防纳税担保领域内税收自由裁量权的滥用，导致超过合理边界，应当制定并实施明确的税收自由裁量权标准，以此为目的，尽可能精细化、具体化自由裁量的空间，使之得到有效管理和制约。此举旨在确保税收执法的公正性和规范性，以符合法治社会的期望和要求。同时，应遵循惯例原则，对同一类问题的处理标准做到相对统一。[1] 税务机关在对担保财产的效力进行认定时，应将裁量过程及时与行政相对人公开，以对话形式就其裁量结果是否合理进行沟通，认真听取行政相对人的意见和观点，力求达到其自愿接受裁量结果的效果。

(四)类推适用民事担保制度

目前在学界，对纳税担保制度的法律关系性质的观点主要分为三种。第一种认为纳税担保制度的法律关系属于公法，纳税担保的设立目的在于确保纳税人依法履行纳税义务，兼具保障国家税收安全及维持征收管理秩序的效用；同时，税务机关在纳税担保关系中处于主体地位，因此纳税担保为公法制度。[2] 第二种认为纳税担保制度属于私法，纳税担保应以民事目标为重，将纳税担保合同纯化为民事合同有助于我国担保制度的完整与统一，亦有助于法律适用层面的灵活与便利，进而有利于保障国家税收利益及促进我国民法平等保护原则的践行。[3] 第三种认为其为公私混合性质，纳税担保应以行政性质为主，纳税担保合同实质上属于行政合同。[4] 笔者经过深入研究，认为税法作为公法领域的重要组成部分，与属于私法范畴的担保法律制度存在界限。而纳税担保制度作为二者之间的交汇点，实质上是税法对担保法律制度的融合运用。当前《民法典》已经进行了相应的革新，但纳税担保制度尚未跟上这一步伐，特别是

---

〔1〕 参见隋庆梅、梁一钧、何辉：《如何更加合理地运用税收自由裁量权》，载《中国税务》2015 年第 4 期。

〔2〕 参见刘剑文、熊伟：《税法基础理论》，北京大学出版社 2004 年版，第 69 - 70 页。

〔3〕 参见袁绍义：《纳税担保二元性质冲突及价值选择》，载《信阳师范学院报(哲学社会科学版)》2009 年第 5 期。

〔4〕 参见郑丽清：《行政合同理念在纳税担保制度中的运用》，载《闽江学院报》2007 年第 1 期。

在宏观层面上,《民法典》对纳税担保制度进行了部分统合。因此,在坚守公法原则的基础上,以民事担保制度为参照,在纳税担保领域中合理借鉴私法规定,显得尤为迫切和重要。在现行纳税担保制度的构建过程中,其虽然有借鉴民事担保制度的相关规范,但仅限于与税务机关征税直接关联的部分。对于其他担保制度规范的涉及则显得相对不足,存在留白现象。审视当前纳税担保制度的法律框架,我们不难发现其内在的法律秩序尚存不足,这种不足体现为法律在规范计划上的不完整性,也即法律漏洞的存在。[1] "依法行政原则并不禁止一般的法律漏洞补充或类推适用,尤其是法律漏洞补充导致对人民有利的结果时,则更为法之所许"[2],填补法律漏洞的方法通常是类推适用。针对目前纳税担保制度空白部分,可以允许类推适用。[3] 此方法能有效在公法领域借助私法进行治理,以弥补无法可依的漏洞。但类推适用的基本要求是寻求最接近《民法典》规定的担保规范。例如,在本案中,虽然《纳税担保试行办法》中并未明确专利权是否属于可质押财产,但《民法典》第444条认可专利权的质押效力。在国家税收能够得到保证的前提下,税务机关可以允许类推适用,至于最终具体质押行为是否具有纳税质押效力,税务机关应再结合其他因素作出判断。

---

[1] 参见吴从周:《民法上之法律漏洞、类推适用与目的性限缩》,载《东吴法律学报》2006年第2期。

[2] 翁岳生编:《行政法》(上册),中国法制出版社2002版,第206页。

[3] 参见张弓长:《〈民法典〉背景下的纳税担保制度再审视》,载《税务研究》2021年第6期。

人民法院能否以税务机关少征税款或核定征收不合理为由撤销征税决定的案例评析

郑　顺*

一、前言

《税收征收管理法》《税收征收管理法实施细则》赋予了税务机关征税、核定征收、对税收违法行为调查和作出行政处理处罚等权力。税务机关在对税务案件的调查取证中，除了要遵守《行政强制法》《税收征收管理法》《税收征收管理法实施细则》等对税务机关执法的规定，还要遵守国家税务总局制定的规章或规范性法律文件。法律赋予了税务机关在调查税收违法案件过程中独立的调查权和认定权。同时，《行政诉讼法》赋予了人民法院对税务机关的行政行为司法复核的权力。行政权和司法权有各自的边界、适用的法律体系和证据规则。在司法审判中，人民法院认为税务机关少征税或核定征收不合理，能否以此为由撤销税务机关的征税决定呢？笔者从 2023 年自己代理的两个案件分析和探讨行政权和司法权审查的边界和规则，人民法院在司法审判活动中对税务机关行政首次判断权和专业判断的尊重，以及禁止不利变更在司法审判中的适用问题。明晰这些问题，有利于规范税务机关的执法活动，有助于厘清司法机关对税务机关执法活动进行司法监督的边界，也有助于纳税人明确维护自己权利的途径和规则。

* 郑顺，重庆桓达律师事务所执行主任。

二、案情简介

(一)案件1

市税务局第二稽查局(以下简称第二稽查局)在调查谭某税务违法案件时查明以下主要事实:谭某于2014年出借50万元人民币给姜某等人,月息3%,因借款人未按时还款,谭某将借款人诉至法院,法院判决借款人共同偿还谭某本息。法院判决书同时查明,2014年7月至9月,谭某自认收取了利息3万元。后在判决执行程序中,扣除本金,谭某实得利息收入250,000元。第二稽查局另外查明了谭某的其他税务违法事实。

第二稽查局于2022年1月27日对谭某作出的《税务处理决定书》认为,虽然生效判决书查明了谭某收取了姜某等人借款利息3万元,但第二稽查局并未查询到借款人支付的相关银行流水和其他支付的证据,故该笔3万元的利息不予确认为谭某的利息收入。第二稽查局还查明谭某于2014年至2020年的多笔大额借款共计取得借款利息6,440,544.45元,除此之外还有其他收入,均未申报缴纳相关税款,因此决定追缴税款和滞纳金。

谭某认为自己的收入不应当缴税,不服《税务处理决定书》并向市税务局申请行政复议,市税务局作出维持《税务处理决定书》的复议决定书。谭某不服,向区法院提起行政诉讼。区法院认为,生效判决书已经查明谭某收取了利息3万元,第二稽查局提供的证据不足以证明其将该笔利息纳入了《税务处理决定书》认定的谭某的利息总额中。所以,《税务处理决定书》属于认定事实不清,证据不足。因此,区法院一审判决撤销了《税务处理决定书》和复议决定书。

市税务局和第二稽查局不服一审判决,向市某中级人民法院提起上诉称,核定个人所得税应纳税所得额是税务机关的法定职权,且属于税务机关的专业判断事项。第二稽查局经调查,对于暂不符合税务稽查证据规范的3万元利息不纳入应纳税所得额,符合行政执法谦抑原则;法院应当在原告起诉和行政机关认定的范围内进行审查,而不应当将税务机关未认定的3万元利息纳入司法审查范围。此审查行为将导致纳税人承担更重的税负,违反禁止不利变更原则,也未遵守尊重行政机关的首次判断权原则。同时,谭某也提起上诉,其中一个理由称区法院关于3万元利息的裁判理由超越了其诉讼请求。

市某中级人民法院二审认为,本案应当围绕《税务处理决定书》认定的应纳税所得额、税款金额进行司法审查,对第二稽查局未纳入的3万元利息,人民法院应当尊重税务机关的行政首次判断权,不宜直接对税务机关未纳入的3万元利息进行审查和处理,否则会将纳税人置于更为不利的位置,因此,撤销了一审判决,驳回了谭某的诉讼请求。谭某不服,申请再审,重庆市高级人民法院驳回了再审申请。

(二)案件2

市税务局第四稽查局(以下简称第四稽查局)在对某线缆公司税务违法案件的调查中发现,某线缆公司财务制度混乱、会计凭证缺失和会计核算不健全导致无法核查某线缆公司的销售状况和主营业收入情况。经某线缆公司书面同意,第四稽查局采取了核定征收的方式核定主营业收入。在之前已完结的破产重整程序中,某线缆公司破产管理人某会计师事务所因重整期间资产清查需要出具的《清查报告》载明截至2019年3月31日,某线缆公司账面存货余额为151,001,724.89元,但实际存货价值不明确。在核定征收过程中,第四稽查局委托破产管理人出具了《咨询报告》,查明库存清查数为9,589,481.44元。第四稽查局就此数次以《税务事项通知书》的方式要求某线缆公司就账面和实际存货短缺严重的情况提供证据和说明原因,但某线缆公司仅回复表示因银行贷款需要虚增了账面存货和未及时处理生产中的废品,导致账实差异,但未提供证据;第四稽查局未采信某线缆公司的说法。在核定征收过程中,第四稽查局从同行业抽取6户样本企业,参照确定2018年至2019年加权平均毛利率为8.52%,并以账面存货价值151,001,724.89元减去库存清查数9,589,481.44元的差额141,412,243.45元,作为测算2008年至2019年12个纳税年度的累计主营业收入基础数据之一,即第四稽查局以账面存货减去实际存货的方式推算主营业收入。某线缆公司仅提出异议认为加权平均毛利率8.52%过高,对其他未提出异议,也未提供证据。另外,某线缆公司向某机电公司销售线缆时,仅有1,491,234.96元的送货单,但某线缆公司和某机电公司都认可实际转账支付货款1,915,977.73元;第四稽查局仅认为有送货单的货款1,491,234.96元属于增值税应税收入。此外,第四稽查局还查明了某线缆公司的其他涉税违法事实。

2022年3月10日,第四稽查局对某线缆公司作出《税务处理决定书》,某线缆公司不服,认为核定征收不合理,向市税务局申请行政复议;市税务局作出维持《税务处理决定书》的复议决定书。某线缆公司不服,向区法院提起行政诉讼,并在一审中举证否认《清查报告》《咨询报告》的合理性。区法院认为,在破产管理人出具的《清查报告》《咨询报告》认定的账面金额与清查数不一致的情况下,第四稽查局径直引用《咨询报告》中的账面金额151,001,724.89元与清查数9,589,481.44元的差额141,412,243.45元,作为核算2008年至2019年12个纳税年度的累计主营业收入的基础数据之一,不具有合理性。故区法院对《清查报告》《咨询报告》不予采信,由此认为第四稽查局以此核定某线缆公司的主营业收入系证据不足。区法院还认为,某线缆公司和某机电公司都认可实际支付货款1,915,977.73元,但第四稽查局仅认可1,491,234.96元货款应当缴纳增值税,也属于认定事实不清。因此,区法院撤销了《税务处理决定书》和复议决定书。

市税务局和第四稽查局不服,向市某中级人民法院提起上诉称,资金收入和应税收入在税法上是两个不同的法律概念,核定应税收入是税务机关的法定职权和专业判断事项,司法权与行政权有各自的审查边界,特别是税务行政案件有特别的法律体系和证据审查规则,税务机关根据税法的证据规则对不符合税务稽查证据规范的资金收入不纳入应税收入符合执法谦抑原则。法院应当在税务机关认定的范围内进行审查,而不应当对未纳入增值税应税收入的资金收入进行司法审查,否则将导致纳税人面临更重的纳税义务,违反禁止不利变更原则。区法院认为《清查报告》《咨询报告》不具有合理性,直接否认了会计师事务所和税务机关的专业判断,是以司法评价代替专业判断,严重干预了法律赋予税务机关的核定征收权力。某线缆公司在核定征收时,仅对加权平均毛利率有异议,对其他没有提出异议,也并未对核定应纳税额提供证据予以反驳,应当视为认可核定的应纳税额。市某中级人民法院二审采纳了上诉人的上诉意见,撤销了一审判决,驳回了某线缆公司的诉讼请求。

三、法理评析

前述两个案件主要涉及两个问题。

一是税务机关认定事实与人民法院采信证据和认定事实冲突的问题。在案件1中,区法院认为,第二稽查局在对税务违法案件查处和认定事实时,没有采信法院生效判决已经查明的事实,属于认定事实不清和证据不足,即区法院认为第二稽查局不能再对人民法院生效判决查明的事实进行重新认定;案件2中,区法院认为,买卖双方都认可支付货款1,915,977.73元属于纳税人自认的不利事实,第四稽查局仅认为应当按更少的销售货款1,491,234.96元缴纳增值税,而不对纳税人自认的更高的货款金额征收增值税属于认定事实不清。

二是人民法院在司法审查中对税务机关核定征收的合理性审查问题。在案件2中,区法院撤销第四稽查局的征税决定的又一主要理由是某线缆公司的破产管理人出具的《清查报告》《咨询报告》不具有合理性,进而直接否认了第四稽查局采信前述报告核定征收的合理性。

对区法院在两案中的上述裁判理由,税务机关都不予认可,认为一审判决违反司法谦抑性,侵害了税务机关的行政首次判断权和专业判断,还违反了禁止不利变更的原则。市某中级人民法院二审审查后,也未认可区法院的裁判理由,而采纳了税务机关的上诉理由,撤销了一审判决,改判驳回了纳税人的诉讼请求。这说明,因《行政诉讼法》及司法解释中没有明确的规定,税务行政案件审判对于税务机关的行政首次判断权和专业判断的尊重问题还尚未形成统一的裁判意见。加上税法专业性和实践性较强,法院对其适用较少,但税款又是基于民事法律关系产生的,部分法院在审查税务机关征税决定过程中,涉及税务机关就税款产生的事实评价时,依旧使用民事案件审判思维,造成了一些错误的裁判。就此,笔者认为有必要明晰税务行政执法和司法审查之间的关系。笔者就两案产生的一些值得探讨的问题,分析探讨如下。

(一)税务机关有权对生效判决查明的事实重新予以调查,且必须对在行政执法程序中纳税人自认的事实予以调查核实

案件1中,区法院认为生效判决已经查明的谭某收取3万元利息事实,第二稽查局不直接采信生效判决属于认定事实不清和证据不足。笔者认为区法院的此种观点是值得商榷的。首先,谭某收取3万元利息的事实是在民事生效判决中查明的,而民事诉讼案件和行政执法案件分属不同的法律体系,有不同

的证据规则。在民事诉讼中,因为法律关系主要发生在民事诉讼的各方当事人之间,根据最高人民法院《关于民事诉讼证据的若干规定》(法释〔2019〕19 号)的规定,当事人对不利事实的自认、双方当事人认可的事实都可以作为民事案件查明的事实。在案件 1 中,谭某自认收到了 3 万元的利息,属于对不利事实的自认,民事判决书将其作为查明的事实符合最高人民法院《关于民事诉讼证据的若干规定》的规定。但是在行政执法案件中,法律赋予了行政机关调查取证的权力,既然是法律赋予了这种权力,这就说明,行政机关不能仅凭行政相对人的自认就认定相关事实,还需要调查核实。特别是《税务稽查案件办理程序规定》第 17 条第 1 款规定:"检查应当依照法定权限和程序收集证据材料。收集的证据必须经查证属实,并与证明事项相关联。"也就是说,在税务稽查案件中,税务机关应当主动收集证据和对证据查证属实,而不能轻信行政相对人的自认。反过来考虑,如果谭某否认收到了 3 万元的利息被生效判决查明,但税务机关通过调查取证查明了谭某收取了 3 万元的利息,假使还要遵守生效判决的查明事实,岂不是反而会造成国家税款的损失?其次,即使是人民法院生效判决查明的事实,税务机关也不一定必须采信。根据最高人民法院《关于民事诉讼证据的若干规定》第 10 条、最高人民法院《关于行政诉讼证据若干问题的规定》第 68 条的规定,人民法院生效判决查明的事实原则上应当采信,但是有相反证据推翻的除外。在案件 1 中,虽然有生效判决查明了谭某已经收取了 3 万元的利息,但是第二稽查局经过调取谭某和借款人的银行流水等证据并未发现有支付 3 万元利息的证据,从而通过调查取证的证据推翻了生效判决查明的事实。

在案件 2 中,区法院认为买卖双方都认可的支付货款金额 1,915,977.73 元属于纳税人自认的不利事实,第四稽查局仅认可对更少的销售货款 1,491,234.96 元应当缴纳增值税,而不认可对纳税人自认的更高的货款征收增值税,属于认定事实不清。笔者认为区法院的此种观点也是值得商榷的,甚至在税法领域不利于维持正常的税收征管秩序。没有任何法律规定在行政执法程序中可以直接采信行政相对人的自认,法律反而规定要收集证据和调查核实,前述提到的《税务稽查案件办理程序规定》第 17 条第 1 款便明确规定了此意见,若税务机关仅采信纳税人的自认而不去调查取证,反而是严重违反法定程序的。

(二)人民法院应尊重税务行政机关的首次判断权和专业判断事项

对于行政机关的首次判断权和专业判断的尊重是最高人民法院近几年来确立的行政诉讼司法审判规则。行政机关的首次判断权也叫初次判断权。最高人民法院在公布的2013年度信息公开十大案例中,罕见地两次使用了"尊重""行政机关首次判断权"的表述。中南大学黄先雄教授曾指出:"尊重行政首次判断权是指法院在司法审查的过程中,应尊重行政机关对行政事务优先判断及处理的权力;对于行政机关职权范围内未予判断处理的事项,法院不得代替行政机关作出决定,需待行政机关先行处理后,法院再对其作出的行政行为是否合法进行审查……行政首次判断权涉及的主要问题是行政诉讼中司法权与行政权的关系问题,也可以说是司法权介入行政权的边界问题。它强调司法权对行政权的尊重。对行政机关职权范围内的事项,法院一般只有在行政机关进行首次判断之后,才能进行事后的第二次审查判断。"〔1〕具体到笔者代理的这两个案例来说,税务机关认为对3万元利息和没有货物流的资金收入不应当征税是行使首次判断权,人民法院在第二次判断时不得超越税务机关认定的范围,直接认定对3万元利息和没有货物流的资金收入应当纳税。

2017年6月发布的"最高人民法院行政审判十大典型案例(第一批)"之一广州德发房产建设有限公司诉原广州市地方税务局第一稽查税务处理决定案(以下简称德发公司税务案)中,最高人民法院专门对尊重行政机关的专业判断进行了论述,最高人民法院说明该案的第一个典型意义为:"尊重行政机关长期执法活动中形成的专业判断和行政惯例。通过司法确认的方式,认可省级以下税务局及其税务稽查局在具体执法过程中形成的不违反法律原则和精神且符合具体执法规律和特点的惯例,为今后人民法院处理类似问题提供借鉴方法。"最高人民法院原副院长江必新法官曾指出:"司法机关应当尊重行政机关的技术专长和专业特长。对于行政行为的合理性、正当性问题,特别是涉及技术性、专业性领域,司法机关应当保持谦抑,对行政机关的专业判断给予应有充分尊重……专业判断,人民法院在实体上很难判断其合理与否,通常应当予以充分

〔1〕 黄先雄:《行政首次判断权理论及其适用》,载《行政法学研究》2017年第5期。

尊重,不宜以司法评价代替专业判断。"[1]江必新法官还指出,行政审判必须对行政机关依法作出的专业判断给予必要尊重。行政决定本身就是一种将法的一般规范适用于特定行政相对人或事的活动,是法的第一次适用,而行政审判属于法的第二次适用,具有司法复审的意义。[2] 因此,一方面,行政审判不能超越被诉行政行为的范围而审查其他内容;另一方面,行政审判要充分尊重行政机关的行政权,特别是要尊重行政机关基于自身业务优势所作出的裁量性判断,不宜以司法裁量直接取代行政主体的自由裁量。也就是说,虽然《行政复议法》《行政诉讼法》都规定了全面审查原则,但根据行政首次判断权原则,复议机关、法院原则上也仅是在作出行政行为的行政机关首次判断认定的范围内进行全面审查,而不是超越行政认定的事实和范围进行审查。具体到案件2来说,税务机关委托破产管理人出具的专业报告和其根据报告数据对纳税人主营业收入的测算或推算,以及其对于增值税"三流"一致要求的判断都属于其专业判断。

对于案件1中第二稽查局未将生效判决确定的3万元利息计入应纳税所得额,以及案件2中第四稽查局仅根据送货单及对应的货款1,491,234.96元确定应税收入,区法院认为都属于认定事实不清、证据不足。区法院的此种观点没有事实和法律依据,甚至可以说是在以民事审判的裁判方法审查行政诉讼案件,而没有在行政诉讼中遵守对税务机关首次判断权和专业判断尊重的原则。

首先,资金收入和应税收入、应纳税所得额在税法上是不同的法律概念,依法核定应税收入、应纳税所得额等系税务机关的专属法定职权。因此,纳税人的哪些资金收入属于应税收入或应纳税所得额,应由税务机关按照《税收征收管理法》及有关规定在其职权范围内作出专业判断,司法机关应当尊重税务机关的行政首次判断权和专业判断。例如,在案件2中,虽然有资金流且买卖双方都认可支付了1,915,997.73元货款,但税务机关在税务执法案件中不能当然直接以资金流和交易中上下游企业的自认认定应税收入,而是仍然需要依职权进行调查,以判断该资金收入能否认定为应税收入。在货物交易中,必须有

[1] 江必新:《行政审判基本问题研究》,载中华人民共和国最高人民法院行政审判庭编:《行政执法与行政审判》(总第70集),中国法制出版社2018年版,第10页。

[2] 江必新:《关于裁判思维的三个维度》,载《中国审判》2019年第3期。

对应的销售货物才能缴纳增值税,税务机关必须审查收入的资金流、货物流和发票流。某线缆公司自认的1,915,997.73元的资金流,对应的货物流(送货单)仅有1,491,234.96元。仅有资金流而无货物流的金额不符合税务检查中“三流”一致的要求,因此,将1,915,997.73元全额认定为应税收入不符合税务稽查证据规范中对于确定应税收入的认定。第四稽查局在税务稽查中认为,按照税务稽查证据规范的证据规则,仅根据资金流就将1,915,997.73元全额认定为应税收入,而不审查对应的货物流,证据并不充分。出于谨慎原则和有利于纳税人的原则,税务行政机关仅认定了资金流和货物流一致的1,491,234.96元为应税收入,属于行使行政首次判断权和专业判断,以及依法履行证据效力认定的情况,亦符合税收征管的法律规定。

其次,人民法院轻易否定税务机关的首次判断权或专业判断,不利于良好税收征管秩序的构建。例如,在案件2中,交易中出现的“三流”不一致情况可能涉嫌虚开增值税发票的税收违法行为,而虚开增值税发票是税务机关严厉打击的高发税收违法行为。第四稽查局仅认可资金流和货物流一致的1,491,234.96元为增值税应税收入,是完全符合增值税征税规则的。法院在不了解增值税的征税规则和实践的情况下,仅根据买卖双方的自认,轻易在行政诉讼中将资金流和货物流不匹配的收入认定为增值税应税收入,等于是在司法审判中为该收入的合法性进行了“背书”。但是,虚开增值税发票的行为多是开票方和受票方进行的合谋,若人民法院在行政判决中为开票方和受票方的行为进行了合法性“背书”,开票方就可以“堂而皇之”地给受票方开具增值税发票;税务机关若是之后发现虚开增值税发票问题,因为有司法判决存在,就难以对此虚开增值税发票的行为进行查处。反之,税务机关根据专业判断仅认定资金流和货物流一致的资金收入为增值税应税收入,对于没有开票的,开票方就仅能就此部分开具增值税发票,其余部分要么暂时不能开票,要么开票方和受票方完善交易手续后才能开具增值税发票;对已经超出“三流”一致范围开票的,要按照增值税发票监管要求采取相应的监管措施,此举有利于维护正常的增值税征税秩序,也有利于维护国家的税款安全。

(三)人民法院应当在税务机关认定的事实范围内进行司法审查,区法院的认定将导致纳税人面临更重的纳税义务,违反禁止不利变更原则

首先,《行政复议法实施条例》第51条规定:“行政复议机关在申请人的行政复议请求范围内,不得作出对申请人更为不利的行政复议决定。”所以,市税务局在复议中,没有将纳税人未请求的案件1中的3万元利息和案件2中未认定为增值税应税收入的部分是否应当纳税纳入复议审查范围,符合法律的规定。

其次,《行政诉讼法》第77条规定:“行政处罚明显不当,或者其他行政行为涉及对款额的确定、认定确有错误的,人民法院可以判决变更。人民法院判决变更,不得加重原告的义务或者减损原告的权益。但利害关系人同为原告,且诉讼请求相反的除外。”最高人民法院第二巡回法庭2020年第9次法官会议纪要《禁止不利变更原则的适用》明确,撤销诉讼也要适用《行政诉讼法》第77条第2款规定的禁止不利变更原则。该法官会议纪要进一步明确,在法院采取撤销原行政行为、由行政机关依据文书意旨重新作出行政行为的判决方式时,文书理由可以作为判断是否构成“不利变更”的辅助依据,法院撤销判决方式具有形成力及拘束力。由于行政行为所创设的法律关系因撤销而灭失,行政机关与行政相对人的法律关系恢复至被诉行政行为作出之前的状态。如果行政争议所涉及的问题仍未解决,行政机关必然会再次进行处理。行政机关再次处理时,对其具有拘束力的并非只有判决文书的主文,据以作出撤销文书的撤销理由也具有拘束力。本文讨论的两案中,区法院判决撤销《税务处理决定书》,案件1的理由之一是3万元利息收入未计税,案件2的理由之一是未将1,915,997.73元全部认定为增值税应税收入,区法院的裁判理由将对税务机关产生约束力,会导致税务机关重新作出的决定必然加重纳税人的税负,这实质上有悖行政诉讼中的禁止不利变更原则。

(四)法院直接以司法评价代替专业判断,有违司法谦抑原则

1.行政诉讼中,合法性审查是原则,合理性审查是例外

案件2中,区法院认定撤销《税务处理决定书》的主要理由之一是认为第四

稽查局采信《清查报告》《咨询报告》不具有合理性，但在行政诉讼中，合法性审查是原则，合理性审查是例外。江必新法官在《行政审判基本问题研究》中还指出：《行政诉讼法》第6条规定，人民法院审理行政案件，对行政行为是否合法进行审查。在修改《行政诉讼法》的过程中，有人提出将该条调整为对行政行为的合法性和合理性进行审查的修改意见，但立法机关最后没有采纳，仍然坚持合法性审查原则。立法机关对此未予修改主要基于以下考虑：第一，合法性审查原则是世界各国行政诉讼司法审查的基本原则。第二，合法性审查是司法机关审查行政行为合法性的基本依据，是司法审查的安身立命之地。司法机关与行政机关的分工不同，行政机关有多个部门，不同部门的专长和技术各不相同，司法机关的优势不在于掌握行政专长和技术，而是对法律的熟悉，即合法性审查。

2. 核定征收确定应纳税额是税法赋予税务机关的专属权力，亦属于税务机关的首次判断权和专业判断范围，纳税人有异议的应当在税务机关核定时提出和提供证据，而不是在复议和诉讼中提出

首先，《税收征收管理法实施细则》第47条第1款赋予了税务机关采用推算、测算和其他合理方法等多种方法核定应纳税额的权力，属于税务机关法定的判断权，只要是税务机关依法履行法律规定的首次判断权和专业判断，人民法院原则上应予尊重。

其次，《税收征收管理法实施细则》第47条第3款规定，纳税人对于核定的应纳税额有异议的，应当提供证据，经税务机关认定后，调整应纳税额。该款规定的意思是，纳税人对所提异议有举证责任：纳税人对税务机关核定的应纳税额有异议的应当在调查程序中向税务机关提供证据，而不是在复议或诉讼中。在案件2中，第四稽查局已经数次书面通知某线缆公司提供证据和说明理由，保证了其举证和陈述、申辩权，但某线缆公司仅认为平均毛利率过高，一直未予提供任何证据，违反法定举证义务和税务机关的行政指令。最高人民法院《关于行政诉讼证据若干问题的规定》第59条规定："被告在行政程序中依照法定程序要求原告提供证据，原告依法应当提供而拒不提供，在诉讼程序中提供的证据，人民法院一般不予采纳。"所以，某线缆公司原则上不得在复议或诉讼中再提出所谓的证据否认《清查报告》《咨询报告》，其应当承担举证不利的法律后果。

3. 对于行政行为的合理性、正当性问题,特别是涉及技术性、专业性领域的审查,人民法院应当保持司法谦抑性

首先,《税收征收管理法实施细则》第47条规定,核定应纳税额并不要求精确,推算、测算、其他合理方法都可以。在案件2中,第四稽查局在检查过程中,发现《清查报告》中存货清册表上的单价与某线缆公司财务账簿中期末存货账面单价不一致,特别是《清查报告》表述对存货认定暂无法准确认定,第四稽查局委托破产管理人对某线缆公司截至2019年3月31日盘存存货的价值进行了重新确认,并形成了《咨询报告》。某线缆公司的破产管理人自然掌握该公司的财务数据,其又是专业的会计师事务所,作出的报告当然具有合理性和专业性。区法院没有考虑到核定征税中纳税人未履行举证义务的事实,仅以报告数据有差异,就认为税务机关采信《咨询报告》《清查报告》进行核算不具有合理性,区法院的此理由反而不合理。第四稽查局是根据《税收征收管理法实施细则》第47条第1款第3项规定的按照耗用的原材料等进行的推算或测算,而不是区法院认为的核算,核算与测算、推算在税法和财务会计上不是一个概念。区法院轻易地认为第四稽查局在核定征收中的测算或推算不合理,此认定干预了税务机关依法核定征收税款的权力,可能导致税务机关无法正常地依法开展核定征税工作,不利于国家税款安全。

其次,《行政诉讼法》第6条规定:"人民法院审理行政案件,对行政行为是否合法进行审查。"对于行政行为的合理性、正当性问题,特别是涉及技术性、专业性领域的,司法机关应当保持谦抑性,对行政机关的专业判断给予应有的充分尊重,不宜以司法评价代替专业判断。《咨询报告》是对《清查报告》的补充,《清查报告》中的存货价值有不明确之处,第四稽查局正是本着审慎的原则委托破产管理人进行了再次审查并出具了《咨询报告》,清查后明确实际盘存金额为9,589,481.44元,第四稽查局再用账面金额151,001,724.89元减去清查后明确实际盘存金额9,589,481.44元,测算得出截至2019年3月31日账实差额141,412,243.45元为主营业收入具有合理性。第四稽查局的工作完全符合《税收征收管理法实施细则》第47条关于测算、推算等合理方法的规定。

(五)人民法院有权纠正税务机关征税决定中的首次判断和专业判断的不合法和明显不合理、不正当之处

首先,前文已经论述,在行政诉讼中,法院应当对行政机关的首次判断权和专业判断予以尊重,但是这并不意味着法院对行政机关的首次判断权和专业判断一定要予以全盘接受。《最高人民法院行政审判庭法官会议纪要》(第一辑)一书中的《对行政机关专业认定的司法尊重》一文汇总法官会议对德发公司税务案意见时,在司法审查行政机关专业认定的基本思路中,提出了行政专业认定是否合乎程序正当要求、行政专业认定是否明显不常理、行政专业认定是否构成滥用职权的三个审查原则。[1] 江必新法官在《行政审判基本问题研究》中也指出,合法性审查原则存在例外情形,即《行政诉讼法》第 70 条规定的行政行为有滥用职权和明显不当的,人民法院判决撤销或者部分撤销,并可以判决被告重新作出行政行为。[2] 滥用职权,是指行政机关本身拥有这个行政职权,行政行为没有超出法律法规授权的范围,但在权限范围内违反法律适用和权力运用的基本目的和规则,作出明显不合理、不正当、不公平的行政行为。滥用职权问题包含了不合理审查、不正当审查要素,且前述规定还明确使用"明显不当"的表述,这意味着人民法院可以对行政行为正当、合理与否进行审查。合法性审查的本质意义,并非仅能对合法性问题进行审查,而是仅在行政行为达到违法程度之时,人民法院才能对其有所作为,如判决确认违法、撤销、确认无效或者改变行政行为。换言之,人民法院应当对合理性进行审查,否则难以确定行政行为是否属于明显不正当情形。实践中,人民法院进行合理性审查应把握以下标准:第一,是否违反了目的性和正义性;第二,是否违反了基本的公平合理规则;第三,处理结果是否明显畸轻畸重,明显不合理、不公平。江必新法官在文章中进一步指出,对于行政执法程序中专业机构出具的专业意见,人民法院在实体上很难判断其合理与否,通常应当予以充分尊重,不宜以司法评价代替

---

〔1〕《对行政机关专业认定的司法尊重》,载最高人民法院行政审判庭编:《最高人民法院行政审判庭法官会议纪要》(第一辑),人民法院出版社 2022 年版,第 216 - 231 页。

〔2〕江必新:《行政审判基本问题研究》,载中华人民共和国最高人民法院行政审判庭编:《行政执法与行政审判》(总第 70 集),中国法制出版社 2018 年版,第 10 页。

专业判断,但人民法院可以从程序和专业机构的资质等方面进行审查。[1] 所以,根据《行政诉讼法》第70条的规定和最高人民法院的意见,在行政机关的首次判断权和专业判断达到滥用职权和明显不当程度的情况下,人民法院可以对行政行为进行否定性评价。

其次,在本文讨论的两案件中,区法院认为税务机关少征税款属于侵害国家利益,应当予以撤销。笔者认为,税务机关在执法案件中有自己的行政执法裁量权和判断权,且征税是一个非常专业、复杂和实践操作性很强的问题,只要税务机关是在法律允许的合理合法的幅度内依法征税,人民法院原则上应当尊重税务机关的首次判断权。但是,人民法院若查明,税务机关与纳税人勾结故意少征税,应当以税务机关滥用职权和恶意串通侵害国家利益为由判决确定征税决定无效,并应当将此裁判理由写入判决书。在此种情况下,因纳税人有恶意串通税务机关的违法行为,应当认定为行政行为明显违法。人民法院应当根据《行政诉讼法》第75条和最高人民法院《关于适用〈中华人民共和国行政诉讼法〉的解释》第99条的规定,判决确定行政行为无效。根据最高人民法院第二巡回法庭2020年第9次法官会议纪要《禁止不利变更原则的适用》的意见,禁止不利变更原则不适用于无效的行政行为。

四、结论与启示

综上所述,人民法院在税务行政纠纷案件的审查中,应当对税务机关的行政首次判断权和专业判断予以尊重,并应当遵守禁止不利变更原则。所以,人民法院原则上只能在税务机关认定应当缴纳税款的事实范围内进行审查,而不应当将税务机关未纳入征税范围的事实纳入司法审查范围。根据禁止不利变更原则,人民法院也要防止在裁判理由中增加纳税人的负担。基于司法的谦抑性,在司法审查中应当注意对税务机关核定征税等专业判断事项采取审慎的审查措施,原则上应当予以尊重。但行政机关滥用职权,行政行为不合法、明显不合理、不公平,或其与纳税人恶意串通少征税款的,人民法院应当依法予以纠

---

[1] 江必新:《行政审判基本问题研究》,载中华人民共和国最高人民法院行政审判庭编:《行政执法与行政审判》(总第70集),中国法制出版社2018年版,第10页。

正。具体到本文讨论的两案件中,区法院撤销税务机关的《税务处理决定书》是因为其审查的事实超越了税务机关的首次判断范围,其裁判理由将使得纳税人面临更重的税负,且对于税务机关核定征收时委托专业会计师事务所出具的财务审核报告等资料,以司法评价代替专业判断,干预了法律赋予税务机关的核定征收权力。所以,市某中级人民法院改判纠正区法院两案一审判决是正确的。

本文讨论的两案件的启示意义如下:首先,对于税务机关来说,税法赋予了其调查取证和核定征收的权力,就必然要求其在具体的税收执法案件检查程序中,调查核实每一份证据和纳税人的陈述,即使对于生效判决查明的事实,其也有重新调查核实的权力和责任。此外,税务机关对于自身专业判断的范围要依照法定程序审慎地认定,同时也应当依法保障纳税人的陈述、申辩的权利。其次,对于司法机关来说,其原则上以合法性审查为主,一方面要尊重税务机关的首次判断权和专业判断,另一方面对于税务机关滥用职权和明显不合理、不公正、不合法的首次判断和专业判断也要在司法审判中予以纠正,保障司法权对于行政权的有效监督。此外,人民法院在行政诉讼中审查税务决定时,即使是裁判理由部分也要遵守禁止不利变更的原则,避免使得纳税人因生效判决产生更重的负担。最后,对于纳税人来说,其在税务机关调查程序,特别是对于税务机关在核定征收一类行使专业判断的税务执法活动中,要及时根据法律规定和税务机关的要求提交证据和陈述、申辩意见,要及时与税务机关沟通,避免错过举证期限使得自己陷入不利的法律后果中。纳税人对于税务机关的决定有异议的要及时依法行使复议权和诉讼权。根据最高人民法院第二巡回法庭2020年第9次法官会议纪要《禁止不利变更原则的适用》的观点,文书理由对行政相对人产生不利影响的,行政相对人具有诉的利益。所以,复议决定或判决书说理部分可能造成对自己不利的变更或使自己遭受不利利益时,即使结果是撤销原行政决定,纳税人也要针对说理部分起诉或上诉,避免因生效文书说理部分的拘束力,在之后的新决定中承担更不利的法律后果。

梅某实业集团有限公司税款征缴纠纷案例评析

刘建初*

一、前言

2024 年是中国实行分税制改革 30 周年,更是深化新一轮财税体制改革,推动实现税收法治现代化的关键节点。税收法治现代化的实现需要税收立法的现代化,例如,推动 18 个税种实现税收立法进而在税法领域制定一部基础性、统领性和综合性的税法总则或税法典。然而,法律的生命在于实施,税收法治现代化的实现不仅需要税收立法的现代化,更需要税收司法的现代化。2023 年 11 月 28 日,厦门市思明区人民法院涉税案件合议庭揭牌成立;2024 年 2 月 23 日,全国法院系统首个税务审判庭在上海铁路运输法院揭牌成立;2024 年 6 月 12 日,长春市中级人民法院、长春铁路运输中级法院分别宣布设立税务合议庭,我国的税收司法专业化进一步向前迈进。税收司法专业化是税收司法现代化的内在要求,在推动税收司法现代化的过程中,从案件集中管辖的视角成立涉税合议庭或税务审判庭固然重要,但是从个案正义实现的视角研究税法案例,透过税务争议现象剖析税收法治本质同样重要。

笔者试图通过对"梅某实业集团有限公司与国家税务总局某市税务局、第二税务分局税款征缴纠纷案"的分析为税收法治现代化的实现贡献微观层面的力量。与此同时,以期通过对个案的研究推动税收司法专业化、公开化、统一化,进而实现税收司法现代化,助推税收法治现代化的进程。

---

* 刘建初,北京市广盛律师事务所律师。

二、案情简介

(一)主要案情

被上诉人梅某实业集团有限公司系一家于1998年在我国香港特别行政区依据香港特别行政区《公司条例》注册成立的公司,并且是上市公司某网络股份有限公司的股东。2014年12月,其以缴纳财产转让所得税的名义共向上诉人一国家税务总局某市税务局第二税务分局预缴款项1.2亿元。2015年4月至8月,被上诉人多次减持上市公司股份,并且于2015年6月至12月共向上诉人一缴纳财产转让所得税约1.05亿元。2020年8月25日,被上诉人向上诉人一提交《退税申请报告》,申请追溯享受内地与香港特别行政区税收安排待遇,要求退还多缴纳的预提所得税税款225,235,976.56元及对应利息4,014,268.00元。2020年9月24日,上诉人一作出《税务事项通知书》,认为被上诉人的退税申请超过《税收征收管理法》第51条规定的3年退税期限,上市公司某网络股份有限公司合并报表显示不动产占比为53.36%,超过50%的比例规定,不符合税收安排的免税条件,并且被上诉人未提供香港特别行政区居民身份资料,故不同意退税,自此引发税务争议。2020年11月17日,被上诉人向上诉人二国家税务总局某市税务局提出行政复议申请,请求依法撤销上诉人一作出的《税务事项通知书》。2021年4月25日,上诉人二作出《行政复议决定书》决定维持上诉人一作出的《税务事项通知书》。被上诉人因不服复议决定向泉州市中级人民法院提起行政诉讼。一审法院认为,在案涉股份减持实际发生前,税款征缴理由并未成就,故被上诉人对于2014年的1.2亿元不负有预缴义务,理应根据《税收征收管理法》第84条退还。针对被上诉人2015年缴纳的约1.05亿元,上诉人一未对被上诉人香港特别行政区居民身份开展核查便径行否定,且其不应基于合并报表计算不动产占比,其处理决定依据不足,故判决撤销上诉人一和上诉人二作出的相关决定,并且判决上诉人一重新处理退税申请。上诉人一和上诉人二因不服一审判决向福建省高级人民法院提起上诉。二审法院认为,上诉人一以合并财务报表确定上市公司不动产价值占比,认定内地有权征税,事实不清,依据不足;上诉人一以《税收征收管理法》第51条为据认定被上诉人退税申请超期,适用法律不当;上诉人一在作出相关行政程序前未事先告知被上诉人补充提交证明材料,不符合法定程序。最终,二审法院判决驳回上诉,维持原判。

鉴于本案所涉争议缘起于2014年,跨度近10年,为了更好地还原主要案情,更加清晰地了解案情脉络,本文采取纵向时间轴的方式梳理被上诉人与上诉人一、上诉人二在此次税务争议中的关键事件线索(见表1)。

表1 案件主要案情(纵向时间轴顺序)

序号	时间	关键事件线索
1	1998年7月3日	被上诉人在我国香港特别行政区依据香港特别行政区《公司条例》注册成立
2	2012年3月27日	被上诉人更改名称为梅某实业集团有限公司
3	2014年4月11日	被上诉人所控股的上市公司某网络股份有限公司非公开增发股份,被上诉人所持股的比例由46.71%降为14.05%
4	2014年12月24日、12月26日、12月31日	被上诉人以缴纳财产转让所得税的名义共向上诉人一预缴款项1.2亿元
5	2014年12月31日	某网络股份有限公司合并报表显示不动产占总资产比例为53.36%
6	2015年4月29日、8月27日	被上诉人通过大宗交易及协议转让的方式对某网络股份有限公司股份进行多次减持
7	2015年6月18日、11月26日、12月16日	被上诉人共向上诉人一缴纳财产转让所得税款105,235,976.56元
8	2020年8月25日	被上诉人向上诉人一提交《退税申请报告》,申请追溯享受内地与香港特别行政区税收安排待遇,要求退还多缴纳的预提所得税税款225,235,976.56元及对应利息4,014,268.00元
9	2020年9月24日	上诉人一作出《税务事项通知书》,对被上诉人提出的退还225,235,976.56元企业所得税及对应利息4,014,268.00元的退税申请不予审批,不同意退税
10	2020年11月17日	被上诉人向上诉人二提出行政复议申请,请求依法撤销上诉人一作出的《税务事项通知书》

续表

序号	时间	关键事件线索
11	2020 年 11 月 23 日	上诉人二决定受理被上诉人的行政复议申请,并向被上诉人送达《受理行政复议申请通知书》
12	2020 年 11 月 28 日	上诉人二向上诉人一送达《行政复议答复通知书》
13	2020 年 12 月 4 日	上诉人一向上诉人二提交《行政复议答复书》及证据、适用法律法规依据等相关材料
14	2020 年 12 月 21 日	被上诉人向上诉人二申请以听证方式审理案件
15	2021 年 1 月 6 日	上诉人二作出《行政复议中止审理通知书》决定中止案件审理
16	2021 年 4 月 15 日	上诉人二作出《行政复议恢复审理通知书》,恢复案件审理,并举行听证
17	2021 年 4 月 25 日	上诉人二作出《行政复议决定书》,决定维持上诉人一作出的《税务事项通知书》
18	2021 年 5 月 6 日	上诉人二将《行政复议决定书》送达给被上诉人

(二)各方观点

1. 被上诉人的核心观点

(1)被上诉人不存在纳税义务,1.2 亿元系上诉人一违法提前征收的。《税收征收管理法》第 26 条规定的是纳税申报或报送方式,与上诉人一主张的自主申报、申报法律效力无关。被上诉人报送的报告表只是按格式填写而已,不能因此得出 1.2 亿元的缴纳原因和该款性质。1.2 亿元款项是应上诉人一及相关政府部门要求缴纳的,上诉人一对该 1.2 亿元开具了完税凭证,证明其存在征收行为,但因没有任何交易事项发生,被上诉人不存在纳税义务,上诉人一征收行为违法。

(2)被上诉人属于香港特别行政区法人居民。涉案股权交易行为发生在 2015 年,被上诉人申请享受 2015 年 11 月 1 日前的税收安排待遇,应当适用国家税务总局《关于执行〈内地和香港特别行政区关于对所得避免双重征税和防止偷漏税的安排〉有关居民身份认定问题的公告》(国家税务总局公告 2013 年第53号,已失效)的规定。1998年7月3日在香港特别行政区注册成立的被上诉人,可凭公司注册证书(副本)或商业登记证核证本证明香港居民身份。

(3)被上诉人申请退还涉案款项未超过期限。被上诉人申请追溯享受香港特别行政区税收安排待遇,享受的是内地对涉案减持股份行为没有征税权的待遇;被上诉人不是内地纳税人,其以税款名义缴纳的2.25亿多元款项不是税款,申请享受待遇退还相关款项不受《税收征收管理法》第51条规定的3年期限限制。即使该2.25亿多元属于税款,由于2015年纳税扣缴义务尚未发生,且上诉人一于2020年6月通知被上诉人就涉案减持股份行为进行纳税申报,该款项尚未结算,未超过3年期限。

(4)应当采用上市公司的个别报表而非合并报表计算不动产占比。投资者的投资判断不仅考虑其合并报表,也考虑其个别报表,且投资者判断公司财务状况、经营成果与税务机关征收税款的依据无关。税收安排最重要的目的是避免双重征税,纳税人报表只有不符合财务会计制度才需要调整,税务机关无权擅自调整报表或要求抵销内部交易。某网络股份有限公司才是上市的法律主体,其个别报表才能真实反映企业财务状况和经营成果,本案某网络股份有限公司个别报表资产总额48亿元是经过审计的,是真实合法公允的。税务机关判定征税权须有明确依据,不能主观认为"未准确反映该上市公司资产和不动产实际情况",反映企业财务状况是纯会计问题,不是征税依据。上诉人一将合并报表假设的会计主体与法律主体混为一谈。

2. 上诉人一的核心观点

(1)被上诉人的退税申请已经超过法定3年可申请退税期限。根据《非居民纳税人享受协定待遇管理办法》第10条第1款规定的"非居民纳税人可享受但未享受协定待遇而多缴税款的,可在税收征管法规定期限内自行或通过扣缴义务人向主管税务机关要求退还多缴税款,同时提交本办法第七条规定的资料"和《税收征收管理法》第51条规定的"纳税人超过应纳税额缴纳的税款,税务机关发现后应当立即退还;纳税人自结算缴纳税款之日起三年内发现的,可以向税务机关要求退还多缴的税款并加算银行同期存款利息,税务机关及时查实后应当立即退还",被上诉人申请退款的税款缴纳时间分别为2014年12月24日、12月26日、12月31日,2015年6月18日、11月26日、12月16日,至申请退税之日均已超过3年。

(2)被上诉人提交的《审计报告》显示合并报表中不动产占总资产比例超过50%,不符合税收安排的免税条件。根据《内地和香港特别行政区关于对所得避免双重征税和防止偷漏税的安排》第13条第4款规定的“转让一个公司股份取得的收益,而该公司的财产主要直接或者间接由位于一方的不动产所组成,可以在该一方征税”及其议定书第2条规定的“‘财产’一词应理解为财产的价值,而‘主要’一词,应理解为不少于50%”,鉴于上市公司2014年12月31日合并报表显示不动产占总资产比例为53.36%,内地有征税权。

(3)被上诉人未能提供证明其2015年香港特别行政区居民身份的资料。根据《非居民纳税人享受税收协定待遇管理办法》(国家税务总局公告2015年第60号,已失效)第26条规定的“本办法自2015年11月1日起施行……《国家税务总局关于执行〈内地和香港特别行政区关于对所得避免双重征税和防止偷漏税的安排〉有关居民身份认定问题的公告》(国家税务总局公告2013年第53号)……的有关内容同时废止”,被上诉人凭商业登记证核证本认定香港特别行政区居民身份的相关规定已经失效。与此同时,根据《非居民纳税人享受协定待遇管理办法》(国家税务总局公告2019年第35号)第7条第1项规定的“由协定缔约对方税务主管当局开具的证明非居民纳税人取得所得的当年度或上一年度税收居民身份的税收居民身份证明”,被上诉人未能提供2015年香港特别行政区税收居民身份证明,故不符合退税申请的身份条件要求。

3. 上诉人二的核心观点

(1)被上诉人未能提供香港特别行政区税务主管当局出具的税收居民身份证明以追溯享受税收安排待遇。“提供身份证明文件”的规定属于程序性规定,是为了实现实体权利即享受税收安排待遇提供必要的规则。根据“程序从新”的法律适用原则,应适用作出税务处理决定时有效的程序性规定。

(2)内地税务机关对被上诉人的股权转让行为具有征税权。根据《内地和香港特别行政区关于对所得避免双重征税和防止偷漏税的安排》第13条第4款的规定,并且根据上市公司对外公告的《审计报告》中合并资产负债表体现的资产及不动产账面价值,某网络股份有限公司不动产占总资产比例为53.36%,故符合征税规定要求。

(3)被上诉人的退税申请时间已经超过3年。根据《税收征收管理法》第51条的规定,被上诉人应当在结算缴纳税款之日起3年内申请退还。被上诉人申请退还的税款缴纳时间分别为2014年12月24日、12月26日、12月31日,2015年6月18日、11月26日、12月16日,退税申请时间2020年8月25日距缴税时间已超过3年,因此,主管税务机关有权驳回其退税申请。

(4)被上诉人于2014年12月向主管税务机关缴纳的1.2亿元税款属于主动纳税申报。上诉人一并未向被上诉人发放《税务事项通知书》要求其提前缴纳预提所得税。

(三)争议问题

1.作为纳税主体的被上诉人是否享有内地与香港特别行政区税收安排待遇。

2.作为纳税主体的被上诉人申请退税是否超过3年退税期限。

3.作为征收主体的上诉人一是否享有对涉案股权转让行为的征税权。

4.作为征税主体的上诉人二作出的税务行政复议决定是否正确。

5.作为司法机关的一审法院要求上诉人一退还款项是否超出审查权限。

(四)裁判观点

本案历经泉州市中级人民法院一审与福建省高级人民法院二审。一审判决结果为:(1)撤销被告一作出的《税务事项通知书》;(2)撤销被告二作出的《行政复议决定书》;(3)被告一应于本判决生效后30日内,对原告2020年8月25日提出的退还企业所得税225,235,976.56元及对应利息人民币4,014,268.00元的申请重新进行处理。二审判决结果为:驳回上诉,维持原判。尽管最终二审维持原判,但是两级法院在裁判观点和裁判理由上存在一定的区别,故笔者针对两级法院观点进行分类列明。

1.一审法院的裁判观点

(1)涉案款项的退还不宜适用《税收征收管理法》第51条

国家税务总局《关于贯彻实施〈中华人民共和国税收征收管理法〉有关问题的通知》规定:“……新《征管法》第五十一条对纳税人超过应纳税额缴纳税款

的退还，不包括预缴税款的退还、出口退税和政策性税收优惠的先征后退等情形。”对于依法负有纳税义务的纳税人多缴的税款，应适用《税收征收管理法》第51条的规定予以退还。在税收征缴过程中，当事人缴纳了相关款项，但经查明其实际上不负有纳税义务，以缴纳税款名义实际缴纳的款项或者政策性税收优惠的先征后退的情形不属于“超过应纳税额缴纳”问题，对该款项的退还，不宜适用《税收征收管理法》第51条的规定。

(2)原告预缴的1.2亿元应根据《税收征收管理法》第84条退还

《税收征收管理法》第28条第1款规定：“税务机关依照法律、行政法规的规定征收税款，不得违反法律、行政法规的规定开征、停征、多征、少征、提前征收、延缓征收或者摊派税款。”在案涉股份减持实际发生前，原告据以缴纳税款的原因和被告一据以征收税款的理由并未成就，故原告并不负有预缴上述税款的义务，被告一对该款项的征收没有法律依据，理应根据《税收征收管理法》第84条的规定，退还上述不应征收而征收的预缴税款1.2亿元。

(3)原告已提供资料证明其香港特别行政区居民身份符合税收安排要求

原告已提供香港特别行政区有关当局出具的公司注册证书(副本)等资料，证实其系在香港特别行政区注册成立的法人，符合税收安排规定的香港特别行政区居民身份。被告一对原告的身份有怀疑，认为其提交的上述资料不足以证明其香港特别行政区居民身份的，应当根据相关规定，向香港特别行政区税务局开具转介函，由原告携带该转介函向香港特别行政区税务局申请开具居民身份证明书，或将情况报送国家税务总局审定。但被告一在对原告的香港特别行政区居民身份进行认定时，未经上述程序，以自2015年11月1日起，凭商业登记证核证本认定香港特别行政区居民身份的相关规定已经失效为由，认定原告未能提供证明其2015年香港特别行政区居民身份的资料，显属依据不足。

(4)计算不动产价值与财产价值比例不能以合并报表为基础

根据企业会计准则有关规定，合并财务报表是指由母公司编制的包括所有控股子公司会计报表的有关数据的报表。该报表可向报表使用者提供公司集团的财务状况和经营成果。合并报表反映的对象是由若干个法人组成的会计主体，是经济意义上的会计主体，而不是法律意义上的主体。因此，计算不动产价值与财产价值的比例，不能以合并报表中的数据为基础。被告根据《审计报告》中的企业合并财务报表,认定某网络股份有限公司2014年不动产占总资产比例超过50%,亦属依据不足。

2. 二审法院的裁判观点

(1)以合并报表确定不动产占比判断有权征税系事实认定不清

税务机关主张被转让公司某网络股份有限公司不动产占总资产比例为53.36%,据此认定内地有权征税,其提供的证据是经审计的关于某网络股份有限公司的合并财务报表。然而,合并财务报表是指反映母公司和其全部子公司形成的企业集团整体财务状况、经营成果和现金流量的财务报表,不论母公司控制的公司是否持有不动产,都需纳入合并财务报表。上诉人一未经其他相关调查取证,亦未提供本案情形可依据合并财务报表的规定,仅以反映被转让公司和其子公司整体企业集团财务情况的合并财务报表,确定被转让公司本身不动产价值占比,认定内地有权征税,事实不清,依据不足。

(2)退税申请超期和未能提供身份证明的认定系适用法律错误

在内地是否有权征税、被上诉人是否为纳税人尚存争议的情况下,上诉人一以《税收征收管理法》第51条为据认定被上诉人退税申请超期,适用法律不当。被上诉人申请追溯享受内地与香港特别行政区税收安排待遇,应以2015年股份转让行为发生时有效的规范作为依据,上诉人一以被上诉人提出申请时有效的《非居民纳税人享受税收协定待遇管理办法》(国家税务总局公告2015年第60号)等规定失效为由,认定其未能提供证明其2015年香港特别行政区居民身份的资料,适用法律有误。

(3)被诉通知书作出的决定未依法告知陈述申辩权系程序违法

《福建省行政执法条例》第29条第1款规定:"行政执法机关作出对当事人不利的行政执法决定前,应当依法告知当事人拟作出行政执法决定的事实、理由、依据和决定内容,以及其依法享有的陈述权、申辩权。"被诉通知书属于涉及金额巨大且对被上诉人不利的行政执法决定,但上诉人一在决定前并未依法告知相关内容和陈述申辩权,亦未充分听取陈述和申辩。此外,在认为被上诉人提供的身份证明材料不符合要求时,上诉人一在决定前亦未事先告知其补充提交。故被诉通知书的作出不符合法定程序。

（4）一审法院在判决理由中认为涉案款项应予退还系超出审查权限

本案应当审查的是被诉通知书和被诉复议决定的合法性，并非审查税务机关征税行为的合法性，一审法院判决上诉人一对被上诉人的申请重新作出处理，并无不当。至于如何重新处理，应由上诉人一重新调查认定，一审法院在判决理由中认为上诉人一违法提前征收的涉案 1.2 亿元款应予退还，且退还的依据是《税收征收管理法》第 84 条，超出本案审查权限，应予纠正。

三、法理评析：透过税务争议现象剖析税收法治本质

（一）纳税主体视角：被上诉人是否享有内地与香港特别行政区税收安排待遇，其申请退税是否超过 3 年退税期限

1. 事实认定层面

就本案而言，被上诉人于 2020 年 8 月 25 日向上诉人一提交《退税申请报告》，其认为经过历次股权转让交易，其均已按照 10% 的税率缴纳了内地预提所得税，历次申报纳税情况均有完税凭证等支持性文件。被上诉人认为其对 2015 年六次股权减持交易可以申请享受内地与香港特别行政区税收安排待遇，亦即无须缴纳内地预提所得税。然而，上诉人一于 2020 年 9 月 24 日作出《税务事项通知书》，不同意退税，由此引发税务争议。笔者认为，上诉人一针对被上诉人是否享有内地与香港特别行政区税收安排待遇以及申请退税的期限是否超过 3 年存在事实认定层面的错误。首先，被上诉人在向上诉人一提交退税申请时已经提供香港特别行政区有关当局的公司注册证书副本，这足以从事实上证明其香港特别行政区居民身份。上诉人一对被上诉人香港特别行政区居民身份的怀疑欠缺事实依据，并且未要求被上诉人携带转介函向香港特别行政区税务局申请开具居民身份证明书，系上诉人一事实认定不清。其次，对被上诉人股权转让公司的不动产占总资产比例是否超过 50% 的认定应当遵循实事求是的原则。被上诉人是否享有税收安排待遇关乎税款征收，上诉人一在认定该事实时未充分调查涉案股权转让公司的不动产比例，仅依据合并财务报表径行判断，系事实认定错误。最后，被上诉人申请退税的期限并未超过 3 年。上诉人一仅从被上诉人税款缴纳的时间与申请退税的时间之间进行差额计算得出退税期限超过 3 年的结论。申请退税的前提事实是被上诉人是具有纳税义务的

纳税人,上诉人一未对被上诉人核实纳税义务是否发生以及纳税义务的发生时间便认定其退税申请超过3年期限系事实认定错误。

2.法律适用层面

上诉人一根据《非居民纳税人享受协定待遇管理办法》(国家税务总局公告2019年第35号)第10条第1款规定的“非居民纳税人可享受但未享受协定待遇而多缴税款的,可在税收征管法规定期限内自行或通过扣缴义务人向主管税务机关要求退还多缴税款,同时提交本办法第七条规定的资料”以及《税收征收管理法》第51条规定的“纳税人超过应纳税额缴纳的税款,税务机关发现后应当立即退还;纳税人自结算缴纳税款之日起三年内发现的,可以向税务机关要求退还多缴的税款并加算银行同期存款利息,税务机关及时查实后应当立即退还”便不同意被上诉人的退税申请系法律适用错误。首先,上诉人一援引《税收征收管理法》第51条的逻辑前提是依据《非居民纳税人享受协定待遇管理办法》(国家税务总局公告2019年第35号)第10条中转致条款的规定即“在税收征管法规定期限内”。然而,《非居民纳税人享受协定待遇管理办法》(国家税务总局公告2019年第35号)第10条的适用前提是承认被上诉人享受税收安排待遇。上诉人一一方面否定被上诉人的税收安排待遇,另一方面又援引承认被上诉人享受税收安排待遇的法律规定推定其申请退税超过3年期限,进而否定其不享受税收安排待遇。上诉人一这种前后自相矛盾的法律适用路径缺乏基本的逻辑思维,系明显的法律适用错误。其次,根据《税收征收管理法》第51条规定的“纳税人超过应纳税额缴纳的税款,税务机关发现后应当立即退还”,上诉人一作为税务机关在被上诉人进行纳税申报时便应当履行谨慎的注意义务,在接受高达上亿元的纳税申报时便应当及时发现问题,核实被上诉人是否为纳税人、是否应当缴纳税款。上诉人一作为税务机关未能及时发现问题并退还税款给被上诉人造成了期限利益损失,故不能让被上诉人承担期限超期带来的不利影响。最后,《税收征收管理法》第51条规定的“纳税人自结算缴纳税款之日起三年内发现的,可以向税务机关要求退还多缴的税款并加算银行同期存款利息”的适用前提是被上诉人是具有纳税义务的纳税人,其自结算缴纳税款之日起3年内发现的,享有税款退还权。然而,被上诉人作为非居民纳税人享有税收安排待遇,故其不具有纳税义务,其缴纳的税款因其自始至终不具有纳税义务而不应当认定为应纳税额。因此,被上诉人依然享有税款退还权,应当侧重保护被上诉人的合法权益,不应当适用3年的退税期限,被上诉人只要发现便随时可以申请退税。

3. 法理分析层面

纳税主体的权利研究是税收法律关系中的核心内容,而纳税主体的具体权利又可以从不同维度进行分类。例如,有学者认为纳税人权利可以分为实质性权利与程序性权利;原权利与救济权;支配权、请求权和变动权等。[1] 本文个案研究因税务争议涉及的纳税主体权利主要体现为税收优惠权和税款退还权。税收优惠权和税款退还权从权利分类上来看,均属于实质性权利、原权利、请求权。然而,目前学界关于税收优惠权和税款退还权缺乏系统全面的理论研究,笔者通过中国知网对税收优惠权和税款退还权进行主题检索,关于两项权利的研究共计20余篇学术论文,并且缺乏高质量的研究成果。这两项权利关乎纳税主体切身的税收经济利益,亟须引起足够的重视。与此同时,关于这两项权利的名称表述仍未有共识,这同样阻碍了理论研究工作的推进。例如,有学者将这两项权利表述为税负从轻权和限额纳税权;[2] 国家税务总局《关于纳税人权利与义务的公告》中则将这两项权利表述为"依法享受税收优惠权"和"申请退还多缴税款权"。这表明税收优惠权和税款退还权基于不同的维度视角会有不同的表述,但从推动纳税主体权利理论研究的视角来看,尽快形成对不同权利的表述共识将有利于促进纳税主体权利规范化研究。就税收优惠权和税款退还权的立法实践而言,《税收征收管理法》第8条第3款规定:"纳税人依法享有申请减税、免税、退税的权利。"减税和免税实际上体现为税收优惠权,退税实际上体现为税款退还权,二者之间具有密切的关联。然而,这两项权利作为实体性权利却被放置在作为程序法的《税收征收管理法》之中,实际上反映了我国税法领域欠缺一部基础性、统领性和综合性的税法总则或税法典,对于纳税主体的权利体系没有系统性的法律规定,纳税主体的税收优惠权和税款退还权在税收实体法层面存在缺失的问题。

---

[1] 参见施正文:《税收程序法论——监控征税权运行的法理与立法研究》,北京大学出版社2003年版,第144-146页。

[2] 参见张守文:《财税法学》(第6版),中国人民大学出版社2018年版,第151-152页。

(二)征税主体视角:上诉人一是否享有对涉案股权转让行为的征税权,上诉人二的行政复议决定是否正确

1.事实认定层面

就本案而言,上诉人一认为其享有涉案股权转让的征税权,其所依据的事实理由为被上诉人于2020年8月25日提交退税申请时提供的《审计报告》显示,某网络股份有限公司的2014年12月31日合并报表表示不动产占总资产比例为53.36%,符合《内地和香港特别行政区关于对所得避免双重征税和防止偷漏税的安排》第13条第4款及《内地和香港特别行政区关于对所得避免双重征税和防止偷漏税的安排第二议定书》第4条的规定,内地有征税权。上诉人一进而基于此不同意被上诉人的退税申请。被上诉人于2020年11月17日向上诉人二提起行政复议申请,请求依法撤销上诉人一作出的被诉通知书。上诉人二在作出的行政复议决定中同样认为,根据对外公告的《审计报告》中合并资产负债表体现的资产及不动产账面价值,某网络股份有限公司不动产占总资产比例为53.36%。因此,内地税务机关对上述股权转让行为具有征税权。笔者认为,上诉人一和上诉人二认为内地享有涉案股权转让的征税权存在事实认定层面的错误。首先,上诉人一仅依据被上诉人提交的《审计报告》中显示的合并报表判断内地有征税权,实际上对合并报表的性质存在事实层面的认知偏差。合并财务报表是指由母公司编制的包括所有控股子公司会计报表的有关数据的报表。鉴于此,合并财务报告是一个综合的数据报表,不仅包括母公司本身,还包括其所有控股子公司。本案被上诉人仅转让母公司的股权,不涉及该母公司控股的子公司,故计算不动产占总资产的比例也只能以母公司为对象而不应包含控股子公司,上诉人一系混淆了合并报表的性质进而作出错误的事实认定。其次,公司不动产占总资产的比例系判断是否有权征税的重大事实依据,理应进行系统全面的调查和分析,不应被动根据被上诉人提交的材料片面作出论断。上诉人一在征收上亿元税款时并未充分尽到调查的职责,既未让被上诉人提交更多系统性、辅助性的材料证明不动产占比,又未能自身主动履行调查职责,便径行作出缺乏事实依据的认定,上诉人一在行使税收征管权时存在失职行为。最后,上诉人二在受理行政复议后对于涉案股权转让公司的不动产占比

这一诱发税务争议的重要事实进行复议审查时，采取与上诉人一同样的事实认定依据和事实认定观点，对涉案事项欠缺事实层面的独立判断，无法充分发挥行政复议化解税企纷争的作用。

2. 法律适用层面

上诉人一根据《内地和香港特别行政区关于对所得避免双重征税和防止偷漏税的安排》第 13 条第 4 款规定的"转让一个公司股份取得的收益，而该公司的财产主要直接或者间接由位于一方的不动产所组成，可以在该一方征税"以及《内地和香港特别行政区关于对所得避免双重征税和防止偷漏税的安排第二议定书》第 4 条规定的"《安排》第十三条第四款及议定书第二条提及的公司财产不少于百分之五十由位于一方的不动产所组成，按以下规定执行：在股份持有人转让公司股份之前三年内，该公司财产至少百分之五十曾经为不动产"便认为其享有涉案股权转让的征税权系法律适用理解有误。首先，判断内地是否具有征税权需要综合判断被转让公司财产中不动产组成占比是直接的还是间接的。这是首先需要考虑的问题。上诉人一在接受被上诉人退税申请时应当分析判断属于直接情形还是间接情形，而上诉人一在援引该规定时未进行论证分析。其次，判断内地是否具有征税权需要综合判断股份持有人转让公司股份之前 3 年内的不动产占比。然而，上诉人一仅依据《审计报告》中载明的 2014 年合并报表中的不动产占比进行判断，未系统调查被上诉人 2015 年 4 月 29 日首次转让前 3 年内即 2012 年 4 月 29 日至首次转让期间的不动产占比，其判断系以偏概全。最后，判断内地是否具有征税权需要综合判断股份持有人转让公司财产是否至少 50% 曾经为不动产。这种判断标准既涉及比例维度的衡量即至少 50%，又涉及时间维度的考量即曾经为不动产。然而，无论是上诉人一还是上诉人二，既未履行调查穷尽的义务去寻找充足的证据证明不动产占比超过 50%，又未能从横向时间跨度的视角统筹考虑分析特定期限内的不动产占比。

3. 法理分析层面

税收协定或者税收安排是税法领域中的概念，其主要是指国家或地区间为了避免和消除向同一纳税人或在同一所得基础上进行重复征税，从而根据平等互惠的原则签订的避免双重征税和防止偷税、漏税的税收协定或税收安排。一般情况下，税收协定是指国家与国家之间签订的如《〈中华人民共和国政府和新加坡共和国政府关于对所得避免双重征税和防止偷漏税的协定〉及议定书条文解释》,税收安排是指国家内不同地区之间签订的如《内地和香港特别行政区关于对所得避免双重征税和防止偷漏税的安排》。鉴于不同国家或地区基于所得来源地原则和纳税人居住地原则行使税收管辖权,如果纳税人居住国或居住地区与其取得所得的来源地国家或地区之间没有作出税收协定或税收安排,则极易造成双重征税,加重纳税人的税负,不利于国际或区际经贸往来与人才交流。本案涉及对内地与香港特别行政区之间税收安排的理解与适用。实际上学术界对于税收安排的研究仍然缺乏关注,内地的税务机关和法院对于税收安排的认知存在诸多不足。对税收安排的法律解释是一个值得思考的问题,这既涉及对解释主体、解释权限、解释方法、解释规则的具体把握,又涉及对不同既有税法体系的系统理解。与此同时,税收安排中的协商程序同样值得关注,尤其是在产生税务争议时,其为纳税主体提供了税收行政复议和税收行政诉讼之外的第三条解决路径。协商程序系由双方主管部门进行协商沟通,而且不受各自内部法律的时间限制,这样更加容易达成共识,解决税务争议。本案争议问题涉及对退税申请期限的理解分歧,实际上如果本案通过协商程序进行解决则有效避免了这一争议问题,更易得到相对圆满的解决方案。

(三)司法机关视角:一审法院要求退还款项是否超出审查权限,其裁判观点是否超越司法权的边界

1. 事实认定层面

就本案而言,一审法院在判决书的裁判理由中认为:“在股份减持实际发生前,原告据以缴纳税款的原因和被告据以征收税款的理由并未成就,故原告并不负有预缴上述税款的义务,被告对该款项的征收没有法律依据,理应根据《税收征收管理法》第八十四条的规定,退还上述不应征收而征收的预缴税款1.2亿元。”然而,二审法院在判决书的裁判理由中认为:“原审在判决理由中认为涉案款项应予退还,且退还的依据是《税收征收管理法》第八十四条,超出本案审查权限,应予纠正。”结合一审法院和二审法院的裁判观点,其核心分歧在于法院能否对税务机关退还税款作出审查并进而作出判决。从事实认定层面来看,一审法院认定被上诉人不承担税款预缴义务以及认定上诉人一对该款项的征

收没有法律依据事实认定正确。然而，一审法院认定上诉人一退还被上诉人预缴的税款则在事实认定层面存在错误。是否退还涉及征税主体的税收征管权和纳税主体的税款退还权，实际上属于征纳主体之间涉及税款问题的范畴，这关乎征税主体维护国家税收利益的职权，是税法赋予征税主体的法定权利。与此同时，退还税款涉及诸多事实层面的问题，一审法院对征纳主体之间涉及事实层面的细节问题并不掌握，不应当作出判断。此外，一审法院作为司法机关无权干涉征税主体的税收征管权，仅需作出其通知书是否合法的司法裁判即可，至于如何重新处理以及是否退税不应当作出裁判。鉴于此，一审法院要求上诉人一退还款项已经超出审查权限，其裁判观点超越司法权的边界，某种程度上侵蚀了征收主体的行政权，二审法院及时予以纠正符合法律要求。

2. 法律适用层面

一审法院依据《税收征收管理法》第 28 条第 1 款规定的"税务机关依照法律、行政法规的规定征收税款，不得违反法律、行政法规的规定开征、停征、多征、少征、提前征收、延缓征收或者摊派税款"以及《税收征收管理法》第 84 条规定的"违反法律、行政法规的规定，擅自作出税收的开征、停征或者减税、免税、退税、补税以及其他同税收法律、行政法规相抵触的决定的，除依照本法规定撤销其擅自作出的决定外，补征应征未征税款，退还不应征收而征收的税款，并由上级机关追究直接负责的主管人员和其他直接责任人员的行政责任；构成犯罪的，依法追究刑事责任"便认为上诉人一应当退还不应征收而征收的预缴税款 1.2 亿元系法律适用理解有误。对税务机关是否违反法律、行政法规的规定征收税款以及是否擅自作出其他同税收法律、行政法规相抵触的决定需要综合判断。税务机关征收税款并非一个单方法律行为，需要纳税主体纳税申报，征税主体受理并办理相关的完税凭证，双方之间需要达成税款征收的合意。就本案而言，上诉人一并非主动向被上诉人进行税款征收，故一审法院在无法指明上诉人一违反何种法律、行政法规时便不能基于此认定上诉人一违法征收。与此同时，对上诉人一作出不同意退税的决定是否与税收法律、行政法规相抵触，一审法院同样需要作出详细论证。

3. 法理分析层面

司法机关是否超出审查权限、是否超越司法权的边界实质上涉及审查范围问题。税收审查范围从法律规定和诉讼实践来看,主要围绕实施税收行政行为的主体法定职权、事实和证据、法律依据、程序、合法性五个方面展开。第一,审查实施税收行政行为主体的法定职权。从法定职权积极行使角度,违法行为体现为超越职权和滥用职权;从法定职权消极行使角度,违法行为体现为不履行法定职责。第二,审查实施税收行政行为的事实和证据。征税主体实施税收行政行为必须严格查明事实,调查证据。事实不清与证据不足必然导致实施的税收行政行为无效或被撤销。第三,审查实施税收行政行为的法律依据。征税主体实施税收行政行为必须依据现行有效的法律依据,对于已经失效的法律依据或者是效力位阶较低的规范性文件应作出甄别,同时需要正确理解适用法律依据。第四,审查实施税收行政行为的程序。征税主体实施税收行政行为是否符合程序正义既关乎纳税主体的合法权益,又影响税收征管的有效开展。第五,审查实施税收行政行为的合法性。征税主体实施税收行政行为必须合法是核心审查内容,但是不应超出合法性审查的范畴,干涉征税主体的征收征管权。

四、研究结论:积极通过税收司法途径实现权利救济

(一)纳税主体救济权:发挥保障性

所谓税收救济,是指"有关国家机关依法对税务机关实施税务具体行为所造成的不利后果予以消除,从而使税务行政相对人受到侵害的合法权益获得救济的一种法律机制"[1]。正如一句著名的法谚所言"无救济则无权利",纳税主体权利的行使需要充分的税收救济,从而发挥兜底保障作用,以消除纳税主体与征税主体之间相对失衡的权利地位所带来的不利影响。从纳税主体权利理论研究的视角来看,纳税主体的权利是一个权利集合群,在整个权利集合群中税收救济权是其他权利得以正常行使的逻辑前提和根本保障。税收救济的整个逻辑脉络是纳税主体依法行使税法所赋予的正当权利,征税主体的征管行为侵犯了纳税主体的正当权利,纳税主体寻求有关国家机关进行权利救济,有关国家机关通过特定的途径和程序如税收行政复议或税收行政诉讼依法合理地进行救济,从而最终形成一个良性的税收救济闭环。就本案而言,被上诉人作

---

〔1〕 刘剑文:《财税法——原理、案例与材料》(第3版),北京大学出版社2017年版,第339页。

为纳税主体在行使税收优惠权和税款退还权时，作为征税主体的上诉人一不同意退税，其实质上侵犯了被上诉人的正当权利。被上诉人通过向上诉人二进行税收行政复议寻求权利救济无果之后继续通过向泉州市中级人民法院进行税收行政诉讼寻求权利救济，这体现了被上诉人的权利救济意识，为广大纳税主体树立了良好榜样，发挥了引领示范作用。

（二）征税主体征管权：注重合法性

权力的行使需要注意行使边界，合法性是征税主体行使权力必须注重且遵守的逻辑前提。在征税主体的权力集合群中，最核心的权力是税款征收权，最基本的权力是税务管理权，税款征收权和税务管理权构成了狭义的税收征管权。税收征管权的行使既需要注重实体层面的合法性，又需要注重程序层面的合法性。就本案而言，上诉人一在接受被上诉人的退税申请时，仅从实体角度去考虑税收征管权的问题，而严重忽略了从程序角度认真对待被上诉人的退税申请。在退税申请是否满足程序要求，以及履行必要的程序提示义务等方面，上诉人一在税收执法过程中均存在不同程度的欠缺，正因如此才引发税务争议，进而产生税收行政复议和税收行政诉讼。诚然，征税主体是从维护国家税收利益的角度出发不同意退税申请的，但是从程序合法的角度存在欠缺，某种程度上侵犯了纳税主体的合法权益。征收主体行使税收征管权时应当转变观念，从程序工具主义迈向程序本位主义。

（三）司法机关审判权：实现能动性

传统意义上司法所扮演的角色侧重于被动中立，而司法能动与传统的司法被动之间存在一定的差异化。司法能动在《布莱克法律词典》中的界定为“司法机构在审理案件的具体过程中不因循先例和遵从成文法的字面含义进行司法解释的一种司法理念以及基于此理念的行动。当司法机构发挥其司法能动性时，它对法律进行解释的结果更倾向于回应当下的社会现实和社会演变的新趋势，而不是拘泥于旧有成文立法或先例以防止产生不合理的社会后果。因此，司法能动性即意味着法院通过法律解释对法律的创造和补充"[1]。鉴于此,司法能动性侧重于从回应社会现实、不拘泥于成文法的视角对法律进行解释。司法机关在行使审判权时如果从实现能动性的视角出发,则有助于推动个案正义和司法公正的实现。司法能动是来自美国司法审查制度的舶来品,传入中国后,学术界有不同的理解与认知,[2]不过核心共性在于司法机关运用审判权实现对法律的能动解释。就本案而言,作为纳税主体的被上诉人与作为征税主体的上诉人一和上诉人二对于不动产占比条件是否基于合并报表进行确定存在不同的理解;这是对相关规定存在认知的差异化,进而导致税务争议。本案的一审法院和二审法院积极发挥司法能动性,认为不动产占比条件不应当基于合并报表进行确定;这是对税收安排发挥司法能动性的典型体现,从而最大限度回应并解决征纳主体之间的税务争议。

五、引申启示:利用个案研究促进税收司法的现代化

(一)税收司法专业化:审判机构与审判人员专业化

税收司法专业化是税收司法现代化的内在要求,税收司法专业化有利于妥善解决税务争议,便利于纳税主体寻求税收救济,同时能够营造良好的市场化、法治化和国际化的税收营商环境。然而,"长期以来我国实践中一直有忽视税法和税收诉讼专业技术性要求的倾向,这反映在司法机构的设置上,即体现为没有实现税收司法机关的专门化"[3]。有学者便认为"实现税务司法专业化的路径主要包括三种,分别为设置税务合议庭、税务法庭以及税务法院"[4]。从现阶段我国税务司法专业化改革现状来看,厦门市思明区人民法院涉税案件合议庭和长春市中级人民法院、长春铁路运输中级法院税务合议庭均属于第一种路径,上海铁路运输法院税务审判庭则属于第二种路径。目前暂未出现第三种路径即设立税务法院。尽管国内目前已经设立知识产权法院、金融法院等专门

---

[1] Black Henry Campbell, *Black Law Dictionary*, 6th ed., West Publish Co. 1990.

[2] 关于中国能动司法不同观点主张的理解和研究,参见杨建军:《"司法能动"在中国的展开》,载《法律科学(西北政法大学学报)》2010年第1期。

[3] 朱大旗、何遐祥:《论我国税务法院的设立》,载《当代法学》2007年第3期。

[4] 梁汪洋:《我国税务法院的设立:逻辑成因与建构思路》,载《税务研究》2021年第10期。

法院,但是税务法院的设立至今仍未提上议程。不过随着税务合议庭和税务法庭不断在全国各地揭牌成立,并且通过对涉税案件的集中管辖审理,在此基础之上不断总结经验,积极吸取有益的税收司法体制改革成果,税务法院的设立终将是时间问题。税收司法专业化不仅需要审判机构的专业化,还需要审判人员的专业化作为核心支撑。税收司法审判既涉及税法等法律知识,又涉及税收等税务知识;既涉及民事、刑事和行政诉讼,又涉及部门法之间的交叉融合。因此,税收司法审判对于审判人员的专业能力和审判水平提出了较高的要求,需要不断培养、选拔专业化的税收司法审判人员投入税收司法专业化的建设之中。

(二)税收司法公开化:裁判文书与司法数据公开化

税收司法公开化是税收司法现代化的逻辑前提,税收司法公开化有利于增加税务争议审判透明度,提高纳税主体的权利意识,监督征税主体征管行为合法性。"传统的司法公开指司法决策如何传递给公众。司法公开的要素主要包括庭审公开、判决推理、判决(包括少数意见)公开、合议庭表决情况公开,以及公众如何获得裁判文书等内容。"[1]正义不仅要实现,而且应当以看得见的方式实现。司法公开是实现司法正义的前提和基础,司法公开不仅要求充分保障公民的知情权、参与权、表达权和监督权,还要求司法公开实现全面、主动、及时、实质公开。然而,现阶段的司法公开尤其是税收司法公开陷入停滞状态,从中国裁判文书网中检索近些年的税收裁判文书,数量呈现锐减状态,税收裁判文书逐渐转变成以不公开为原则、以公开为例外的错误状态。尽管裁判文书中涉及不同程度的数据、秘密、隐私,但是这些完全可以采取脱密技术手段进行处理解决,这不是裁判文书不公开上网的理由。为了推动税收司法公开化,裁判文书与司法数据应当及时通过各种渠道和途径面向广大纳税主体,以公开为原则、不公开为例外,并且要针对不公开予以具备正当理由的答复,从而充分保障纳税主体知情权。

---

〔1〕 唐应茂:《司法公开及其决定因素:基于中国裁判文书网的数据分析》,载《清华法学》2018 年第 4 期。

(三)税收司法统一化:类案裁判与法律适用统一化

税收司法统一化是税收司法现代化的必由之路,税收司法统一化有利于统一税务争议审判尺度,推动类案裁判机制的构建,增强涉税法律适用的协同性和一致性。“在成文法体制下,法律适用统一是司法的一项基本理念和原则。该原则的实施关系成文法体制语境中,司法公正与司法公信力的重要问题。”[1]法律适用统一化是税收司法统一化的必然要求,关乎类案裁判的目标是否能够实现。税收司法领域的法律适用相较于其他领域会更多涉及税收规范性文件的理解与适用,尤其是国家税务总局发布的公告性税收规范性文件数量庞杂,增加了法律适用统一化的难度。根据《行政诉讼法》第63条第3款的规定,“人民法院审理行政案件,参照规章”,而国家税务总局发布的公告性税收规范性文件并不属于规章,无须进行参照,但是可以作为裁判说理的依据,这同样对法律适用统一化提出了要求。与此同时,对税收安排的法律适用同样是一个值得重点关注的问题。在税收安排具体的法律适用过程中会出现典型的两大问题:第一,税收安排能否直接适用,成为法院作出裁判的依据;第二,税收安排与税法之间存在不一致时,何者优先适用。[2] 本案司法机关对于《内地和香港特别行政区关于对所得避免双重征税和防止偷漏税的安排》的理解与适用同征税主体之间存在不同观点,这表明税收安排在法律适用时容易出现理解的分歧和偏差,这更加表明在推动税收司法统一化时加强法律适用统一化尤为必要。

---

〔1〕 张卫平:《法律适用统一的路径和方法分析》,载《云南社会科学》2024年第2期。

〔2〕 参见邢钢:《双边税收协定在中国适用的法教义学阐释》,载《江西社会科学》2023年第2期。

某矿业集团利用关联交易避税案例评析

朱倩云*

一、前言

(一)案件背景

随着我国商业体系持续发展,产品精细化、专业化的趋势日益明显,越来越多的企业通过设立关联企业的方式分散交易风险、提高企业专营程度,关联交易已经成为我国市场经济体系下不可或缺的组成部分。然而,关联交易毕竟属于特殊交易,易引发恶意规避市场调节、人为干预利润流向、逃避缴纳税款、侵害债权人利益等问题。实践中,一种常见的税务筹划手段是企业利用关联公司开展关联交易,甚至以此达到偷税、漏税的目的,但由于监管手段落后等,税务机关进行稽查的难度较大,从而陷入监管困境。本文选取一家上市公司——ZG矿业股份有限公司(以下简称ZG矿业)利用关联企业避税的案例,探讨大型集团企业下设关联公司之间关联交易避税相关特别纳税调整及税务稽查的相关问题。

(二)研究意义

1. 理论意义

本文以ZG矿业利用关联企业避税案为例,探讨集团公司利用关联交易避税相关问题,对丰富和发展我国境内企业关联交易的税务监管具有重要的理论

---

* 朱倩云,国浩律师(青岛)事务所律师。

意义。特别是,本案例涉及一家关联企业需补缴税款,补缴后另一家关联企业将产生巨额留抵退税的特殊情况,对于提高我国关联交易协同检查的理论水平具有一定的意义。此外,本文深入探讨了税务稽查偷税、漏税案件的依据、范围以及税收滞纳金能否超过税款本金等问题,为理解和运用税务稽查相关政策提供了一些指导和借鉴。

2. 实践意义

本文对企业通过关联交易避税以及税务机关对企业历史欠税的稽查案件进行分析,具有重要的实践意义。首先,本文论证了"交易价格明显偏低"的具体衡量标准,为相关涉税行政案件的具体把握提出了一些思路;其次,本文讨论了关联交易定价偏低的定性问题,以及内资企业境内交易是否需要进行反避税调查或特别纳税调整的问题,论证了当前税务机关采用一般税务调查解决此类案件的合理性;再次,本文分析了滞纳金能否超过欠税税款本金的问题,并提出该问题当下的应对方案和根本解决方案,以期有所裨益;最后,本文分别从税务机关和关联企业、投资者的角度出发提出建议,以期对未来税收监管等方面有所帮助。

二、案情简介

(一)案件主体信息

1. 被稽查企业

ZG 钾肥有限公司(以下简称 ZG 钾肥),注册资本为 8 亿元人民币,成立于 2002 年 11 月 13 日。该公司是 ZG 矿业的全资子公司,主要从事氯化钾的生产和销售,公司拥有察尔汗盐湖开采面积 724.3493 平方千米,年生产能力达 200 万吨,现已发展成为国内氯化钾行业第二大生产企业,青海省 30 家重点企业之一,氯化钾产品国家标准起草单位之一,国家绿色矿山试点单位之一。

2. 涉案关联企业

ZG 锂业有限公司(以下简称 ZG 锂业),注册资本为 5 亿元人民币,成立于 2017 年 9 月 15 日。该公司是 ZG 矿业的全资子公司,主要从事锂系列产品生产经营。

3. 税务机关

本案中,有两级税务机关分别向 ZG 钾肥出具了相关税务文书,一为国家税务总局 Q 省税务局稽查局(以下简称 Q 稽查局),二为国家税务总局 G 市税务局(以下简称 G 市税务局)。

经检索了解,Q 稽查局系 Q 省税务局下设派出机构,主要职责包括:组织落实税务稽查法律、法规、规章及规范性文件,拟定具体实施办法;统筹稽查案源管理,协调、指导、考核本系统税务稽查、社会保险费和有关非税收入检查工作;组织查办督办税收重大违法案件;承担推行"双随机、一公开"监管工作;承担税收违法"黑名单"公布及联合惩戒工作;组织落实税务部门和公安部门联络机制;参与实施"一案双查"。而 G 市税务局于 2018 年 7 月挂牌,系国家税务总局 H 自治州税务局下设基层税务机关,主要职责与其他基层税务机关类似。

(二)主要案情

1. 关联交易价格偏低导致少缴增值税及资源税

2024 年 4 月 9 日,ZG 钾肥收到 G 市税务局下发的《税务事项通知书》(G 税通〔2024〕02 号),认为其与 ZG 锂业为关联企业,2021 ~ 2023 年,其向 ZG 锂业销售的卤水价格与地区其他纳税人卤水销售价格相比明显偏低。

根据《税收征收管理法》第 35 条第 1 款第 6 项、《增值税暂行条例》第 7 条,《增值税暂行条例实施细则》第 16 条第 1 款,财政部、国家税务总局《关于资源税有关问题执行口径的公告》(财政部、税务总局公告 2020 年第 34 号)的相关规定,ZG 钾肥应当补缴增值税和资源税等相关税金。G 市税务局要求 ZG 钾肥在收到《税务事项通知书》后 15 日内,将卤水销售额调整应补缴的增值税、资源税及其他税费和滞纳金及时缴纳入库。

《税务事项通知书》并未列明相关税费金额,根据网络上公开的信息初步估算,ZG 钾肥在这 3 年期间应补缴的税费及滞纳金总计达 4.8 亿元。此次补缴税费后,ZG 锂业将获得约 1.23 亿元的增值税留抵退税和约 1.42 亿元的企业所得税退税,总计约 2.65 亿元。

2. 追征历史增值税及企业所得税

2024 年 3 月 8 日,ZG 钾肥收到 Q 稽查局下发的《税务处理决定书》(Q 税稽处〔2024〕1号),对其2004年1月1日至2014年12月31日增值税及企业所得税情况进行检查,依法追征2004~2014年少缴的企业所得税、增值税、城市维护建设税、教育费附加、地方教育附加,依法追征2011~2014年少缴的价格调节基金,补缴各项税费55,579,301.72元,滞纳金132,380,081.03元,合计187,959,382.75元。

(三)争议问题

1. 交易价格明显偏低的具体衡量标准。

2. 税收滞纳金能否超过欠缴税款本金。

(四)各方观点及主要理由

1. 被稽查企业及涉案关联企业

从ZG矿业对外公开披露的内容来看,尽管公开披露的内容尚未显示该税款及滞纳金已完成缴纳,但ZG矿业及其子公司ZG钾肥、ZG锂业均未公开对此提出异议。

ZG矿业及其子公司可能对历史偷税事宜并无太大反对意见,根据公司2016年发布的《重组相关方关于重大资产重组相关承诺事项的公告》,追征历史税款的部分应由ZG创业投资集团有限公司(以下简称ZG投资)和实控人肖某明承担。2024年3月30日,ZG投资披露《股票减持计划告知函》,预计减持ZG矿业不超过1580万股股份,占公司总股本约1.01%。有关人士分析,此次减持或是为了筹措上述款项,减缓资金压力。由此推断,ZG矿业及其子公司拟筹集资金支付上述税款及滞纳金。而若ZG矿业及其子公司对此处罚存在异议,其完全可以采取提供担保并提起复议的方式进行救济,大可不必通过出售股权的方式筹措资金。

而针对关联交易价格过低事宜,ZG矿业及其子公司可能存在不同意见,笔者从网络媒体处得知,ZG钾肥内部可能对关联交易价格过低这一事实认定并不认可,ZG矿业董秘办相关工作人员进一步解释称:“补税是氯化钾那边(ZG钾肥)的卤水卖给碳酸锂那边(ZG锂业)价格差异导致的,我们的浓度偏低一点,卤水浓度的不一样导致无法定价,今年也在重整这个问题。”

2. 专家学者

笔者检索发现,对于关联交易价格的问题,相关专家学者并未质疑或是有明确的反对的声音。但关于税收滞纳金能否超过税款本金这一问题,专家学者存在不同的声音。

部分学者认为,税收滞纳金不能超过税款本金,主要理由为:依据《行政强制法》第45条第2款的规定,加处罚款或者滞纳金的数额,不得超出金钱给付义务的数额。

还有部分学者认为,税收滞纳金不同于一般滞纳金,可以超过税款本金,主要理由为:依据《税收征收管理法》第32条的规定,纳税人未按照规定期限缴纳税款的,扣缴义务人未按照规定期限解缴税款的,税务机关除责令限期缴纳外,从滞纳税款之日起,按日加收滞纳税款0.5‰的滞纳金。而该规定并未对滞纳金上限进行明确,此外,其他涉税相关法律法规也均未对此予以明确。

3. 税务机关

G市税务局出具的《税务事项通知书》表明,税务机关认定价格明显偏低的依据主要为"与地区其他纳税人卤水销售价格相比明显偏低"。这说明税务机关在认定价格明显偏低时,未同ZG钾肥与非关联公司之间的交易价格进行比较,或者已进行比较但并不存在明显偏低的情况。

此外,从Q稽查局下发的《税务处理决定书》来看,追征税费5557万余元,滞纳金13,238万余元,滞纳金数额远超补缴的税费,达到税费金额的2.38倍。可见,Q稽查局持"滞纳金可以超过税款本金"的观点。尽管未加说理论证,但当前大部分持此观点的税务机关认为:税收滞纳金属于税收征收行为,不属于《行政强制法》规定的"加处罚款及滞纳金"行为,因此税收滞纳金可以超过税款。

4. 司法机关

因ZG矿业及其子公司尚未公开明确对本案提出异议,也未进行诉讼,故本不应涉及司法机关的意见。但他山之石可以攻玉,司法机关可能遇到过类似的案件。

关于关联交易定价的问题,笔者通过专业法律数据库检索,未查询到非常贴切的裁判文书,多数相关案件为企业向关联企业/关联方转让不动产,因税务机关认定其价格偏低而发生,人民法院在审理阶段的主要参考依据是委托评估机构出具的房屋价值评估报告。而本案关联交易的内容为有形商品——卤水,无法单纯通过评估的方法予以衡量,相关案例对本案缺乏参考性。

关于税收滞纳金能否超过税款本金的问题,笔者通过专业法律数据库检索发现,司法机关的意见并不统一,部分地区部分法官判决支持超过税款本金的滞纳金,部分地区部分法官则不予支持。粗略统计后可发现,总体来看,支持与反对的裁判文书数量不相上下,但是将检索范围缩小到近几年则会发现,支持税收滞纳金超过税款本金的裁判文书越来越多,占多数。主要理由为:税款滞纳金是被执行的行政决定确定的内容,并不是执行阶段另行采取的惩罚性强制执行手段,不受《行政强制法》第45条规定的限制。

三、法理评析

(一)交易价格明显偏低的具体衡量标准

税收相关法律法规并未明确何为交易价格明显偏低。目前能够查询到的依据为2017年9月14日国家税务总局稽查局发布的《关于2017年股权转让检查工作的指导意见》(税总稽便函〔2017〕165号)第2条第3项规定:"不合理的低价的判定及调整标准可参照《最高人民法院关于适用〈中华人民共和国合同法〉若干问题的解释(二)》(法释〔2009〕5号)第十九条第二款的规定:'转让价格达不到交易时交易地的指导价或者市场交易价70%的,一般可以视为明显不合理的低价'……"尽管该司法解释已随《民法典》的生效而失效,但2021年最高人民法院颁布《全国法院贯彻实施民法典工作会议纪要》重申了这一衡量标准。此外,《增值税暂行条例实施细则》第16条规定了计税价格偏低且无正当理由的情况下如何确定销售额:(1)按纳税人最近时期同类货物的平均销售价格确定;(2)按其他纳税人最近时期同类货物的平均销售价格确定;(3)按组成计税价格确定。尽管该规定并未明确什么样的销售价格是"明显偏低"的,但是该规定反映了税务机关认为什么样的价格是正当、合理的。如果转让价格低于自身同期售价、当地其他经营者的同期售价以及组成计税价格,且低的幅度超过30%,应当被认为是明显偏低。至于这三个条件是否需要同时满足,由于缺乏明确的规定,笔者认为,应当综合考虑,如果仅符合条件之一,则低的幅度应明显超过30%,且其他条件不应发生偏离,例如,不应出现高于时期同类货物的平均销售价格的情况。如果同时符合条件中的两条或者三条,则对未达成的条件可以不必强求。

本案中ZG矿业认为,其生产的卤水浓度较市场偏低是其价格偏低的主要原因,如此,该卤水的价格并不一定低于纳税人同时期同类货物的平均销售价格。税务机关的文书也仅仅表明"与地区其他纳税人卤水销售价格相比,ZG钾肥卤水销售价格明显偏低"。可见,在此问题上双方所持观点都有其合理性,但都缺乏相应的证据予以佐证,如果ZG矿业能够举证证明其卤水浓度较市场偏低,或者其同时期销售给其他无关联纳税人的价格与销售给关联方价格一致,税务机关可能无法继续要求其补缴。

(二)企业能否以未造成国家总体税款流失为由拒绝补缴

相比较其他通过关联交易规避纳税的案件来讲,本案例具有一个显著特征,即同一家集团公司下设的两家全资子公司之间因关联交易导致税款缴纳存在问题,但一家补缴税款后,另一家将产生大量退税,尽管每一家子公司都是一个独立法人,但在集团层面,由于合并报表,两者可以相抵,因而对集团产生的影响反倒并不大。

从另一个角度说,尽管发生了不符合独立交易原则的关联交易,导致关联公司中的一家少缴了部分税款,但另一家也因此未享受到国家留抵退税等优惠政策。整体来看,这样可能使国家税款并未发生流失。如果国家税款并未发生流失,能否认为关联交易行为不具有逃避缴纳税款的目的及结果,不应当补缴税款,更不应当承担带有一定惩罚性的滞纳金。笔者查询相关文件发现,《特别纳税调查调整及相互协商程序管理办法》第38条规定的"实际税负相同的境内关联方之间的交易,只要该交易没有直接或者间接导致国家总体税收收入的减少,原则上不作特别纳税调整"体现了类似的意思。可见,从原则上讲,税收法律法规保护的根本价值,首要的就是国家税款,其次才是征管秩序,如果国家税款没有流失,考虑到效率等其他价值,国家对征管秩序的保护标准可以适当降低。但是,需要明确的是,这一原则是通过现行规定推断而来的,并没有明确的文件对一般税务调查中发生此类情况是否可以停止检查或者减免处罚作出规定,因此,企业不能以未造成国家总体税款流失为由拒绝补缴税款及滞纳金。

更何况,本案中,并无证据证明国家税款没有流失。根据网络上公开的初步估算,ZG 钾肥在这 3 年期间应补缴的税费及滞纳金总计达 4.8 亿元。补缴税费后,ZG 锂业将获得约 1.23 亿元的增值税留抵退税和约 1.42 亿元的企业所得税退税,总计约 2.65 亿元。两项抵减后,ZG 钾肥仍需补缴税费及滞纳金,因此,ZG 矿业并不属于未导致国家整体税款流失的情形,不能以此为由拒绝补缴税款及滞纳金。

(三)ZG 矿业通过关联交易的方式规避纳税行为应当如何定性

首先,可以明确的是,通过关联交易的方式规避纳税,不属于《税收征收管理法》第 63 条列明的偷税行为。其次,通过关联交易的方式规避纳税的,在我国现行的税收法律法规中体现得相对较少,主要是《企业所得税法》第六章"特别纳税调整"的相关规定。该章并未将不符合独立交易原则的关联交易行为定性为偷税。结合《企业所得税法》第 48 条的规定,因税务调整需要补征税款的,应当补征税款,并按照国务院规定加收利息,并未规定处以罚款或滞纳金。由此我们可以看出,制度设计层面并未将关联交易避税定性为偷税。

笔者认为,关联交易不符合独立交易原则,但符合真实交易原则,更多的是一种规避市场经济的不规范经营行为,不应由税务机关管理,如果其间接导致了税款的流失,则由税务机关加以配合调节,即补征税款及滞纳金即可。而如果企业不仅不符合独立交易原则,还不符合真实交易原则,即如果能够证明其关联交易定价的主要目的就是逃避缴纳税款,应当定性为逃税行为。

笔者通过互联网查询《ZG 矿业股份有限公司关于确认 2021 年日常关联交易及预计 2022 年日常关联交易的公告》发现,ZG 矿业及其子公司披露的 2021 年实际关联交易及 2022 年关联交易计划中,并无类似的相关内容。如果不存在其他未被检索到的公告对此予以披露的话,这可以从一定程度上证明 ZG 矿业对此项关联交易行为存在隐瞒、规避监管的主观故意,存在逃税的可能性。

(四)ZG 矿业的关联交易避税是否需要进行反避税调查或特别纳税调整

此前,因关联交易发生调整的相关制度有《企业所得税法》所规定的特别纳税调整制度、《一般反避税管理办法(试行)》(国家税务总局令第32号)规定的一般反避税调查以及国家税务总局《关于完善关联申报和同期资料管理有关事项的公告》(国家税务总局公告2016年第42号)所规定的申报和同期资料管理制度。这些制度在此前的实际应用中,主要用于外资企业与其境外关联方之间的交易,很少或明确不能用于内资企业、境内交易。此外应引起注意的是,此类制度的主要依据为《企业所得税法》,实务中,针对关联企业不符合独立交易原则的商业安排,如果其没有造成国家税款总体减少,不应轻易发起反避税调查(特别纳税调整)。也就是我们通常所说的,相关制度主要规范外资企业、涉外交易,很少或者说几乎不对境内企业、境内交易开展。而本案例也符合这一实务惯例,税务局面对两家境内企业之间的境内关联交易,并未明确开展反避税调查或特别纳税调整,而是按照《税收征收管理法》第35条的相关规定,以及增值税、资源税的具体规定对增值税、资源税进行追缴,并未列明企业所得税。尽管追缴税款必然导致企业所得税的变化,最终实现追缴企业所得税的目的,但税务局的处理方案明确显示其不涉及特别纳税调整。

笔者赞同这一处置方案,对于内资企业的境内关联交易行为,税务机关可以使用更为普遍、程序更为便捷的日常调查程序予以调查,而不必采用程序相对烦琐、耗时耗力的反避税调查或特别纳税调整。这并不意味着税务机关对内资企业通过关联交易行为逃避缴纳税款的放任;相反,这意味着税务机关对内资企业的常态化监管。

(五)滞纳金能否超过税款本金

笔者认为,税收滞纳金数额可以超过税款本金,但遇到超长期追征以及纳税人主观故意较小的情况时,可适当调减滞纳金。

从滞纳金设立的立法本意出发,滞纳金的设立,一方面是对欠缴税款的纳税人的惩罚,另一方面是对纳税人的敦促。如果为税收滞纳金设置法定上限,会导致很多滞纳金计算接近税款本金的当事人怠于支付欠税,不仅起不到敦促的效果,反而影响了国家税款的征收。这与《行政强制法》设立上限并不违背,因为《行政强制法》所规范的,主要是行政机关作出金钱给付类的处罚后,行政相对人可能的延期履行,需要通过滞纳金的方式予以惩罚和敦促,但这里催促的主要是处罚,是基于行政机关作出的具体行政行为而给行政相对人增加的约束。行政相对人即便未予履行,也不会导致国家税款流失、财政资金紧张等严重后果,因此,可以对此设立一个上限,以保护行政相对人的财产权益。

从《立法法》的角度出发,该法第103条规定,同一机关制定的法律、行政法规、地方性法规、自治条例和单行条例、规章,特别规定与一般规定不一致的,适用特别规定;新的规定与旧的规定不一致的,适用新的规定。《行政强制法》于2012年1月1日施行,是行政强制方面的一般法律,属于新法,而2001年修订的《税收征收管理法》于2001年5月1日施行,是关于税收征管的特别法,属于旧法,两部法律均由全国人民代表大会常务委员会制定通过。从一般法与特别法的关系看,对税收滞纳金应适用《税收征收管理法》的规定;从新法与旧法的关系看,应适用《行政强制法》。而在行政强制法中,滞纳金属于执行罚,是间接强制的一种。适用加处罚款或滞纳金的条件,一是当事人逾期不履行金钱给付义务的行政决定,二是行政机关履行了告知义务。金钱给付义务包括税收、行政事业性收费、罚款等以给付金钱作为义务内容的义务。因此,《行政强制法》立法时,综合考虑了税收及其滞纳金的情况,并不能单纯依据特别法优于一般法的原则规避《行政强制法》的约束。但是,《行政强制法》中所称的滞纳金,主要是行政机关作出处罚决定并告知当事人后,当事人仍未履行所加处的滞纳金,与《税收征收管理法》中明确通过法律规定预先设置的滞纳金略有不同。因此,笔者认为,在税务机关下发《税务事项通知书》等文书后,所计算的滞纳金应当符合《行政强制法》的规定,不得超过税款本金。而税务机关履行通知义务以前的滞纳金,不受《行政强制法》限制,应当按照《税收征收管理法》的规定计算,即滞纳金可以超过税款本金。

从公平正义的角度来说,滞纳金更多的是对于纳税人应当缴纳税款却未缴纳税款的一种惩罚,应当考虑到当事人的主观因素,如果纳税人对相关政策理解错误或不甚了解导致偷逃税款,而纳税人自身并未注意到自己实施了该违法行为,纳税人对拖延支付就没有主观故意,此时若其需要受到与故意制作虚假财务凭证等有明确故意的纳税人相同的惩罚,则有违公平原则。此外,尽管对于偷税、漏税,税务机关可以无限期追征,但若税务机关及时发现问题并告知纳税人,纳税人及时补缴则可避免产生数额巨大的滞纳金。从公平角度出发,我们认为,在追缴超过一般追征期限的历史偷税、漏税时,税务机关可综合考虑追征期限以及纳税人对导致历史偷税、漏税结果的主观故意的多少,酌情考虑滞纳金的计算。

此外,纳税人收到《税务事项通知书》等文书后,因怠于履行缴纳税款的义务,而导致滞纳金累计超过本金,与纳税人收到《税务事项通知书》等文书时,依法累积的滞纳金已经数倍于本金,对纳税人及社会公众而言是有明显区别的。长远来看,税务机关应当通过加大监管力度,对于存在偷逃税款的情形及时发现、及时追缴,避免超期、长期追缴情况的发生,可以从根本上避免纳税人收到《税务事项通知书》时滞纳金就已经累计超过本金的情况,进而避免引发不必要的公众质疑。

四、结论与启示

本文以 ZG 矿业利用关联企业避税案为例,分析了 ZG 矿业的子公司被税务机关认定关联交易价格明显偏低,以及存在历史偷税行为需补缴税款的争议问题。文章从事实认定、法律适用、法理分析等方面,对案件所涉的几个问题进行了全面、有深度的论述和剖析。

笔者认为,本案可以分为两个部分,一是关联交易部分存在交易价格明显偏低的具体衡量标准、企业能否以未造成国家总体税款流失为由进行抗辩、关联交易避税应当如何定性、是否需要进行特别纳税调整等问题,二是历史偷税部分存在税收滞纳金能否超过税款本金的问题。这些问题引起了社会的广泛关注。

从具体问题的角度出发,笔者认为,关于 ZG 矿业的卤水价格是否明显偏低,由于暂无非常明确的衡量判断标准,企业和税务机关都需要拿出更有说服力的证据材料予以佐证。如果企业能够提供相关证据的话,可以通过行政复议及诉讼的方式,要求 G 市税务局撤销其作出的《税务事项通知书》,进而避免补缴高额税款及滞纳金。税务机关可以将国家整体税款是否流失作为考量因素,选择对部分企业不开展特别纳税调整等特殊程序,但纳税人仍应依法纳税,不能因为关联交易并未导致国家税款流失就拒绝补缴部分或全部税款。就历史偷税部分,税务机关可以考虑通过分析 ZG 矿业主观故意的程度以及税务机关监管力度等因素予以适当调整。

从整体制度的角度出发,笔者认为,境内企业关联交易一般无须采用反避税调查或特别纳税调整等复杂程序进行监管,仅做一般调查即可。关联交易价格偏低并非只有避税这一个原因,应当综合分析其关联交易的主要目的:如果是出于垄断、市场竞争等原因,应当由其他相应的行政机关予以监管,税务机关予以配合调整纳税即可,而若是仅有或主要基于避税这一个原因,则应认定为偷税。基于法律直接规定的税收滞纳金和行政强制法规定的经行政机关通知后因怠于履行而加征的滞纳金,具有明显的不同,对其是否能够超过本金,当前应当通过具体规定分别予以明确,以避免实务中的混乱。长远来看,应当加大税务机关的监管力度,对于存在偷逃税款的情形应及时发现、及时追缴,避免超期、长期追缴情况的发生,可以从根本上避免纳税人收到税务事项通知书时滞纳金就已经累计超过本金的情况。

最后,本文尝试对不同主体提出一些意见和建议。

就税务机关及其工作人员而言,应当加大监管力度,着重调查当期、一般追征期以内的涉税案件,有余力或有明确线索的情况下,再对一些超长期历史偷税、漏税等事宜展开调查,尽量避免在追缴税款并下发《税务事项通知书》时累计滞纳金已经超过本金的情况。

就集团公司及关联公司而言,应当认识到并非所有的税务安排都是合法的,在进行税务安排的时候应当注意符合现行税收相关法律法规的规定,避免采用一些在法律法规黑色、灰色地带的安排方案。此外,还应当认识到,我国对于反避税、关联交易的监管并非只停留在外资企业、涉外交易层面,内资企业、境内交易也应高度注意。

就投资者而言,在做经营决策时应当从长远发展的角度多加思量。增强法治意识,了解、熟悉税务相关法律法规,才能从根本上避免错误决策。此外,应当加强与税务机关的沟通与协调,认识到即便是跨国关联交易转让定价也可以与税务机关谈判确定预约定价,而且遇到涉税难题应当及时向税务机关寻求支持与帮助。

施工方挖填土石修路补缴资源税案例评析

何 威*

一、前言

《资源税法》第1条第1款规定，“在中华人民共和国领域和中华人民共和国管辖的其他海域开发应税资源的单位和个人，为资源税的纳税人”。第5条规定：“纳税人开采或者生产应税产品自用的，应当依照本法规定缴纳资源税……”但关于什么是“开发应税资源”，什么是“开采应税产品”，什么是“生产应税产品”，《资源税法》及相应的配套文件均未给出解释。财政部、国家税务总局《关于资源税有关问题执行口径的公告》（财政部、税务总局公告2020年第34号，以下简称34号公告）第2条[1]列举了“自用应税产品”的各种情形，但并未就“自用”的概念和性质作出明确规定，导致自用的范围无法确定。定义的缺乏和规定的不明确，容易让征纳双方对资源税的征税对象、征税范围以及纳税义务人产生争议。本文讨论的案例中，施工方修路挖填土石，税务机关认为施工方自用了砂石资源，应缴纳资源税，而纳税人认为挖填行为没有消耗砂石资源，不属于开发行为，不应缴纳资源税。一正一反，似乎各有道理。本文结合其他部门法，运用目的解释、体系解释等方法，对修路过程中挖填土石是否属于开发应税资源进行深入分析，进而尝试为“开采应税资源”“开发应税产品”“生

* 何威，重庆禾硕税务师事务所有限公司高级项目经理。

[1] 34号公告第2条规定：“纳税人自用应税产品应当缴纳资源税的情形，包括纳税人以应税产品用于非货币性资产交换、捐赠、偿债、赞助、集资、投资、广告、样品、职工福利、利润分配或者连续生产非应税产品等。”

产应税产品”“自用”等概念做初步定义。

二、案情简介

河南省某公路工程有限公司(以下简称工程公司)垫江分公司(以下简称垫江分公司),是工程公司为开展重庆业务而专门设立的分公司,为独立的增值税纳税义务人,但不具备法人资格。

2019年12月10日,工程公司承包垫江县某交通旅游开发有限公司(以下简称旅游公司)实施的东印厂部至垫邻路口公路改造工程(垫江县明月山旅游基础设施建设项目,以下简称东垫项目)及普顺至砚台公路(龙溪河产业快速路)改建工程(以下简称普砚项目),工程总价约7.62亿元,工期分别为24个月和36个月,工程总挖方314万立方米,其中东垫项目约173万立方米,普砚项目约141万立方米。

2023年3月17日,国家税务总局垫江县税务局(以下简称垫江税务局)太平税务所(以下简称太平税务所)出具《税务事项通知书》(垫江税太平所通〔2023〕378号),要求垫江分公司补缴资源税和印花税。收到《税务事项通知书》后,工程公司向垫江税务局递交了《关于矿产资源税征收问题的函》,要求垫江税务局明确资源税征收的范围、依据、相关税率及计算过程,并就工程公司作为资源税纳税义务人质疑,认为工程公司作为一个公路工程施工单位,只是根据招标文件及施工图纸进行利用施工,对路基土石方的利用未产生任何资源的交易,道路征地及所有资源的产权归属于业主方,工程公司只是利用业主提供的资源进行施工作业,在招标文件未规定、清单报价未包含此部分费用的情况下,由施工单位作为资源税纳税义务人,依据可能并不充足。最终,工程公司的意见未被垫江税务局采纳。2023年3月21日,工程公司按照垫江税务局的要求,将挖填的708,203.4吨土石作视同销售处理,以当地砂石销售均价27元/吨作为销售价格,按照“砂石—原矿”税目计税,补缴资源税956,074.59元。

2023年6月,太平税务所出具《税务事项通知书》(税通〔2023〕0613号),再次要求垫江分公司补缴资源税和印花税。收到《税务事项通知书》后,垫江分公司以施工方修筑公路挖填土石征收资源税的纳税主体、计税基础、税目税率等要素均不明确为由,向太平税务所递交了申请,请求暂不执行《税务事项通知书》(税通〔2023〕0613 号)所载事项。请求被拒绝后,垫江分公司委托重庆禾硕税务师事务所有限公司代理其处理前述资源税争议事项。

税务师认为,垫江分公司修筑公路挖填土石既没有开发应税资源,也没有发生销售或自用的行为,不属于资源税的征税范围;在修筑公路过程中,垫江分公司没有获得任何有关矿产资源的收益,不构成资源税法意义上的纳税义务人。《资源税法》及相关配套文件没有明确规定修筑公路挖填土石需缴纳资源税,相反,部分省市有"在工程征用土地范围内就地取土用于工程建设的不征收资源税"的明确规定;资源税历史沿革显示,施工单位因工程施工而动用或采挖砂、石、土用于本工程建设无须缴纳资源补偿费;对修筑公路挖填土石的行为征税可能导致重复征税,也不符合《资源税法》的立法目的,有违税收法定和税收公平原则,更不符合税法原理;由于施工单位无法取得勘察许可证,无法探明矿产的种类和相应的储量,无法确定应税产品的数量、单价、成本利润率、税率等计税要素,在征管实务上不具备技术可行性;对修筑公路挖填土石的行为征税,超出了纳税人的普遍认知,不利于纳税人合理安排经营和生产,不应该向施工单位征收资源税。

经反复沟通,垫江税务局最终认可了税务师事务所的观点,不再要求垫江分公司就前述两个项目挖填的土石补缴资源税。

三、法理评析

"修筑"是生活中一种常见的经济行为,不论是修筑房屋,还是修筑公路,抑或修筑其他的基础设施,均不可避免地会涉及土石的使用:或被翻动、填埋,从一个地方移动到另一个地方,仅仅发生物理位置上的变化;或粉碎、搅拌,与水泥等物质混合后,成为混凝土的一部分,使土石的物理乃至化学形态都发生了不可逆的变化。

无论是哪种变化,现实生活中,均鲜有就其向建设方或施工方征税的案例,这可在国家出台的部分文件中略见一二。例如,财政部、国家税务总局《关于青藏铁路公司运营期间有关税收等政策问题的通知》(财税〔2007〕11 号)第 3 条规定:"对青藏铁路公司及其所属单位自采自用的砂、石等材料免征资源税;对青藏铁路公司及其所属单位自采外销及其他单位和个人开采销售给青藏铁路公司及其所属单位的砂、石等材料照章征收资源税。”可见,对工程范围内“自采自用”不征税,对“自采外销”或“外购自用”才需要征税。

如上所述,垫江税务局为何还要就修筑公路挖填土石的行为向垫江分公司征收资源税呢?税务机关显然有它自己的理由。《资源税法》第5条规定:“纳税人开采或者生产应税产品自用的,应当依照本法规定缴纳资源税……”税务机关认为,修筑公路过程中“挖”土石属于砂石原矿开采,“填”土石属于将开采的砂石原矿“自用”,修筑公路挖填土石应按自用应税产品方式计算缴纳资源税。

对同一个行为,在是否征税方面,纳税人和税务机关,甚至税务机关与税务机关之间,产生了截然不同的观点,而观点不同的根源在于税法的规定不明确,或者说是税法解释的缺位。《资源税法》第1条第1款规定:“在中华人民共和国领域和中华人民共和国管辖的其他海域开发应税资源的单位和个人,为资源税的纳税人,应当依照本法规定缴纳资源税。”第5条规定:“纳税人开采或者生产应税产品自用的,应当依照本法规定缴纳资源税……”但关于什么是“开发应税资源”,什么是“开采应税产品”,什么是“生产应税产品”,《资源税法》及相应的配套文件均未给出解释。34号公告第2条列举了“自用应税产品”的各种情形,但也并未就“自用”的概念和性质作出明确规定。

那么,垫江分公司修筑公路挖填土石的行为是否属于开发应税资源?是否应该交资源税?要回答这些问题,我们需要在全面把握《资源税法》结构的基础上,深入分析《资源税法》及其配套文件相关条文的字面和税法意义,概括总结开发应税资源的特征和应具备的条件,再结合行为内容、特征以及其他部门法的规定,全面评价修筑公路挖填土石是否具备开发应税资源的特征和满足开发应税资源的必要条件,以此判断修筑公路挖填土石是否属于资源税的应税行为,是否应该缴纳资源税。

(一)开发应税资源的定义

税法的立法和实施有其固有的逻辑或规律:先根据立法目的确定征税对象,再将征税对象细化和量化,分别得到税目和税基,其中税目决定税率,税基决定金额,金额乘以税率得到应纳税额。按照该规律,《资源税法》第1条规定了纳税义务人和征税对象,第2条[1]规定了税目税率,第3条[2]规定了计税方法,第4条[3]、第5条规定了计税依据(税基)。

《资源税法》第1条从纳税义务人的角度对征税对象进行了概括性的规定,即只有"在中华人民共和国领域和中华人民共和国管辖的其他海域开发应税资源的单位和个人"才是资源税的纳税人,将资源税的征税对象限制在"在中华人民共和国领域和中华人民共和国管辖的其他海域开发应税资源"的范围内。第4条规定的"纳税人开采或者生产不同税目应税产品的,应当分别核算不同税目应税产品的销售额或者销售数量"意味着只有"开采或者生产应税产品"且"销售"的,才需要缴纳资源税。第5条是对第4条的补充,规定开采或者生产的应税产品,即使没有销售,但属于连续生产应税产品以外自用情形的,也需要缴纳资源税。这实质上扩大了资源税的征税范围。

税基只是征税对象的量化形式,二者没有本质区别,所以,税基确定的征税范围与征税对象确定的征税范围是完全一致的。因而,《资源税法》第1条规定的"开发应税资源"的意思与第4条规定的开采或者生产应税产品并销售、第5条规定的开采或者生产应税产品并自用于生产应税产品以外的情形的意思是完全一致的。进而,我们可以得到如下结论:开发应税资源指开采或者生产应税产品销售或自用于生产应税产品以外的情形。

---

[1] 《资源税法》第2条规定:"资源税的税目、税率,依照《税目税率表》执行。《税目税率表》中规定实行幅度税率的,其具体适用税率由省、自治区、直辖市人民政府统筹考虑该应税资源的品位、开采条件以及对生态环境的影响等情况,在《税目税率表》规定的税率幅度内提出,报同级人民代表大会常务委员会决定,并报全国人民代表大会常务委员会和国务院备案。《税目税率表》中规定征税对象为原矿或者选矿的,应当分别确定具体适用税率。"

[2] 《资源税法》第3条规定:"资源税按照《税目税率表》实行从价计征或者从量计征。《税目税率表》中规定可以选择实行从价计征或者从量计征的,具体计征方式由省、自治区、直辖市人民政府提出,报同级人民代表大会常务委员会决定,并报全国人民代表大会常务委员会和国务院备案。实行从价计征的,应纳税额按照应税资源产品(以下称应税产品)的销售额乘以具体适用税率计算。实行从量计征的,应纳税额按照应税产品的销售数量乘以具体适用税率计算。应税产品为矿产品的,包括原矿和选矿产品。"

[3] 《资源税法》第4条规定:"纳税人开采或者生产不同税目应税产品的,应当分别核算不同税目应税产品的销售额或者销售数量;未分别核算或者不能准确提供不同税目应税产品的销售额或者销售数量的,从高适用税率。"

1."开采或者生产应税产品"的含义

按照前述结论,"开采或者生产应税产品"是开发应税资源的应有之义。为给开发应税资源作出准确的定义,有必要对"开采或者生产应税产品"的含义做更加详细和清晰的阐述。

从字面看,"开采或者生产应税产品"含有两种行为,一种是开采应税产品,另一种是生产应税产品。用"或"字连接,表明两种行为是含义不同、相对独立的并列关系,不仅"开采"与"生产"的含义不同,其各自对应的"应税产品"也应不同。为方便论述,我们从"应税产品"的含义开始说起。

(1)"应税产品"的含义

根据《资源税法》第3条第3款[1]的规定,"应税产品"就是"应税资源产品";根据《资源税法》第1条第2款[2]的规定,"应税资源产品"就是《资源税税目税率表》(以下简称《税目税率表》)中所列资源的产品。结合前述两款规定可知,应税产品即《税目税率表》中所列资源的产品。

《资源税法》第3条第4款规定:"应税产品为矿产品的,包括原矿和选矿产品。"该规定有两层意思:应税产品为矿产品的,包括原矿和选矿产品;为矿产品以外的其他产品的,则没有这样的细分。从《税目税率表》的内容来看,以原矿作为征税对象的二级税目有8个,以选矿作为征税对象的有5个,以原矿或选矿作为征税对象的有19个,没有填列征税对象的,只有海盐1个。因此,其他产品应该专指海盐。需要指出的是,海盐没有填列征税对象,并不是海盐这个税目没有征税对象,而是海盐的征税对象为既不是原矿也不是选矿的氯化钠初级产品。[3]

---

[1] 《资源税法》第3条第3款规定:"实行从价计征的,应纳税额按照应税资源产品(以下称应税产品)的销售额乘以具体适用税率计算……"

[2] 《资源税法》第1条第2款规定:"应税资源的具体范围,由本法所附《资源税税目税率表》(以下称《税目税率表》)确定。"

[3] 海南省原地方税务局、海南省财政厅《关于资源税改革有关事项的公告》(琼地税公告〔2016〕4号,目前已经失效)第1条第2项规定:"海盐的征税对象为海水晒制的氯化钠初级产品,不包括提取地下卤水晒制的盐。"

根据34号公告第7条[1]的规定，原矿指经过采矿过程采出后未进行选矿或者加工的矿石；选矿产品指通过破碎、切割、洗选、筛分、磨矿、分级、提纯、脱水、干燥等过程形成的产品，包括富集的精矿和研磨成粉、粒级成型、切割成型的原矿加工品。其中，精矿是指选矿分选作业中品位或质量最高的一种产品。[2]

综上，应税产品的含义可以概括为：《税目税率表》中的海盐及所列矿产品的原矿、原矿加工品以及精矿。

(2)"开采应税产品"的含义

无论是会计准则还是税法，均未对"开采"进行专门定义，我们只能按照通常的意思对其进行理解。

查阅《辞海》可知，"开采"的释义很简单，就是"挖掘"；进一步查询，"挖掘"的释义为"用镐、锄等挖"。显然，一个"挖"是很难解释"开采矿产资源"的完整意义的，即便是最贴近的矿石资源的开采，除了"挖"的意思，至少还应含有"运输""收储"的意思，如此才能与农业种植等简单挖地、填土行为相区分。至于水、油、气等资源的"开采"，其含义就更加丰富了，"钻探""抽取"等都属于其应有之义。这一点在《资源税法》中也有体现，如第14条关于水资源税的规定，就不再用"开采"，而是用"取用"代替。

然而，穷尽前述所有含义为开采定义显然是不可能的，因为不同资源的开采方式有质的不同。要想为开采进行准确定义，只能从开采的本质着手。无论是固体资源的开采，还是液体、气体资源的开采，其最终的目的都是将矿产资源与土地分离，并将其运输至合适的地方进行存储。因此，我们可以尝试从行为结果的角度对开采进行定义：运用工具将矿产资源与土地分离，并将获得的矿产资源进行运输和存储的过程。

---

[1] 34号公告第7条规定："纳税人以自采原矿（经过采矿过程采出后未进行选矿或者加工的矿石）直接销售，或者自用于应当缴纳资源税情形的，按照原矿计征资源税。纳税人以自采原矿洗选加工为选矿产品（通过破碎、切割、洗选、筛分、磨矿、分级、提纯、脱水、干燥等过程形成的产品，包括富集的精矿和研磨成粉、粒级成型、切割成型的原矿加工品）销售，或者将选矿产品自用于应当缴纳资源税情形的，按照选矿产品计征资源税，在原矿移送环节不缴纳资源税。对于无法区分原生岩石矿种的粒级成型砂石颗粒，按照砂石税目征收资源税。"

[2] 《辞海》释义："选矿分选作业的产品之一。在该作业的产品中，其品位或质量最高。"

开采的定义确定后,“开采应税产品”的含义也就好确定了。按照前文的概括,应税产品指《税目税率表》中的海盐及所列矿产品的原矿、原矿加工品以及精矿。这些产品中,“海盐、原矿加工品以及精矿”都是经过加工或选矿作业的产品,只有原矿是“未经选矿或加工的矿石”,是仅经过“分离”“运输”“存储”的产品。因此,“开采应税产品”的含义可以概括为:运用工具将矿产资源与土地分离,并将获得的原矿进行运输和存储的过程。

(3)“生产应税产品”的含义

“生产应税产品”是与“开采应税产品”并列且相对独立的行为,所以“生产”的“应税产品”与“开采”的“应税产品”应是两个完全不同的概念。从前文可知,应税产品指《税目税率表》中的海盐及所列矿产品的原矿、原矿加工品以及精矿,而“开采”的应税产品指原矿,因此,“生产”的应税产品只能是“海盐、原矿加工品以及精矿”,也即“海盐和选矿产品”。

由于海盐的征税对象为海水晒制的氯化钠初级产品,海盐的“生产”即“海水晒制的过程”。按照34号公告第7条的规定,“选矿产品”由纳税人以自采原矿洗选加工而成,而根据上文的推断,“选矿产品”又是“生产”的结果,由此可知,这里的“生产”与“以自采原矿洗选加工”应是一个意思。对于“以自采原矿洗选加工”,34号公告第7条也给出了解释,即“破碎、切割、洗选、筛分、磨矿、分级、提纯、脱水、干燥等过程”。因此,“生产应税产品”的含义可以归纳为:将自采原矿通过破碎、切割、洗选、筛分、磨矿、分级、提纯、脱水、干燥等方法形成原矿加工品以及精矿的过程。

综合前述含义,本文认为“开采或者生产应税产品”可以这样定义:运用工具将矿产资源与土地分离获得原矿,将海水晒制为海盐或将原矿变为选矿,并将海盐、原矿或选矿进行运输和存储的过程。

2.“销售应税产品”的重要特征——所有权转移

不同于“开采或者生产应税产品”,“销售”的定义要清晰得多,因为销售是一种常见的民事行为,《民法典》对其有明确的规定。《民法典》第595条规定,买卖合同是出卖人转移标的物的所有权于买受人,买受人支付价款的合同。此处的买卖合同关系,即通常所谓的销售。“销售”一词在税法条文或会计准则中较为常见,但二者均没有专门的条文对其定义或含义进行规定,只有《企业会计准则第 14 号——收入》(2006 年,已被修改)间接有所涉及。《企业会计准则第 14 号——收入》(2006 年,已被修改)第 4 条规定,销售商品收入同时满足下列条件的,才能予以确认:(1)企业已将商品所有权上的主要风险和报酬转移给购货方;(2)企业既没有保留通常与所有权相联系的继续管理权,也没有对已售出的商品实施有效控制;(3)收入的金额能够可靠地计量;(4)相关的经济利益很可能流入企业;(5)相关的已发生或将发生的成本能够可靠地计量。其中第 1 项中的"主要风险和报酬转移给购货方"和第 2 项中的"既没有保留通常与所有权相联系的继续管理权,也没有对已售出的商品实施有效控制",与《民法典》第 595 条中"出卖人转移标的物的所有权于买受人"的内涵基本一致,因为对标的物进行管理和控制、承担标的物的风险和享有标的物的报酬是对标的物享有所有权的重要特征。可见,不论是民事法律领域还是财税领域,都认为所有权转移是销售的重要特征,甚至是必备条件。

3. 自用应税产品应当缴纳资源税的情形

34 号公告第 2 条规定,纳税人自用应税产品应当缴纳资源税的情形,包括纳税人以应税产品用于非货币性资产交换、捐赠、偿债、赞助、集资、投资、广告、样品、职工福利、利润分配或者连续生产非应税产品等。该规定有两处含义不明确,一是"连续生产非应税产品",二是规定最后的"等"字。

(1)"连续生产非应税产品"的含义

从 34 号公告第 2 条整体来看,"连续生产非应税产品"的完整表述应该是"以应税产品连续生产非应税产品"。该表述有三个关键要素:一是存在连续生产这个行为,二是连续生产的原材料是应税产品,三是连续生产的结果是非应税产品。

如前文所述,应税产品是指《税目税率表》中的海盐及所列矿产品的原矿、原矿加工品以及精矿,相应地,非应税产品应是指《税目税率表》所列海盐及矿产品以外的产品。因此,"连续生产非应税产品"的含义应是以《税目税率表》中所列海盐及矿产品连续生产《税目税率表》中所列海盐及矿产品以外的产品。

由于非应税产品种类繁多,不同的产品对应不同的生产方式和内容,故而无法为连续生产给出具体的定义,只能依时间顺序将其定义为开采或生产应税产品以后继续以应税产品生产非应税产品的行为。

(2)“等”字的意义与调整

结合条文的内容可知,《资源税法》第5条是一个反避税条款,制定该条款的目的在于,防止纳税人为逃避缴纳资源税而通过非销售的方式将应税产品的所有权无偿让渡给他人。这样的条款可以有效防止避税,但也可能让执法机关无限放大资源税的征税范围,将一些不该征税的行为强制认定为应征税的自用行为。为规避这样的情形,34号公告第2条专门对自用的情形进行了正向列举,以最大限度地限缩“自用”的范围。然而,规定最后的一个“等”字让所有的设想完全落空:执法机关完全可以依据这个“等”字,在征收资源税的“辽阔草原”上“自由驰骋”,任何与资源使用相关的行为,都可因这个“等”字而被强行纳入资源税征税对象的范围。

该如何规定“自用”的情形,才能既达到反避税的目的,又防止税务机关随意扩张解释呢?

其实,通过34号公告第2条列举的情形可以归纳出自用行为的类型:一是所有权转变,如通过非货币性资产交换、捐赠、偿债、赞助、集资、投资、广告、样品、职工福利、利润分配,应税产品的所有权都从纳税人转入客户、债权人、职工、股东等利益相关者的名下;二是所有权没有转变,但产品的性质发生了改变,应税产品变成了非应税产品。因此,34号公告第2条完全可以这样调整:纳税人自用应税产品应当缴纳资源税的情形包括纳税人以应税产品用于连续生产非应税产品,或用于非货币性资产交换、捐赠、偿债、赞助、集资、投资、广告、样品、职工福利、利润分配等应税产品所有权发生改变的情形。

(二)修筑公路挖填土石是否属于开发应税资源的行为

通过前文的论述我们已经明确了“开发应税资源”的定义,即“开采或者生产应税产品销售或自用于生产应税产品以外的情形”。按照该定义,任何行为如要被定性为开发应税资源均应满足两个条件,一是开采或生产应税产品,二是将应税产品销售或自用于生产非应税产品。

1. 修筑公路挖填土石是否属于开采应税产品的行为

按照前文所下的定义,开采应税产品应是指“运用工具将矿产资源与土地分离,并将获得的原矿进行运输和存储的过程”。修筑公路挖填土石,只是将土石从一个地方平移到另一个地方，所含的砂石资源并未与土地分离，遑论将砂石原矿进行运输和存储了。需要指出的是，这里的“运输”应是指将原矿从采矿地转移至存储地，“存储”应是将原矿放置于方便销售或自用的固定地方，而不是将含有矿产资源的土石随意填充或掩埋。因此，修筑公路挖填土石不属于开采应税产品的行为，这一点可以从自然资源部（原为国土资源部）的文件以及采矿许可证相关规定之间的法理逻辑得到印证。

（1）原国土资源部认为修筑公路挖填土石不是开采应税资源的行为

原国土资源部《关于开山凿石、采挖砂、石、土等矿产资源适用法律问题的复函》（国土资函 190 号，已失效，以下简称 190 号函）第 2 条规定：“建设单位因工程施工而动用砂、石、土，但不将其投入流通领域以获取矿产品营利为目的，或就地采挖砂、石、土用于公益性建设的，不办理采矿许可证，不缴纳资源补偿费。”第 3 条规定：“需异地开采砂、石、土用于上述公益性建设的，应按规定办理采矿许可证，矿产资源补偿费原则上应按法规规定酌情减免。”第 4 条规定：“凡以营利为目的开采上述及其他矿产资源的单位、个人，均应按照矿产资源法及其配套法规的有关规定办理采矿登记手续，领取采矿许可证……”

比较 190 号函第 2 条、第 3 条、第 4 条会发现，第 2 条的动词是“动用”和“采挖”，第 3 条、第 4 条的动词都是“开采”。除动词不一致外，第 2 条与第 3 条、第 4 条还有一个重要区别，就是前者不需要办证缴费而后二者都需要。这意味着需要办证缴费的用“开采”，不需要的用“动用”和“采挖”，这是偶然为之，还是原国土资源部希望以此表明其某种立场？

答案显然是后者。从语法的角度看，“动用”和“采挖”完全可以用“开采”替代，若无特别意指，统一用“开采”更能保持行文的前后一致性。之所以区别用词，最大的可能就是原国土资源部认为，以营利为目的的异地采挖行为才是开采，才需要缴费和办证；而以公益为目的的就地采挖行为，不是开采，不需要缴费，也不需要办证。

（2）从采矿许可证相关规定之间的法理逻辑来看，修筑公路挖填土石不是开采应税资源的行为

根据《矿产资源法》的规定，勘查、开采矿产资源，必须依法分别申请、经批准取得探矿权、采矿权，并办理登记。根据《矿产资源法实施细则》第 5 条第 1

款的规定,国家对矿产资源的勘查、开采实行许可证制度。开采矿产资源,必须依法申请登记,领取采矿许可证,取得采矿权。前述条款均没有任何例外规定。

而自然资源部《关于规范和完善砂石开采管理的通知》(自然资发〔2023〕57号,以下简称57号通知)第4条规定:在自然资源部门批准的建设项目用地(不含临时用地)范围内,因工程施工产生的砂石料可直接用于该工程建设,不办理采矿许可证;上述自用仍有剩余的砂石料,由所在地的自然资源主管部门报县级以上地方人民政府组织纳入公共资源交易平台处置;严禁擅自扩大施工范围采挖砂石,以及私自出售或以赠予为名擅自处置工程建设动用的砂石料。

57号通知中的"不办理采矿许可证"的原因有两种可能:一种可能是工程施工产生的砂石料直接用于该工程建设属于采矿行为,只是豁免办理采矿许可证;另一种可能是工程施工产生的砂石料直接用于该工程建设不是采矿行为,不需要办理采矿许可证。

①如不办理采矿许可证的原因是豁免,则57号通知的相关规定将因与上位法冲突而归于无效。

《矿产资源法》及其实施细则均规定,所有开采矿产资源的行为均必须取得采矿许可证,没有任何的例外规定。也就是说,没有任何部门、任何文件能豁免采矿行为需要取得采矿许可证的强制性规定。即使有这样的文件或规定,也将因违反上位法的规定而无效,因为《矿产资源法》属于法律。57号通知属于规范性文件,不能作出与《矿产资源法》及其实施细则相冲突的规定。因此,"不办理采矿许可证"只能按照"工程施工产生的砂石料直接用于该工程建设不是采矿行为,不需要办理采矿许可证"理解,如若按照"工程施工产生的砂石料直接用于该工程建设属于采矿行为,只是豁免办理采矿许可证"理解,则将因与上位法冲突而归于无效。

②如果工程施工产生的砂石料直接用于该工程建设属于采矿行为,直接办理采矿许可证即可,根本没必要豁免。

根据190号函第4条规定的"凡以营利为目的开采上述及其他矿产资源的单位、个人,均应按照矿产资源法及其配套法规的有关规定办理采矿登记手续,领取采矿许可证"可见,工程施工不是不可以办理采矿许可证,也不会因办理采矿许可证而对工程施工产生什么重大的影响,豁免办理采矿许可证也不是对工程施工有重大利好的政策优惠。结合190号函第2条、第3条和第4条来看,决定工程施工是否需要办理采矿许可证的标准只有一个,就是是否"以营利为目的":以营利为目的,属于开采行为,需要办理;反之,则不需要。因此,57号通知"不办理采矿许可证"的原因只可能是"工程施工产生的砂石料直接用于该工程建设"不是以营利为目的的采矿行为。

2. 修筑公路挖填土石是否属于生产应税产品的行为

按照前文的定义,"生产应税产品"是指"将自采原矿通过破碎、切割、洗选、筛分、磨矿、分级、提纯、脱水、干燥等方法形成原矿加工品以及精矿的过程"。按照该定义,一个行为若被定性为生产应税产品,至少应具备三个要素:一是存在破碎、切割、洗选、筛分、磨矿、分级、提纯、脱水、干燥等生产行为,二是生产的原材料是原矿,三是生产的结果是原矿加工品或精矿。

修筑公路挖填土石仅仅是土石的挖掘、填充或掩埋,没有将砂石资源与土地分离,没有获得过砂石原矿,没有发生破碎、切割、洗选、筛分、磨矿、分级、提纯、脱水、干燥等选矿行为,没有获得砂石加工品或砂石精矿,不具备生产应税产品的任何要素。因此,修筑公路挖填土石不是生产应税产品的行为。

3. 修筑公路挖填土石是否属于销售应税产品的行为

不论是根据《民法典》还是会计准则,销售行为的一个重要特征和条件就是所有权主体的改变。按照我国的法律规定,修筑公路的土地,征用前属于集体,征用后属于国家,而所修筑的公路的所有权从始至终都属于国家。相应地,公路所覆盖的土地中所含的砂石资源也始终属于国家,修筑公路挖填土石的行为,并未改变土地中砂石资源所有权的主体,因此,修筑公路挖填土石不是销售应税产品的行为。

4. 修筑公路挖填土石是否属于自用应税产品的情形

前文已经分析过,为实现反避税的目的和防止税务机关随意扩张解释,34号公告第2条规定应调整为:纳税人自用应税产品应当缴纳资源税的情形,包括纳税人以应税产品用于连续生产非应税产品,或用于非货币性资产交换、捐赠、偿债、赞助、集资、投资、广告、样品、职工福利、利润分配等应税产品所有权发生改变的情形。据此可知,判断是否属于自用应税产品行为的标准有两个:是否将应税产品用于连续生产非应税产品,是否将应税产品用于所有权发生改变的特定情形。如前所述,修筑公路挖填土石过程中,砂石资源的所有权主体没有发生改变,因此,要确定修筑公路挖填土石是否属于自用应税产品,只需要确定其是否属于“以应税产品用于连续生产非应税产品”的情形。

“以应税产品用于连续生产非应税产品”显然含有两个生产行为:第一个是生产应税产品的行为,第二个是以应税产品生产非应税产品的行为。第一个生产行为是第二个生产行为的前提,前者生产的应税产品是后者的原材料;第二个生产行为虽然在时间上是第一个生产行为的继续,但内容、方式、结果均与第一个完全不同。

这显然与修筑公路挖填土石完全不符,修筑公路挖填土石从始至终都只有一个行为,内容、方式、结果前后完全一致。如若将修筑公路挖填土石认定为生产非应税产品的行为,则其只能生产出非应税产品,不可能生产出“用于连续生产非应税产品”的应税产品;如若将修筑公路挖填土石认定为生产应税产品的行为,则其只能生产出应税产品,无法以应税产品生产出非应税产品。因此,不论如何认定,修筑公路挖填土石均无法满足“以应税产品用于连续生产非应税产品”的条件,不属于“以应税产品用于连续生产非应税产品”的情形。由于既没有改变砂石资源的所有权主体,也没有以应税产品用于连续生产非应税产品,修筑公路挖填土石不属于自用应税产品的情形。

综上,修筑公路挖填土石既没有开采或生产出任何应税产品或非应税产品,也没有销售或自用任何应税产品,不属于开发应税资源的行为。

四、结论与启示

为减少如本文案例中存在的资源税征纳争议,减少税收不确定性,立法需进一步明确“开发应税资源”“开采或生产应税产品”“自用”等概念的具体含义。同时,对概念的界定还应简洁明了,既要立足生产实际,也要遵循《资源税法》现行规定;既要符合《资源税法》的立法目的,也要符合《资源税法》条文之间的内在逻辑。按照上述要求,本文初步为以下概念作出定义以供讨论与参考:开发应税资源指开采或者生产应税产品销售或自用于生产应税产品以外的情形。其中,开采应税产品指运用工具将矿产资源与土地分离,并将获得的原矿进行运输和存储的过程;生产应税产品指将自采原矿通过破碎、切割、洗选、筛分、磨矿、分级、提纯、脱水、干燥等方法形成原矿加工品以及精矿的过程。

为便于准确理解、适用自用应税产品的情形，本文建议将 34 号公告第 2 条调整为：纳税人自用应税产品应当缴纳资源税的情形，包括纳税人以应税产品用于连续生产非应税产品，或用于非货币性资产交换、捐赠、偿债、赞助、集资、投资、广告、样品、职工福利、利润分配等应税产品所有权发生改变的情形。

赵某某股权转让税费承担仲裁案例评析

吴晓丹*

一、前言

内蒙古自治区被誉为露天煤矿之乡，全区12个盟市中11个有煤矿，是全国煤炭产量较大的省区。2000～2010年是中国煤炭行业快速发展的黄金十年，内蒙古煤炭经济发展迅速，与此同时，也伴随各种问题。2020年2月，内蒙古开展煤炭资源领域违规违法问题专项整治工作，对2000年以来全区煤炭资源开发利用情况进行全方位透视会诊。随后，矿业权收益、资源税、股权变更个税等方面逃税避税问题浮出水面。

本案系煤炭股权转让产生的个人所得税款及滞纳金的争议。案件涉及股权转让合同中税负约定的效力、税负约定的范围、仲裁协议效力等问题，案涉仲裁裁决书对上述问题给予回应，对解决煤炭股权转让过程中的个人所得税款及滞纳金争议有一定的借鉴意义。

二、案情简介

（一）主要案情

2008年7月8日，申请人赵某某（甲方）与被申请人张某某（乙方）签订了《股权转让协议》，约定：申请人将持有的准格尔旗准格尔召乡碾房塔纳林沟煤矿有限公司和准格尔旗海伊奎煤矿有限责任公司的股权转让给被申请人；被申

---

* 吴晓丹，北京大成（内蒙古）律师事务所律师。

请人应于2008年7月8日向申请人支付人民币20,310,000元定金;于2008年8月8日向申请人支付第一批股权转让价款,计人民币106,560,000元;于2008年9月8日向申请人支付第二批股权转让价款,计人民币18,300,000元;于2008年10月8日向申请人支付本协议项下股权转让价款剩余的12,455,550元(全部付清)。申请人同意在收到被申请人第一批股权转让价款后办理股权移交手续,被申请人取得所有与准格尔旗准格尔召乡碾房塔纳林沟煤矿有限公司和准格尔旗海伊奎煤矿有限责任公司现有的资产、权利相关的现有证件包括公司财务及公章印鉴等,以便被申请人正式接管公司的生产经营和管理。凡因履行该协议所发生的争议,双方友好协商解决,协商不成向鄂尔多斯仲裁委员会仲裁。协议第8条"有关税费负担"约定,因本次股权转让产生的交易税、费用,由被申请人承担。被申请人分四批向申请人指定的账户支付了转让价款,第一批于2008年7月5日支付20,310,000元,第二批于2008年8月8日支付106,560,000元,第三批于2008年9月8日支付18,300,000元,第四批于2008年10月8日支付12,455,550元,已付清股权转让价款157,625,550元。

2020年3月,税务机关要求申请人缴纳本次股权转让个人所得税及滞纳金,申请人分别于2020年4月24日向准格尔旗税务局准格尔召镇税务分局缴纳个人所得税税款6,736,351.54元,于2023年1月11日向准格尔旗税务局准格尔召镇税务分局缴纳上述个人所得税的滞纳金13,594,874.16元。2020年4月24日、2021年1月8日、2021年5月17日,申请人共计缴纳印花税107,418.7元。

申请人缴纳上述税款后,基于《股权转让协议》的约定,要求被申请人偿还其已代扣但未缴纳的税款,被申请人不予认可。申请人于2022年3月提起仲裁,请求裁决被申请人向其支付已扣但未解缴的个人所得税款6,736,351.54元、印花税107,418.7元及损失13,594,874.16元。

(二)争议问题

1.本案是否属于行政复议范畴的问题。

2.案涉《股权转让协议》关于税款约定的效力。

3.案涉《股权转让协议》约定的"交易税"是否包含个人所得税、印花税的问题。

4. 仲裁申请是否已超过仲裁时效的问题。

5. 滞纳金是否属于仲裁协议约定范畴。

(三)各方观点及主要理由

1. 申请人观点及理由

根据股权转让时《个人所得税法》(2007年)第8条规定的"个人所得税,以所得人为纳税义务人,以支付所得的单位或者个人为扣缴义务人……",《个人所得税代扣代缴暂行办法》(国税发〔1995〕065号)(已失效)第4条规定的"扣缴义务人向个人支付下列所得,应代扣代缴个人所得税:……(八)财产转让所得",被申请人张某某作为本次股权转让扣缴义务人有法定扣缴义务。根据双方签订的《股权转让协议》,被申请人也有约定的解缴本次股权转让个人所得税义务。但因被申请人未及时按照法定和约定解缴税款,由此产生的后果以及给申请人造成的损失应由被申请人承担。

2. 被申请人观点及理由

(1)申请人转让股权,应当依法由其自行承担股权转让所产生的个人所得税、印花税,申请人是法定的纳税义务人,如申请人对纳税有争议应当提起行政复议而非提起仲裁。《个人所得税法》第2条规定了"下列各项个人所得,应当缴纳个人所得税:……(八)财产转让所得……",《个人所得税法实施条例》第6条规定了"个人所得税法规定的各项个人所得的范围:……(八)财产转让所得,是指个人转让有价证券、股权、合伙企业中的财产份额、不动产、机器设备、车船以及其他财产取得的所得……",《印花税暂行条例》(已失效)第1条规定了"在中华人民共和国境内书立、领受本条例所列举凭证的单位和个人,都是印花税的纳税义务人……"。从法律及法规的规定来看,申请人是法定的纳税人。征收个人所得税、印花税属于税务机关对纳税人的一种行政强制、行政执法的具体行政行为,申请人作为法定的纳税人如认为其不应当纳税或对税务机关在纳税上发生争议,应当按照《税收征收管理法》第88条的规定提起行政复议或行政诉讼,而不是提起仲裁请求主张被申请人支付个人所得税款。

(2)《股权转让协议》明确约定"交易税"由被申请人承担,未约定个人所得税、印花税应当由被申请人承担。按照协议的约定,被申请人只承担"交易税",

申请人应当按照法律规定承担因股权转让获利产生的个人所得税。《股权转让协议》中明确约定被申请人承担“交易税、费用”，按照协议约定以及交易习惯，此约定明确了被申请人只承担因交易行为发生的“交易税”的缴纳，我国目前实行的5类18种税种分别是增值税、消费税、企业所得税、个人所得税、资源税、城市维护建设税、房产税、印花税、城镇土地使用税、土地增值税、车船税、船舶吨税、车辆购置税、关税、耕地占用税、契税、烟叶税、环保税，其中并不包括“交易税”，并且按照国家税务总局《税务公文主题词表》的规定，“交易税”不是词表中所列的税务公文，而“个人所得税”“印花税”却是词表中所列的税务公文。个人所得税、印花税在签订协议时已经是我国的法定税种，如约定由被申请人承担，则在签订协议时应当明确表述为“个人所得税、印花税，由乙方承担”，双方在签订《股权转让协议》时未约定“个人所得税、印花税”由被申请人承担，故对“个人所得税、印花税”应当依照法律法规的规定进行承担。申请人因股权转让所得而产生的个人所得税、印花税属于申请人应当承担的法定税种，并不属于“交易税”，依法应当由获利的申请人自行承担，而不能通过仲裁的方式将本应属于由申请人承担的法定税种及税款转嫁由被申请人承担。《股权转让协议》约定的被申请人应当承担的“交易税、费用”如果未实际发生则被申请人无须承担，没有任何法律法规规章或规范性文件规定申请人应缴的个人所得税、印花税属于“交易税、费用”。在有如此明确约定以及没有法律法规规定的情况下，无论是通过该约定的字面解释还是文义解释，被申请人认为均无法将“个人所得税”“印花税”认定为《股权转让协议》中的“交易税”，被申请人依法依约均不应解缴个人所得税、印花税。

(3)被申请人并不是申请人应缴个人所得税、印花税税款的扣缴义务人，税务机关经过多次论证最终决定要求申请人缴纳其个人所得税税款而未决定要求被申请人解缴税款。《印花税暂行条例》(已失效)中并没有关于扣缴义务人的规定，2022年7月1日实施的《印花税法》第14条规定了“纳税人为境外单位或者个人，在境内有代理人的，以其境内代理人为扣缴义务人……”，申请人并不是被申请人的境内代理人，故非扣缴义务人。国家税务总局鄂尔多斯市税务局作为征缴申请人个人所得税的税务机关，在多次听证、多次取证、多次论证的基础上，依法对申请人下达《税务处理决定书》，并且申请人按照《税务处理决定书》的要求缴纳了税款,未对《税务处理决定书》提出过行政复议及行政诉讼,可见税务机关关于申请人个人所得税、印花税的征缴已经作出了正确的、客观的、合法的具体行政行为,在听证中税务机关对于《股权转让协议》进行了论证,最终认为申请人应当缴纳个人所得税、印花税,而非由被申请人进行解缴。

(4)即便被申请人属于扣缴义务人,也应当属于应扣未扣,而非已扣未缴,申请人转让股权产生的个人所得税、印花税仍应由其自行承担并缴纳。《股权转让协议》中载明被申请人向申请人支付的款项为“股权转让价款”,该价款仅为股权所对应的价值,即被申请人支付的款项均为股权转让价款,并不包括申请人所列的“已扣但未解缴的个人所得税、印花税”。协议中未约定该股权转让价款为“含税”价,即被申请人未收取或扣留过申请人应当承担的税款,税务机关最终也未要求被申请人解缴税款。所以,按照《个人所得税法》《税收征收管理法》的相关规定,被申请人即便是作为扣缴义务人,应承担的责任仅为未尽到纳税扣缴义务即“应扣未扣”的情形,依法也并非最终纳税责任承担人。

(5)申请人的仲裁申请已过法定的仲裁时效。被申请人与申请人签订《股权转让协议》的时间为2008年8月,支付股权转让价款的时间也为2008年。根据《个人所得税法》第13条第2款“纳税人取得应税所得,扣缴义务人未扣缴税款的,纳税人应当在取得所得的次年六月三十日前,缴纳税款”的规定,如果被申请人作为扣缴义务人未扣缴税款,那么申请人应当在取得所得的次年6月30日前(2009年6月30日前)缴纳税款,申请人提起仲裁的时间应当在2011年6月30日前。根据《股权转让所得个人所得税管理办法(试行)》(国家税务总局公告2014年第67号)第20条的规定,“具有下列情形之一的,扣缴义务人、纳税人应当依法在次月15日内向主管税务机关申报纳税:(一)受让方已支付或部分支付股权转让价款的;(二)股权转让协议已签订生效的;(三)受让方已经实际履行股东职责或者享受股东权益的;(四)国家有关部门判决、登记或公告生效的;(五)本办法第三条第四至第七项行为已完成的;(六)税务机关认定的其他有证据表明股权已发生转移的情形”,扣缴义务人、纳税人应当依法在次月15日内向主管税务机关申报纳税。案涉股权转让发生在2008年8月8日,扣缴义务人、纳税人应当在2008年9月15日前向主管税务机关申报纳税。赵某某在2008年9月15日前申报纳税时,就发现股权转让款个人所得税没有代扣代缴,当时赵某某就知道或者应当知道权益受到侵害,而仲裁时效自权利人知道或应当知道权利受到损害之日起计算。因此,赵某某的仲裁请求已过仲裁时效。

(四)仲裁庭处理意见

1.《股权转让协议》关于税款负担的约定合法

依据最高人民法院《关于适用〈中华人民共和国民法典〉时间效力的若干规定》第 1 条第 2 款关于"民法典施行前的法律事实引起的民事纠纷案件,适用当时的法律、司法解释的规定,但是法律、司法解释另有规定的除外"之规定,本案属于《民法典》施行前的法律事实引起的民事纠纷案件,应当适用当时的法律、司法解释的规定。申请人与被申请人是在平等自愿、协商一致的基础上签订的《股权转让协议》,是双方当事人的真实意思表示,其内容不违反法律法规的强制性规定,应认定为合法有效的合同。依据原《合同法》第 8 条、第 60 条第 1 款的规定,该《股权转让协议》依法成立,受法律保护,对双方当事人具有法律约束力,双方当事人应当按照约定全面履行自己的义务。

关于申请人要求被申请人支付已扣但未解缴的个人所得税 6,736,351.54 元以及印花税 107,418.7 元的主张。被申请人对申请人主张的人所得税、印花税的金额和申请人已缴纳的事实均没有异议,但不同意向其支付。仲裁庭认为,我国法律、法规对于各种税收的征收均明确规定了纳税义务人,并不禁止纳税义务人与他人约定由他人负担本应由纳税义务人缴纳的税款。案涉《股权转让协议》第 8 条的约定并不改变纳税主体身份,实质是约定由被申请人承担支付相应税款的义务,该约定并没有逃避纳税,也不会导致国家税款流失,约定有效。

2.已缴纳税款负担争议不属于行政复议范畴

我国法律、法规对于纳税人的规定与税款的实际承担是不同的概念,本案争议不是谁向税务机关纳税的问题,而是谁来承担税款的问题。申请人作为案涉股权转让交易中个人所得税、印花税的法定纳税义务人,依据案涉《股权转让协议》约定主张由被申请人承担申请人已缴纳的税款属于民事争议。因此,被申请人所抗辩的本案争议属于行政复议范畴的理由不能成立。

3. 案涉《股权转让协议》约定的"交易税"应推定为个人所得税、印花税

案涉《股权转让协议》中已明确约定,因本次股权转让产生的交易税、费用由被申请人承担。因此,签订该协议时双方已对本次股权转让交易中应产生的税收、费用有基本的预判,且该约定并非谁负有法律上的纳税义务,而是对本次股权转让交易中税款由谁实际负担的确认。另外,我国法律、法规中虽没有"交易税"这一税种,但本次股权转让交易环节中应产生的法定的税即包括个人所得税和印花税,按有约定从约定、无约定从法定的原则,双方约定的"交易税"可以推定为本次股权转让交易中产生的个人所得税和印花税。因此,被申请人所抗辩的案涉《股权转让协议》约定的"交易税"不包括申请人应缴纳的个人所得税、印花税的理由不能成立。

4. 仲裁申请未超过仲裁时效

《仲裁法》第74条规定:"法律对仲裁时效有规定的,适用该规定。法律对仲裁时效没有规定的,适用诉讼时效的规定。"原《民法总则》第188条规定:"向人民法院请求保护民事权利的诉讼时效期间为三年。法律另有规定的,依照其规定。诉讼时效期间自权利人知道或者应当知道权利受到损害以及义务人之日起计算……"仲裁庭认为,申请人于2020年4月24日向税务机关缴纳案涉《股权转让协议》所产生的个人所得税6,736,351.54元及印花税65,512.3元,于2021年1月8日向税务机关缴纳印花税13,300.5元,于2021年5月17日向税务机关缴纳印花税28,605.9元,自申请人缴税之日才产生被申请人按约承担税费的义务,申请人于2022年3月15日提起仲裁申请要求被申请人承担已缴税费并未超过3年,因此本案未过仲裁时效,被申请人关于本案申请人主张已过仲裁时效的答辩理由也不能成立。综上,仲裁庭认为,被申请人应当承担案涉《股权转让协议》项下的个人所得税及印花税,现申请人已向税务机关缴纳了该两项税费,被申请人应当依约向申请人支付个人所得税款6,736,351.54元及印花税款107,418.7元。

5. 双方未对滞纳税款所产生滞纳金进行约定,不属于仲裁范围

申请人与被申请人是在平等自愿、协商一致的基础上签订的《股权转让协议》,是双方当事人的真实意思表示,其内容不违反法律法规的强制性规定,应认定为合法有效的合同。依据原《合同法》第8条、第60条第1款的规定,该

《股权转让协议》依法成立,受法律保护,对双方当事人具有法律约束力,双方当事人应当按照约定全面履行自己的义务。

关于申请人要求被申请人向申请人支付损失人民币13,594,874.16元的主张。《仲裁法》第4条规定:“当事人采用仲裁方式解决纠纷,应当双方自愿,达成仲裁协议。没有仲裁协议,一方申请仲裁的,仲裁委员会不予受理。”仲裁庭认为,虽然案涉《股权转让协议》第8条约定有关税费负担,因本次股权转让产生的交易税、费用,由乙方即被申请人承担,但滞纳金是以滞纳税款计征为依据的款项,不属于税款。因此,案涉《股权转让协议》中未对滞纳税款所产生的滞纳金进行约定,且在申请本案仲裁前申请人与被申请人也未就此达成新的仲裁协议。因此,在申请人与被申请人之间并无仲裁协议约定的情形下,本案滞纳金损失部分不属于仲裁庭管辖范围。仲裁庭对该项主张不具有管辖权,申请人可另行向有管辖权的人民法院主张。

三、法理评析

(一)关于双方约定“交易税费负担”的理解

《民法典》第510条规定:“合同生效后,当事人就质量、价款或者报酬、履行地点等内容没有约定或者约定不明确的,可以协议补充;不能达成补充协议的,按照合同相关条款或者交易习惯确定。”第511条规定:“当事人就有关合同内容约定不明确,依据前条规定仍不能确定的,适用下列规定:……(六)履行费用的负担不明确的,由履行义务一方负担;因债权人原因增加的履行费用,由债权人负担。”《股权转让协议》只约定股权转让产生的“交易税、费用由被申请人承担”,而“交易税、费用”并不是我国税法上的明确概念。此外,在双方签订的《股权转让协议》中,双方并未明确约定股权转让产生的“个人所得税”由被申请人承担,法律也并未规定股权转让产生的个人所得税由买受人承担。若无特别说明,即推定被申请人承担个人所得税及滞纳金有违法律规定。根据《个人所得税法》第6条第1款第5项“财产转让所得,以转让财产的收入额减除财产原值和合理费用后的余额,为应纳税所得额”的规定,个人所得税是在交易完成后经成本核算确定利润所得才产生的税种,不属于交易中的税费。从税法理论来看,税收分直接税和间接税两种,直接税是以归属于私人的所得或财产为课税对象,纳税人不可把税收负担转嫁于他人的税种。属于直接税的税收纳税人,不仅表面有纳税义务,也是法定的税收承担者,如所得税、财产税。税负可由纳税人转嫁给负税人的税收为间接税,即负税人通过纳税人间接缴纳的税收,如增值税、消费税。从司法实践来看,(2021)最高法民申4455号等案例中,法院均支持"在无明确约定的情形下,一切税费由买家承担中的'税费'并不包含个人所得税"的观点。可见,双方对"交易税、费用"产生解释不一致的情况属于约定不明的情形,应当由履行义务的一方承担相关税费。申请人具有法定纳税义务,也是税法上最终承担税负的主体。即使扣缴义务人未进行纳税申报,申请人也应自行纳税申报。根据《个人所得税法实施条例》(2008年)第36条的规定,"纳税义务人有下列情形之一的,应当按照规定到主管税务机关办理纳税申报:(一)年所得12万元以上的……年所得12万元以上的纳税义务人,在年度终了后3个月内到主管税务机关办理纳税申报……",申请人作为法定纳税义务人,只要收入超过12万元,不论扣缴义务人是否进行申报、是否缴纳税款,其本人都应在年度终了的3个月内自行申报。申请人未履行法定申报义务,造成的不利后果应当由其自行承担。

(二)关于案涉滞纳金的思考

《个人所得税自行纳税申报办法(试行)》第35条规定,纳税人有扣缴义务人支付的应税所得,扣缴义务人应扣未扣、应收未收税款的,依照《税收征收管理法》第69条的规定处理。《税收征收管理法》第69条规定,扣缴义务人应扣未扣、应收而不收税款的,由税务机关向纳税人追缴税款,对扣缴义务人处应扣未扣、应收未收税款50%以上3倍以下的罚款。所以,根据《税收征收管理法》的规定,扣缴义务人应扣未扣、应收未收,税务部门也只是对扣缴义务人进行行政罚款,税务部门加收滞纳金没有任何法律依据。根据国家税务总局《关于行政机关应扣未扣个人所得税问题的批复》的规定,关于扣缴义务人应扣未扣税款的法律责任问题,2001年5月1日前,对扣缴义务人应扣未扣税款,适用修订前的《税收征收管理法》,由扣缴义务人缴纳应扣未扣税款;2001年5月1日后,对扣缴义务人应扣未扣税款,适用修订后的《税收征收管理法》和国家税务总局《关于贯彻〈中华人民共和国税收征收管理法〉及其实施细则若干具体问题的通知》(国税发〔2003〕47 号),由税务机关责成扣缴义务人向纳税人追缴税款,对扣缴义务人处应扣未扣税款 50% 以上 3 倍以下的罚款。关于应扣未扣税款是否加收滞纳金的问题,按照《税收征收管理法》规定的原则,扣缴义务人应扣未扣税款,无论适用修订前还是修订后的《税收征收管理法》,均不得向纳税人或扣缴义务人加收滞纳金。通过以上答复可以确定:不论个人所得税应当由谁负担,就扣缴义务人未扣未缴的情形,根据国家税务总局《关于行政机关应扣未扣个人所得税问题的批复》的规定,税务机关不得加收滞纳金。所以,本案中,申请人关于滞纳金的争议事项应通过行政程序进行权利救济。

四、结论与启示

本案双方产生争议,主要原因是双方在交易文本中虽约定"交易税费负担",但没能明确交易税包括哪些税种、交易款项中是否含税。对于此种约定不明确的情形,仲裁庭认为,本次股权转让交易环节中应产生的法定的税就是个人所得税和印花税,按有约定从约定、无约定从法定的原则,双方约定的"交易税"可以推定为本次股权转让交易中产生的个人所得税和印花税。这种推定解释无法还原双方真实意思表示,在一定程度上值得探讨。因此,股权交易文本如约定税款负担,应明确税种及款项中是否包括相应的税款。在民事交易中,交易主体双方应依法纳税,保障交易安全,减少因税款负担产生的争议。

某甲公司不服偷税定性提起行政救济程序案例评析

秦一兵*

一、前言

在现代法治社会中,税收不仅是国家财政的基石,更是维护经济稳定和社会发展的关键工具。税收征收与管理的合法性和公正性直接关联国家的财政健康与社会的和谐安宁。税务行政管理,作为税收征收过程的核心环节,其决策与执行不仅影响国家的财政安全,更深刻影响每一位纳税人的合法权益。随着税收征管力度的日益加大和税收法律法规的持续完善,税务行政争议案件的数量也呈现上升趋势。这些争议不仅关乎纳税人的切身利益,更是对税务机关执法权威和公信力的严峻考验。因此,确保税务行政行为的合法性和公正性,保障纳税人的合法权益,成为我们面对的重要议题。

本案中,上诉人某甲公司因对税务处理决定及复议决定存在异议,提起诉讼寻求救济。这起案件不仅聚焦于税务行政行为的合法性审查,还涉及行政诉讼法中对于事实认定、法律适用及程序正当性的严格考量。对本案的深入分析与研究旨在明确税务行政行为的合法边界,并探讨行政诉讼法在保护纳税人合法权益方面的实际效能。

---

* 秦一兵,北京嘉润会计师事务所有限公司高级会计师。

二、案情简介

(一)主要案情

2022年1月,某市税务局稽查局在对某甲公司进行税务检查时,发现该公司存在偷税漏税行为,并据此作出税务处理决定,要求某甲公司补缴税款并支付相应罚款。某甲公司不服稽查局作出的《税务处理决定书》,遂提起复议,复议机关经过审查发现原税务处理决定存在证据不足、事实认定不清的问题,故撤销原决定,并指示稽查局重新开展调查取证工作。经调查,该稽查局作出新的《税务处理决定书》,某甲公司不服,经复议维持后,某甲公司提起诉讼,一审法院驳回其诉讼请求。某甲公司提起上诉,二审法院经审理后,驳回上诉,维持原判。

1. 争议问题

本案的争议焦点主要集中在以下几个方面:一是稽查局认定某甲公司存在偷税漏税行为的事实是否清楚,证据是否充分;二是稽查局作出税务处理决定所依据的法律条款是否适用正确;三是稽查局在作出税务处理决定过程中是否遵循了法定程序,是否保障了某甲公司的合法权益。

2. 各方观点

某甲公司主张:稽查局认定其存在偷税漏税行为的事实不清,证据不足;税务机关适用的法律条款不正确;稽查局在作出税务处理决定过程中未充分保障其陈述权、申辩权等合法权益,程序严重违法。某甲公司的主要理由为,稽查局所认定的偷税漏税事实存在多处疑点,部分证据存在瑕疵,不能作为定案依据;同时,稽查局在适用法律时存在错误,将不应适用的法律条款用于本案;此外,稽查局在作出决定过程中未给予其充分的陈述和申辩机会,程序违法。

稽查局认为:其在对某甲公司进行税务检查过程中,依法收集了充分的证据,认定某甲公司存在偷税漏税行为的事实清楚;其作出税务处理决定所依据的法律条款正确;在作出决定过程中,税务机关依法履行了告知、听证等程序要求,保障了某甲公司的合法权益。稽查局主要理由为,其所认定的偷税、漏税事实均有充分的证据支持,证据链条完整;适用法律条款正确,符合相关法律规定;在程序上,税务机关依法履行了告知、听证等程序要求,充分保障了某甲公司的合法权益。

3. 税务机关和司法机关处理意见

在行政复议阶段,复议机关认为稽查局的税务处理决定事实清楚、证据充分、法律适用正确、程序合法,故维持了税务机关的决定。在行政诉讼阶段,一审法院经过审理,认为税务机关的税务处理决定并无不当之处,遂判决驳回某甲公司的诉讼请求。某甲公司不服一审判决,提起上诉。二审法院经过审理,认为一审法院认定事实清楚、适用法律正确、程序合法,故判决驳回上诉,维持原判。

(二)案件概述

本案纠纷的根源在于,稽查局对某甲公司进行税务检查,并据此作出税务处理决定指控某甲公司存在偷税行为并给予相应处罚。然而,某甲公司坚决反对这一结论,指出税务机关在事实认定和证据收集上存在明显不足。为此,某甲公司首先选择行政复议,期望复议机关能重新审查税务处理决定。

在行政复议阶段,复议机关经过审慎审查,发现原税务处理决定确实存在证据不足、事实认定不清的问题,因此依法撤销了原决定,并指示稽查局重新开展调查取证工作。重新调查后,稽查局补充了更为充分、确凿的证据,并基于这些新证据再次作出税务处理决定。然而,某甲公司仍对此表示不满,认为新的处理决定同样存在事实认定不清、证据不足的问题,并认为税务机关在行政程序上存在严重违法情形。

为了维护自身合法权益,某甲公司选择诉诸法院,向一审法院提起诉讼,请求撤销稽查局的税务处理决定。一审法院在仔细审理案件后,作出了相应的判决。但某甲公司认为判决未能充分保护其权益,遂向二审法院提起上诉。在二审审理中,二审法院对案件进行了全面而细致的审查,不仅对案件事实进行了深入调查,还对法律适用和程序正当性进行了严格把关。经过充分听取双方意见和深入讨论,二审法院最终认定稽查局重新作出的税务处理决定事实清楚、证据充分、适用法律正确、程序合法。因此,二审法院驳回了某甲公司的上诉请求,维持了一审法院的判决。

本案的争议焦点主要集中在偷税事实的认定、证据收集的充分性以及行政程序的合法性等方面。二审法院在审理过程中,针对这些焦点进行了详尽的审理和论证,确保了案件的公正、公平和合法。通过本案的审理,法院不仅维护了纳税人的合法权益,也保障了税务机关的执法权威和公信力。同时,本案也为今后类似税务行政争议的解决提供了宝贵的经验和启示。税务机关应更加注重事实调查和法律适用,确保行政行为的合法性和公正性;纳税人也应积极维护自身权益,通过法律途径解决与税务机关之间的争议。

三、法理评析

(一)事实认定方面

税务处理决定书认定某甲公司存在以下税收违法行为:通过隐匿收入,利用从第三方取得的发票多抵扣进项税、虚增成本等手段,少缴增值税、城市维护建设税、企业所得税,属于偷税。未将具有合同性质的单据作为应税凭证,导致少缴印花税。少记废品销售收入、少记租赁车辆收入、少记用于集体福利转出进项税这三个事项导致少缴增值税、城市建设维护税。2019 年、2020 年少记废品销售收入,未调整职工集体福利、三项费用,导致少缴企业所得税;鉴于少缴的行为是财务人员对税收政策不熟悉导致的,定性为少缴税款的税收违法行为。发放工资、劳务报酬后,应扣未扣个人所得税。

在本案的事实认定环节,二审法院充分展现了其高度的专业性和严谨性。针对被上诉人重新调查取证后所认定的某甲公司偷税行为的事实,二审法院进行了详尽、细致的审查,并作出了准确的判断。

首先,二审法院对稽查局重新调查取证的过程进行了全面的评估。法院认为,稽查局在重新调查取证时严格遵守了相关法律规定,确保了证据的合法性和真实性。在整个过程中,稽查局没有采取任何非法手段,也未侵犯某甲公司的合法权益,这充分体现了税务机关依法行政的原则。

其次,二审法院对稽查局提交的证据进行了深入的审查。这些证据不仅与案件高度相关,而且能够相互印证,构成了一个清晰、完整的证据链。法院认为,这些证据足以证明某甲公司存在偷税行为的事实。同时,法院也注意到,稽查局在证据的收集和分析过程中充分考虑了证据的客观性和全面性,没有遗漏任何关键证据,这进一步增强了事实认定的可靠性。

在审查过程中,二审法院对证据的收集、审查、认定等各个环节都进行了严格的把关。法院确认稽查局在调查取证过程中严格遵守了法定程序,没有出现任何可能影响证据真实性的行为。这体现了法院对行政机关依法行使职权的尊重和支持,也充分保障了当事人的合法权益。

从法理角度来看,行政机关在作出任何行政行为时,都必须以充分且确凿的证据为依据。本案中,稽查局所认定的事实,不仅得到了充分的证据支持,而且符合行政法对于事实认定的基本要求。这种基于充分事实基础的行政行为,不仅具有合法性,而且具有合理性,能够得到社会的广泛认可和支持。

因此,二审法院对稽查局认定某甲公司偷税行为的事实予以了确认,并认为这一认定是合理且合法的。这一结论不仅体现了行政法对于事实认定严格、审慎的态度,也彰显了司法机关对行政机关依法行使职权的监督和支持。通过本案的审理,我们可以看到,司法机关在维护法律权威、保障社会公平正义方面发挥至关重要的作用。

在税务行政管理中,事实认定是行政决策的基础。本案中,税务机关对某甲公司是否存在偷税漏税行为进行了深入调查取证,并据此作出税务处理决定。从事实认定的角度来看,税务机关所收集的证据充分、确凿,足以支持其认定的事实。因此,税务机关的税务处理决定在事实认定方面并无不当之处。

(二)法律适用方面

税务处理决定书依据《税收征收管理法》第32条,《税收征收管理法实施细则》第75条,《征收教育费附加的暂行规定》第3条,云南省财政厅、云南省原地方税务局《关于调整地方教育附加征收政策的通知》、国家税务总局《关于贯彻〈中华人民共和国税收征收管理法〉及其实施细则若干具体问题的通知》(国税发〔2003〕47号)第2条第3款等相关规定,要求某甲公司限期缴纳查补税款。

在本案的法律适用环节,二审法院对被上诉人稽查局在税务处理决定中引用的法律依据进行了全面而细致的审查。法院确认,稽查局在作出税务处理决定时,严格遵循了《税收征收管理法》等一系列与税务管理密切相关的法律法规。这些法律法规不仅为税务机关提供了明确的执法依据,更是税务机关依法行政的基石。

稽查局在认定上诉人某甲公司存在偷税行为后,依据《税收征收管理法》等相关法律的规定,对某甲公司作出了相应的税务处理决定。这一决定不仅彰显了税务机关对税收法律法规的严格遵守,也体现了其对税收秩序和税收公平性的坚定维护。

依据《行政诉讼法》的规定,行政机关在适用法律时必须准确无误、全面完整,且与案件事实高度契合。二审法院在审理中,对税务机关的法律适用进行了严格的评估。经过深入审查,法院认定稽查局在本案中引用的法律条款与案件事实紧密相连,适用得当,未出现任何法律适用错误或不当之处。同时,税务机关在适用法律时也充分考虑了案件的具体情况,确保了法律适用的准确性和公正性。

在具体分析法律适用时,二审法院对稽查局引用的每个法律条款都进行了深入的探讨和论证。法院认为,这些法律条款不仅与案件事实相契合,而且全面涵盖了税务处理决定的各个方面。这种法律适用的精准和完整,不仅保障了税务机关行政行为的合法性,也切实维护了当事人的合法权益。此外,二审法院还注意到,税务机关在适用法律时,充分考虑了法律原则和行政裁量权的合理运用,在保障税收法律法规严格执行的同时,也体现了对纳税人合法权益的尊重和保护。这种在法律适用中展现的人文关怀和公正性,进一步增强了本案法律适用的说服力和公信力。

综上所述,二审法院对稽查局在本案中的法律适用给予了充分的肯定和支持。这不仅体现了行政法对于行政机关依法行使职权的尊重和支持,也彰显了二审法院在审理行政案件时对于法律适用的严谨性和专业性。同时,本案也为类似税务行政争议的解决提供了有益的借鉴和启示,有助于推动税务机关依法行政,确保税收法律法规的正确实施。

法律适用在税务行政管理中至关重要。本案中,税务机关在作出税务处理决定时,所依据的法律条款准确恰当,与案件事实相符,体现了对法律法规的严格遵循和合理运用。因此,从法律适用的角度来看,税务机关的税务处理决定是合法合理的。

(三)程序正当性方面

税务处理决定书的作出经过了检查、审理、集体审议等法定程序,执法程序符合《税收征收管理法》及其实施细则、《税务稽查案件办理程序规定》(国家税务总局令第52号)等相关规定。

在探讨本案的程序正当性时,二审法院对被上诉人稽查局在税务行政管理过程中所遵循的程序进行了详尽且严格的审查。法院认为,稽查局在作出税务处理决定时,不仅严格遵循了法律所规定的程序要求,还充分保障了上诉人某甲公司的合法权益,充分体现了程序正当性原则。

首先,稽查局在作出税务处理决定之前,依法履行了告知义务,确保了某甲公司对其税务状况有充分的了解,并为其提供了必要的准备和应对时间。同时,这一告知程序也赋予了某甲公司提出意见和证据的机会,从而增强了行政程序的透明度和公正性。

其次,在必要情况下,税务机关依法举行了听证程序,为某甲公司提供了陈述和申辩的平台。这一程序不仅有助于税务机关全面、深入地了解案件情况,还进一步提升了税务处理决定的公正性和合理性。听证程序的举行彰显了税务机关对当事人合法权益的尊重和保护。在行政复议和诉讼过程中,稽查局积极配合复议机关和法院的工作,及时提供了充分的证据材料,体现了对法律程序的尊重和遵守。这种积极合作的态度不仅加速了案件的审理进程,也为当事人提供了更加高效、便捷的争议解决途径。法院特别指出,稽查局在调查取证、作出税务处理决定等关键环节均严格遵循了法定程序。这种对程序的严格遵守不仅确保了行政行为的合法性,还提高了行政效率,有效避免了法律纠纷。例如,在调查取证过程中,稽查局依法进行了现场勘查、询问当事人等程序,确保了所收集证据的合法性和真实性。在作出税务处理决定时,稽查局也充分考虑了案件的具体情况和相关法律规定,确保了决定的合理性和公正性。

最后,二审法院还强调,税务机关在作出行政行为时,充分保障了某甲公司的陈述权、申辩权等合法权益。这种对当事人合法权益的尊重和维护,是程序正当性的重要体现,也是法治社会的基石。在本案中,稽查局充分听取了某甲公司的陈述和申辩,并在税务处理决定中对其提出的合理意见进行了充分考虑和回应。

针对上诉人某甲公司提出的被上诉人稽查局行政行为严重违反法定程序的主张,二审法院进行了细致的审查。然而,经审查发现,某甲公司并未提供充分的证据支持其主张。相反,二审法院通过审查发现,稽查局在行政过程中严格遵循了法律所规定的程序要求,确保了程序的合法性和公正性。

因此,从程序正当性的角度来看,稽查局在本案中的行政行为是合法且公正的,一审法院的判决也得到了二审法院的维持。这一结论不仅体现了行政法对于程序正当性的严格要求,也为类似税务行政争议的解决提供了宝贵的参考。在未来的税务行政管理中,税务机关应继续严格遵循法律程序,确保行政行为的合法性和公正性,以维护当事人的合法权益。

除了事实认定和法律适用,本案的程序正当性也引起了广泛关注。程序正当性是行政管理的基本原则之一,要求行政机关在作出行政决策时必须遵循法定程序,确保程序的公正性和合法性。在本案中,税务机关在作出税务处理决定时,不仅严格遵循了法定程序,还充分保障了当事人的合法权益,为税务行政管理的规范化、法治化树立了典范。

四、结论与启示

经过对本案的深入分析与研究,本文得出了以下结论与启示供读者参考。

首先,税务机关在税务行政管理中应坚守法治原则,确保行政行为的合法性和公正性。在执法过程中,税务机关需严格遵循《税收征收管理法》等相关法律法规,充分尊重纳税人的合法权益,维护行政决定的公正性和合理性。同时,税务机关应持续加强内部管理,提升执法人员的专业素养和法治意识,确保行政行为的准确性、高效性和规范性。

其次,纳税人作为税务行政管理的参与方,应增强法律意识,积极维护自身合法权益。纳税人应深入了解税收相关法律法规和程序规定,确保在行政争议中能够有理有据地维护自身权益。同时,纳税人应积极配合税务机关的调查取证工作,确保案件事实的查清和证据的充分收集,为行政争议的公正解决提供有力支持。

最后,法院在审理税务行政争议案件时,应充分发挥司法审查的职能作用,确保行政行为的合法性和公正性。法院在审理过程中应全面审查税务机关认定的事实、适用的法律以及行政程序等方面的问题,确保行政决定的合法性和公正性。此外,法院还应加强与其他司法机关和行政机关的沟通协调,共同推动税务行政管理体系的完善和发展。

后　记

本书能够顺利付梓，离不开国家财税部门领导、专家学者、税务律师等广大税法专业人士的慷慨赐稿。在此对向本书赐稿的作者表示衷心的感谢。另外，由于编者的水平有限，本书疏漏与不妥之处在所难免，编者真诚欢迎广大读者批评与指正，以供再版修订完善。

编　者

2024 年 7 月